KB151616

현대사회와 민사법의 구조변동

양천수 · 배성호 · 심재한 · 이부하

景仁文化社

이 저서는 2008년도 정부재원(교육인적자원부 학술연구조성사업비)으로
한국학술진흥재단의 지원을 받아 연구되었음(KRF-2008-321-B00213)

머 리 말

오늘날 사회가 구조변동을 겪으면서, 무엇보다도 전체 사회가 전문화·세분화되면서, 과거에는 경험하지 못했던 새로운 법적 현상이 등장하고 있다. 기존의 판덱텐 법체계가 구획한 틀을 넘어서는 '전문법'이 새롭게 성장하고 있는 것이나, '초국가적·다원적 법'이 출현하고 있는 것이 이에 대한 좋은 예가 된다. 법이 관할하는 영역이 서로 경합·충돌하거나, 때로는 서로 융합해서 새로운 법적 영역이나 법적 형태를 생성하는 것도, '컨버전스'가 지배하는 오늘날 우리가 새롭게 경험하고 있는 법적 현상이라고 말할 수 있다. 그런데 이렇게 등장하고 있는 이른바 '법적 관할영역의 경쟁과 융합'은 쉽사리 해결하기 어려운 법적 문제를 던진다. 이 책은 모든 법의 가장 기본이 되는 민법을 소재로 하여, 이러한 '법적 관할영역의 경쟁과 융합'이 어떻게 구체화되고 있는지, 이는 어떤 이론적 문제점을 던지고 있는지를 다루고 있다. 그런데 이와 같은 문제를 해결하기 위해서는 어느 한 전공, 가령 민법학의 시각만으로는 부족하다고 생각한다. 어느 한 전공을 넘어서, 다양한 전공의 시각을 복합적·통합적으로 동원해야만, 현대사회에서 등장하고 있는 - '법적 관할영역의 경쟁과 융합'과 같은 - 새로운 법적 현상을 설득력 있게 풀어갈 수 있다고 생각한다. 이러한 이유에서 각기 법철학, 민법학, 경제법학, 헌법학을 전공하는 우리 공동저자들은 지난 2008년 '민사기초법 연구팀'을 조직하여, 1년여 동안 민사법 영역에서 등장하고 있는 '법적 관할영역의 경쟁과 융합'에 대해 함께 고민하였다. 그 결과 나온 것이 바로 이 책이 담고 있는 연구결과물들이다. 이 연구서는 각기 법철학·민법학·경제법학·헌법학의 측면에서 민사법이 어떤 구조변동을 겪고 있는지, 여기에는 어떤 이론적 문제점들이 있는지를 추적·분석하면서, 각각의 시각과 관점에서 해법을 제시하고 있다. 전공 간의 벽이 높은 우리 법학계의 현실에서, 각기 전공이 다른 법학자들이 한데 모여 이러한 연구성과를 내놓았다는 것 자체에 만족하면서, 이 자리를 빌려 소박하게나마 자축하고자 한다.

이 연구는 한국연구재단(구 한국학술진흥재단)의 지원을 받아 이루어졌다. 한국연구재단의 충분한 재정적 뒷받침이 없었더라면, 이와 같은 통합과학적 연구가 나오는 것은 쉽지 않았을 것이다. 공동저자들이 의욕적으로 연구할 수 있도록 지원을 아끼지 않은 한국연구재단에 심심한 감사를 드린다. 아울러 이 공동연구에 함께 참여해 도움을 주신 한경대학교 법학과의 전현욱 강사, 대구과학대학의 조원현 교수 그리고 현재 일본 교토대학 법학부에 유학 중인 리춘 연구원에게 감사를 드린다. 이 분들의 도움 덕분에 저자들은 별 어려움 없이 연구에 매진할 수 있었다. 그리고 말 그대로 '전문가적인 자문'을 해주신 고려대학교 법학전문대학원의 이상돈 교수님께 감사를 드린다. 이상돈 교수님의 자문에 힘입어 저자들은 이 연구의 방향을 더욱 뚜렷하게 세울 수 있었다. 마지막으로 이 책의 완성도를 높이는 데 기여해 주신 영남대학교 인권교육연구센터의 이명주, 박재영 두 분 연구원에게도 감사를 드린다. 그 밖에도 음으로 양으로 저자들에게 도움을 주신 모든 분들에게 진심으로 감사를 드린다. 이 연구를 통해 학문은 홀로 하는 것이 아니라, 함께 하는 것이라는 점을 다시 한 번 실감할 수 있었다.

2011년 4월
영남대학교 법학전문대학원 연구실에서
공동저자들을 대표하여
양천수 배상

차 례

제1장

현대 사회에서 법적 관할영역의 경쟁과 융합*
-민법과 경제법의 경쟁과 융합을 예로 본 법철학적 고찰-

양 천 수**

Ⅰ. 서 론

오늘날 사회가 일종의 구조변동을 겪으면서, 무엇보다도 자본주의가 성장하고, 전체 사회가 전문화·다원화되면서, 과거에는 크게 의식하지 못했던 새로운 법적 현상이 등장하고 있다. 법적 관할영역이 서로 경합·충돌하거나, 때로는 서로 융합해서 새로운 법적 영역 혹은 형태를 생성하는 것이 바로 그것이다. 이에 대한 한 예를 우리는 민법에서 찾아볼 수 있다. '민법'(bürgerliches Recht), 좀 더 포괄적으로 말해 '민사법'(Zivilrecht)은 판덱텐 법학에 바탕을 둔 기본 삼법 체계에서도 가장 비중 있는 법 영역으로 자리매김해 왔다.[1] 여타의 실정법전과 비교해 봐도 민법전이 가장

---

* 이 글은 『법철학연구』제12권 제2호, 2009. 12, 227~262쪽에 게재된 논문을 수정·보완한 것이다.
** 영남대학교 법학전문대학원 교수, 법학박사

1) 이 글에서는 '민법'을 형식적 의미의 민법과 실질적 의미의 민법을 포괄하는 의미로 사용하고자 한다.

덩어리가 크다는 점이 예시하듯이, 그리고 기존 법과대학 커리큘럼이 보여주는 것처럼, 민법은 방대하면서도 공부하기가 그리 용이하지 않은 법영역으로 인식되어 왔다. 그래서 민법학자 중에는 법률가의 능력을 평가하는 가장 결정적인 척도로서 민법에 관한 실력을 거론하는 경우도 발견할 수 있다.[2] 이렇게 민법이 전체 법학에서 비중 있게 다루어지는 이유는, 가장 우선적으로 민법이 '사회의 기본법'으로 인식되고 있기 때문일 것이다.[3] 18~19세기에 진행된 서구 유럽의 '대법전 시대'가 보여주는 것처럼, 민법은 사회영역에서 발생하는 일체의 법률관계를 규율하고자 하는 야심찬 목표 위에서 실정화되었다.[4] 민법학자들은 민법만 제대로 공부하면, 시민사회에서 발생하는 모든 법적 문제를 해결할 수 있으리라 믿었다. 19세기의 판덱텐 법학자들을 통해 형성된 '총칙'(Allgemeiner Teil)은 이를 가능하게 하는 보편적인 원리를 찾는 과정이 낳은 소산이라고 할 수 있다. 이러한 이해가 시사하는 것처럼, 민법은 국가와 구별되는 (시민)사회의 기본법으로서 사회를 자신의 관할영역으로 삼고 있었다. 가령 1804년에 제정된 프랑스 민법전은 프랑스 혁명 성과를 반영하여 신분제를 타파하고, 오직 '시민'만을 법적 행위주체로 설정하면서 - 로마법상 '법학제요'를 모델로 삼아 - 시민 사이에서 이루어지는 재산행위와 신분행위를 규율한다. 민법이 담당하지 않는 영역은 공법이 담당하는 영역으로 인식되었다.

그러나 그 후 사회가 일종의 구조변동을 겪으면서, 위에서 언급한 것처럼, 민법 역시 일종의 변화를 맞이하고 있다. 한편으로는 민법이 관할하는 영역이 확장되면서, 다른 한편으로는 민법이 관할하는 영역이 축소되고

---

2) 대표적으로 양창수, 『민법산책』, 박영사, 2006, 266쪽.

3) 프레데릭 헨리 로슨, 양창수·전원열(역), 『대륙법입문』, 박영사, 1994, 83쪽.

4) H. Schlosser, Grundzüge der Neueren Privatrechtsgeschichte, 10. Aufl., Heidelberg 2005, S. 111 ff.

있는 것이다.5) 먼저 민법의 관할영역이 확장되는 것을 지적할 수 있다. 공사법 이분론이 도전을 맞이하면서, 민법 영역에서도 '공적인 것', '공공성', '공익' 등을 언급할 가능성이 열리고 있다.6) 그리고 비교법적 관점에서 볼 때, 소비자법이 민법에 편입되면서,7) 민법의 관할영역이 소비자법의 관할영역까지 확대되었다. 나아가 민법 제103조의 의미내용에 '불공정거래행위'라는 경제법의 개념까지 포함시키고자 하는 주장이 제시되면서, 이제 민법의 관할영역이 경제'체계'까지 확장될 가능성이 열리고 있다.8) 다른 한편 이와 반대로 헌법이 민법 질서에 개입하면서, 민법의 고유한 영역이 오히려 축소되는 경향도 나타나고 있다.9) 물론 이러한 현상은 오늘날의 입헌국가에서 보편화된 헌법재판제도를 통해 어느 정도 정당화되기도 한다.

하지만 이러한 현상은 여러 법적인 문제점을 야기한다. 우선 민법의 관할영역이 경제법까지 확장되면서, 민법의 고유한 내적 논리가 파괴될 우려가 있다. 가장 직접적으로는 '사적자치'가 파괴되고, 이를 통해 민법 내부의 체계적 완결성이 파괴될 수 있다. 이러한 문제점은 헌법이 민법 영

---

5) '관할영역' 개념에 관해서는 이상돈, 단락번호 [10] "책임의 개인적 귀속과 형법적 행위영역의 유형화" 『형법학』, 법문사, 1999, 332쪽 아래 참고.

6) 이에 관해서는 양천수, "공익과 사익의 혼융현상을 통해 본 공익 개념-공익 개념에 대한 법사회학적 분석-" 『공익과 인권』 제5권 제1호, 2008, 3~29쪽.

7) 지난 2002년에 대폭 개정된 독일 민법의 경우가 그렇다. 이에 관해서는 김형배 외, 단락번호 [4] "소비자보호법의 통합수용" 『독일 채권법의 현대화』, 법문사, 2003 참고.

8) 이에 관해서는 아래 Ⅳ.2. 참고.

9) 물론 이렇게 헌법이 민법 질서에 개입하는 것이, 민법의 고유한 영역을 과연 '축소'시키는 것인지 문제될 수 있다. 왜냐하면, 이러한 경우는 헌법과 민법의 관할이 '경합'하는 것이라고 볼 수도 있기 때문이다. 그렇지만 종래 민법이 관할하는 영역이라고 확고하게 인식되던 영역에 헌법이 개입함으로써, '사적자치'가 전적으로 작동하는 공간이 그 만큼 '축소'되었다고 말할 수는 있을 것이다. 그러한 점에서 민법의 관할영역이 '축소'되었다고 말할 수는 있다고 생각한다.

역에 과도하게 개입하는 경우에도 등장한다. 특히 헌법이 담고 있는 사회
국가 원리가 민법의 사적자치를 과도하게 제한하거나 침해할 수 있는 것
이다. 이러한 점에서 볼 때, 최근 민법 영역에서 등장하고 있는 변화는,
단순히 흥미로운 현상에 지나지 않는 것이 아니라, 새로운 법적 문제를
야기할 수 있는 일종의 이론적인 도전이라고 말할 수 있다. 따라서 이러
한 현상을 법적으로 정확하게 분석·음미하고, 여기에는 어떤 이론적·
실천적인 위험과 문제점이 도사리고 있는지 알아본 후, 이에 대해 적절한
대책을 강구할 필요가 있다. 그러나 이러한 작업은 단순히 어느 한 전공
영역에 기반을 둔 방법론을 동원하는 것만으로는 성공적으로 수행하기
쉽지 않다. 예를 들어, 전통적인 민법학의 시각만으로는 이러한 거대한 변
화를 제대로 포착하기 쉽지 않다. 이는 헌법학의 시각이나 경제법학의 시
각만을 동원하는 경우에도 마찬가지다. 이러한 이유에서 현대 사회에서
진행되고 있는 민법의 관할영역 변화에 제대로 대응하기 위해서는 학제
간 연구에 기반을 둔 통합과학적 방법론을 동원해야 할 필요가 있다고 생
각한다.

이 글은 이러한 문제의식에서 출발한다. 다만 필자는 기초법학에 몸담
고 있는 연구자이므로, 이 글에서는 기초법학, 특히 법철학과 사회철학의
시각에서 이 문제에 접근하려 한다. 아울러 민법의 관할영역 변화 전체를
다루기보다는, 민법 제103조나 제750조를 통해 민법과 경제법의 관할영
역이 서로 교착되고 있는 현상에 논의의 초점을 맞추려 한다.

II. 민법의 전통적인 관할영역

1. 자유주의 법모델의 원형으로서 민법

본래 민법은 - 삼단계 법모델의 시각에서 볼 때 - 자유주의 법모델의 원형에 해당한다. 여기서 왜 민법이 자유주의 법모델의 원형이 될 수 있는지 논증하기 위한 전제로서, 우선 자유주의 법모델이란 무엇을 뜻하는지 간단하게 검토하도록 한다.10) 자유주의 법모델은 서구의 계몽주의와 시민혁명 등을 통해 18~19세기에 등장한 법모델을 말한다. 이러한 자유주의 법모델은 형식적인 의미를 갖는 법치국가 원칙과 결합하여, 자유주의적 법치국가라는 이념으로서 제도화되었다. 자유주의적·시민적 법치국가는 크게 자유주의와 (형식적) 법치국가로 나누어 그 의미를 파악할 수 있다. 여기서 자유주의는 국가 혹은 공동체의 가치보다는 개인 혹은 시민의 자유를 최우선적인 것으로 파악한다는 것을 뜻한다. 나아가 법치국가는 "법을 통한 지배(Rule of Law)"를 그 이념으로 삼는다. 다시 말해, 국가권력은 국민의 대표자인 의회가 정한 법률을 통해 행사되어야 한다는 것이다. 그런데 여기서 말하는 법률은 '중립성', '형식성', '외부성'이라는 특성을 띤다.11) 첫째, '중립성'이란 법이 모든 수범자에게 중립적으로 평등하게 적용되어야 함을 의미한다. 따라서 특정한 개인이나 상황을 대상으로 하는 처분적 법률은 원칙적으로 금지된다. 이를 통해 개개 수범자들은 추상

---

10) 자유주의 법모델에 관해서는 우선 이상돈, 단락번호 [13] "법과 역사"『기초법학』, 법문사, 2008, 464쪽; 양천수, "책임과 정의의 상호연관성-법철학적 시론-"『원광법학』제24권 제2호(2008. 6), 92~96쪽, B. Peters, Rationalität, Recht und Gesellschaft, Frankfurt/M. 1991, S. 53 ff.

11) 이에 관해서는 이상돈, 앞의 책(주10), 465~467쪽.

화된다. 둘째, 이러한 중립성으로 인해 법은 '형식성'을 띠게 된다. 이는 막스 베버(M. Weber)가 말한 '형식적 합리성'과 궤를 같이 하는 것이다. 법은 개별 상황이 갖고 있는 고유한 상황논리 혹은 실질적인 사물논리를 고려하지 않고, 구성요건상황이나 주체를 형식적으로 동일하게 파악하여 적용될 뿐이다. 예를 들어, 민법은 이러한 형식성에 의거하여 사용자나 노동자에게 모두 동일하게 적용된다. 셋째, 이러한 맥락에서 법은 행위자에 의해 외부적으로 드러난 행위 또는 결과만을 규제한다. 그러므로 행위자의 동기는 크게 문제되지 않는다.[12]

그러면 어떤 측면에서 민법이 이러한 자유주의 법모델에 해당한다고 말할 수 있는가? 이는 무엇보다도 민법이 사적자치를 기본원칙으로 채택하고 있다는 점 그리고 민법이 자유주의에 기반을 둔 책임 제도를 도입하고 있다는 점에서 찾아볼 수 있다. 여기서는 후자를 더욱 구체적으로 살펴보도록 한다. 민법 영역에서 책임은 크게 불법행위 책임(민법 제750조)과 채무불이행 책임(민법 제390조)으로 구성된다. 여기서 채무불이행 책임은 채권관계를 전제로 한 책임인데 반해, 불법행위 책임은 채권관계를 전제로 하지 않는 책임으로서 채무불이행 책임보다 더욱 일반적인 의미를 갖는다고 할 수 있다. 그런데 민법 도그마틱에 따르면, 일정한 일탈행위가 불법행위 책임을 구성하려면, 몇 가지 요건을 충족해야 한다. 그 중에서 중요한 것으로 '인과관계'와 '과책'(Verschulden)을 거론할 수 있다. 인과관계는 '객관적 귀속'(objektive Zurechnung)의 인정범위를 제한하는 요소로서, 그리고 과책은 '주관적 귀속'(subjektive Zurechnung)의 인정범위를 제한하는 요소로 작동한다. 그런데 이러한 책임요건에서 우리는 두 가지 점을 간취할 수 있다. 첫째, 불법행위 책임은 행위주체나 행위상황과는 무관하게 인과관계와 과책이 인정되면 성립한다는 점에서 '형식적인

---

12) 이 점을 지적하는 K. Günther, 김나경 (역), 이상돈 (엮음), "형법의 대화윤리적 근거지음의 가능성" 『대화이론과 법』, 법문사, 2002, 152~154쪽.

구조'를 띠고 있다는 것이다. 둘째, 인과관계와 과책이 인정되지 않는 경우에는 불법행위 책임을 부정함으로써, 개인의 자유를 극대화하고 있다는 것이다. 더군다나 비교법적 관점에서 보면, 독일 불법행위법은 일반조항 대신 유형화에 따른 규정형식을 선택함으로써, 개인의 행위자유를 더욱 도모하고 있다는 점이 눈에 띈다. 결국 현행 민법이 규정하고 있는 불법행위 책임은 '형식적인 책임'과 '자유주의적 책임'이라는 특징을 담고 있다고 말할 수 있다. 이러한 기본구조는 채무불이행 책임에서도 되풀이된다.13) 이렇게 볼 때, 민법은 자유주의 법모델의 원형으로서, 사적자치가 지배하는 사적 영역의 '기본법'으로서 그 의미를 갖는다고 말할 수 있다.

2. 민법의 관할영역을 확정하기 위한 사회이론적 기초

이렇게 민법을 사적자치가 지배하는 사적 영역, 즉 시민사회의 기본법으로 볼 수 있다면, 민법이 관할하는 영역은 이러한 시민사회 전체라고 말할 수 있는가? 일반적으로는 그렇게 말할 수도 있을 것이다. 그렇지만 좀 더 섬세하게 이 문제를 보면, 민법이 관할하는 영역이 과연 전체 시민사회라고 말할 수 있을지 의문이 없지 않다. 이 문제에 적절하게 대응하려면, 법사회학의 시각에서 시민사회의 구성방식에 접근해야 할 필요가 있다고 생각한다.

1) 이원적 관점

종래 시민사회를 포함한 전체 공동체를 바라보는 시각으로는 주로 이원적 관점이 지배하였다. 가장 대표적인 예로서 '국가-사회 이원론'을 들

---

13) 민법상 채무불이행 책임의 기본구조에 대해서는 김형배, 『채권총론』, 박영사, 1999, 152쪽.

수 있다. 고대 로마법으로 거슬러 올라가는 이 시각은 전체 공동체를 국가영역과 사회영역으로 구분한다. 자유주의 법모델은 이 시각을 채택하여 국가의 역할을 규정하였다. 그러나 이원적 관점으로서 국가-사회 이원론만 존재했던 것은 아니다. 예를 들어, 칼 맑스(K. Marx)는 국가-사회 이원론과는 다른 이원적 관점을 제시하기도 하였다. 유명한 '토대-상부구조론'이 그것이다. 이에 따르면, 전체 공동체는 생산력과 생산관계로 구성되는 '토대'(Basis)와, 이러한 토대에 종속적인 '상부구조'(Überbau)로 구조화된다.14) 그러나 토대-상부구조론은 국가-사회 이원론과 비교할 때, 차이점이 있다. 국가-사회 이원론이 국가영역과 사회영역을 서로 동등하면서 자율적인 영역으로 이해하는데 반해, 토대-상부구조론은 토대에 중점을 두면서, 상부구조는 단지 토대의 '반영물'에 지나지 않는다고 보기 때문이다. 즉 전자가 수평적인 관계에 기반을 둔다면, 후자는 수직적인 관계에 기반을 둔다. 이외에도 우리에게 잘 알려진 퇴니스(F. Tönnies)의 '공동사회'(Gemeinschaft)-'이익사회'(Gesellschaft) 구상을 전형적인 이원적 관점으로 언급할 수 있다.15) 헤겔의 영향을 받은 이 구상은 '연대성'이 지배하는 영역을 공동사회로 그리고 이익과 거래가 지배하는 영역을 이익사회로 규정한다.

그러나 다수의 사회이론가들이나 법학자들은 전체 공동체를 이렇게 이원적 관점에서만 파악하지는 않았다. 이보다 더욱 세분화하여 전체 공동체를 이해하려 하기로 하였다. 국가영역을 '행정규칙'이 적용되는 국가'내부'와 '법규명령'이 적용되는 국가'외부'로 구별하고자 했던 특별권력관계이론이 좋은 예가 된다. 이에 따르면, 국가영역은 다시 국가내부와 국가외부로 분화된다. 나아가 국가영역과 대별되는 사회영역을 다시 이원화하고

---

14) 이에 대한 간략한 설명은 양건, 『법사회학』, 아르케, 2004, 57~66쪽.

15) F. Tönnies, Gemeinschaft und Gesellschaft, 4., unveränderte Aufl., Darmstadt 2005.

자 하는 시도도 있었다. 가장 대표적인 예로서 '생존배려'(Daseinsvorso-
rge) 개념을 최초로 제안한 독일의 공법학자 에른스트 포르스트호프(E.
Forsthoff)의 구상을 거론할 수 있다.16)

2) 포르스트호프의 '지배영역'과 '기능영역'

포르스트호프는 사회영역을 '지배영역'(beherrschter Raum)과 '기능영
역'(effektiver Raum)으로 이원화하여 파악한다. 이 개념은 포르스트호프가
"급부주체로서 행정"(Verwaltung als Leistungsträger)이라는 논문에서 '생
존배려' 개념을 이끌어내기 위해 사용한 개념이다.17) 포르스트호프에 따
르면, 지배영역과 기능영역은 인간이 자신의 생존(Dasein)을 영위해 나가
는 데 필요한 두 가지 상이한 생활공간이다. 여기서 지배영역이란 인간
주체가 독립적인 주체로서 생존을 영위할 수 있는 공간을 말한다. 그 예
로서 포르스트호프는 '농장'(Hof), '경작지'(Acker), '집'(Haus) 등을 언급
한다. 이에 반해, 기능영역이란 이러한 지배영역을 넘어서 생활이 이루어
지는 공간으로서 기능성 또는 효율성이 지배하는 영역을 말한다. 이러한
기능영역은 산업화의 결과로서 등장한 영역이다.

포르스트호프에 따르면, 산업화가 본격적으로 이루어지기 이전의 유럽
에서는 주로 지배영역이 존재하였다. 하지만 19세기에 이르러 산업화가
본격화되면서, 유럽의 생활공간이 변했다고 한다. 즉 산업화가 진행되면
서 노동에 대한 수요가 증가하였고, 이에 따라 도시의 인구가 늘어나면서,
전통적인 지배영역 대신에 기능영역이 등장하기 시작하였다고 한다. 그런
데 문제는, 이러한 기능영역에서는 인간이 자율적인 존재로서, 즉 독립된

---

16) 이를 간략하게 소개하는 양천수, "생존배려 개념의 기원-법철학의 시각에서 본
포르스트호프(E. Forsthoff)의 사회보장법체계-"『영남법학』제26호, 2008. 4,
116~117쪽.
17) E. Forsthoff, Verwaltung als Leistungsträger, Stuttgart/Berlin 1938, S. 4 ff.

주체로서 자신의 생존을 책임질 수 없다는 것이다. 이 때문에 기능영역에서는 사회가 개인을 대신해서 생존을 영위할 수 있도록 도와줄 필요성이 대두한다고 한다. 포르스트호프는 이를 '사회적 수요'(soziale Bedürftig-keit)라고 말한다.[18] 포르스트호프에 따르면, 전통적인 지배영역에서는 이러한 사회적 수요가 별로 존재하지 않았다. 사회적 수요는 산업화가 진행되고 기능영역이 출현하면서 등장한 개념이다. 그리고 '생존배려'는 이러한 사회적 수요에 대응하기 위해 포르스트호프가 고안한 개념이라고 말할 수 있다.[19]

3) 하버마스의 이원적 사회이론

그러나 민법의 관할영역을 확정하는 데 가장 유익한 이론이 될 수 있는 것은, 전체 공동체를 '생활세계'(Lebenswelt)와 '체계'(System)로 파악한 하버마스(J. Habermas)의 이원적 사회이론이라고 말할 수 있다.[20] 하버마

---

18) E. Forsthoff, 위의 논문(주17), S. 5.

19) 이와 같은 포르스트호프의 이원적 시각은 - 이 글의 주제와는 다소 거리가 있기는 하지만 - 행정법의 관할영역을 확정하는 데 의미 있는 시사를 한다. 위에서 언급한 것처럼, 포르스트호프는 인간의 생존영역을 지배영역과 기능영역으로 이원화하면서, 기능영역에서 사회적 수요 및 생존배려 개념을 이끌어낸다. 이는 무엇을 뜻하는가? 기능영역이 생존배려와 관련을 맺는다고 보면, 생존배려를 수행하는 급부행정법이 담당하는 관할영역은 기능영역이라고 말할 수 있다. 그리고 전체 행정법 영역을 크게 경찰행정법과 급부행정법으로 이원화할 수 있다면, 여기서 우리는 다음과 같은 결론을 도출할 수 있다. 즉 경찰행정법이 관할하는 영역이 지배영역이라면, 급부행정법은 기능영역을 관할한다는 것이다. 이와 같은 결론은 다소 심중한 의미를 갖는다. 왜냐하면, 만약 우리가 지배영역을 - 아래에서 다루는 것처럼 - '생활세계' 또는 '일상영역'에 상응하는 것으로, 그리고 기능영역을 '체계'에 상응하는 것으로 볼 수 있다면, 행정법이 관할하는 영역은 생활세계와 체계를 모두 아우른다고 말할 수 있기 때문이다.

20) 하버마스의 이원적 사회이론에 대한 개관으로는 이상돈·홍성수, 『법사회학』, 박

스가 1981년에 출간한 자신의 대표작 『의사소통행위이론』(Theorie des kommunikativen Handelns) 제2권에서 제안한 이원적 사회이론은 '국가-사회 이원론'이나 '토대-상부구조론'처럼, 전체 공동체를 생활세계와 체계로 이원화한다. 하버마스에 따르면, 사회가 진화하면서, 전체 사회는 생활세계와 체계로 분화한다.[21] 현상학자 훗설(E. Husserl)로 거슬러 올라가는 생활세계는 - 하버마스에 따르면 - 인격, 문화, 시민사회로 구성되는 영역(혹은 공동체구성 메커니즘)으로서, "문화를 통해 전승되고 언어를 통해 조직된 해석준거틀의 저장소"이다.[22] 생활세계는 '참여자 관점'과 관련을 맺는 영역으로서, 참여자들이 상호이해를 지향하는 의사소통행위를 수행하는 데 필요한 배후근거가 된다. 이러한 생활세계는 "말하는 사람과 듣는 사람이 만나 자신들의 진술이 세계에 합당한 것이라고 주장할 수 있는 장소이며, 그들이 그러한 타당성의 주장들을 비판하고 확증하는 장소"라고 할 수 있다.[23] 이처럼 생활세계에서는 '언어'가 매체로서 작동한다. 이와 달리 사회학자 파슨스(T. Parsons)로 거슬러 올라가는 체계는 목적합리성 또는 기능적 합리성이 지배하는 영역이다. 하버마스는 이 체계를 관찰자 관점과 연결하는데, 상호이해를 지향하는 언어가 매체로 작동하는 생활세계와는 달리, 체계에서는 권력이나 자본이 매체로 작동한다. 이 점이 시사하듯이, 정치체계와 경제체계가 현대 사회의 가장 대표적인 체계로 자리매김한다.

공동사회와 이익사회 또는 지배영역과 기능영역을 현대적으로 발전시

영사, 2000, 108쪽; 이상돈, 단락번호[2] "법과 대화이론" 앞의 책(주10); 양화식, "생활세계, 체계 그리고 법-하버마스의 『의사소통행위이론』을 중심으로-"『법철학연구』제11권 제2호, 2008. 12, 329~360쪽 등 참고.

21) J. Habermas, Theorie des kommunikativen Handelns, Bd. 2, Frankfurt/M. 1981, S. 230.
22) J. Habermas, 위의 책(주21), S. 189; 번역은 이상돈 · 홍성수, 앞의 책(주20), 113쪽.
23) 이상돈 · 홍성수, 앞의 책(주20), 113쪽.

킨 생활세계-체계 이원론은 무엇보다도 현대 사회국가에서 발생하고 있는 각종 사회적 병리현상이나 근대화의 역설을 해명하는 데 도움을 준다. 뿐만 아니라, 이 구상은 민법의 전통적인 관할영역을 이론적으로 설명하는 데도 도움을 준다. 물론 이를 위해서는 이 구상을 좀 더 보완해야 할 필요가 있다. 왜냐하면, 하버마스는 1992년에 출간한 법철학 저서 『사실성과 타당성』(Faktizität und Geltung)에서 자신이 교수자격취득 논문에서 다룬 공론장(Öffentlichkeit) 개념을 복원하면서, 이를 생활세계와 체계 사이에 놓기 때문이다.24) 이에 따르면, 전체 사회공동체는 <생활세계//공론장//체계>로 삼분화할 수 있다.25) 만약 우리가 하버마스의 틀에 따라 민법의 관할영역을 설명하고자 한다면, 이렇게 삼분화된 틀에 따라 민법의 관할영역을 바라볼 필요가 있다.

3. 민법의 전통적인 관할영역

1) 문제점

그러나 이렇게 하버마스의 사회이론을 통해 민법의 관할영역을 확정하고자 할 때는, 다시 다음과 같은 문제와 씨름해야 할 필요가 있다. 과연 이렇게 하버마스의 사회이론을 원용해서 민법의 관할영역을 확정하는 것이 이론적으로 가능한지, 그리고 이것이 과연 유익한 것인지 하는 문제가

---

24) 위르겐 하버마스, 한상진·박영도 (공역), 『사실성과 타당성』, 나남출판, 2001, 448쪽.

25) 그러므로 엄밀하게 말하면, 이제 하버마스의 사회이론은 이원적 사회이론이 아니라, 삼원적 사회이론이라고 지칭해야 한다. 그러나 이 글에서는 하버마스가 원래 제안했던 구상을 존중해서 '이원적 사회이론'이라는 용어를 사용하기로 한다. 다만 이렇게 이원적 사회이론이라고 지칭한다 하더라도, 여기에는 생활세계와 체계뿐만 아니라, 공론장도 포함되어 있다고 보아야 한다.

그것이다. 그러나 첫 번째 문제는 비교적 용이하게 해결할 수 있다고 생각한다. 왜냐하면, 비록 민법이 아닌 형법 영역에서 수행한 것이기는 하지만, 기초법학자인 이상돈 교수가 하버마스의 사회이론을 원용하여 형법의 관할영역을 분석한 바 있기 때문이다.26) 즉 이상돈 교수는 한편으로는 서구에서 등장한 이원적 사회이론을 수용하면서도, 다른 한편으로는 이러한 서구적인 이론을 한국의 사회구조에 맞게 변형하여, 사회구조를 다음과 같이 세 영역으로 구획하였다. "일상영역", "과학·기술에 의해 관리되는 전문직업적 일상영역" 그리고 "체계"라는 세 영역이 그것이다. 여기서 "일상영역"이란 우리가 일상적으로 경험하고 생활하는 영역을 말한다. 다음 "과학·기술에 의해 관리되는 전문직업적 일상영역"이란 의료영역이나 교통영역 같이 고도의 주의의무를 요구하는 영역을 말한다. 마지막으로 "체계"란 고도의 위험이 지배하는 영역으로, 환경영역이 가장 대표적인 예라 할 수 있다. 필자 역시 이러한 성과를 원용하여, 민법상 불법행위책임의 관할영역과 환경민사책임의 관할영역을 확정하는 작업에 적용하기도 하였다.27)

두 번째 문제에 대해서는 다음과 같이 대답할 수 있다. 애초에 하버마스가 이원적 사회이론을 도입해 사회를 분석한 이유는, "그렇게 구분하는 사람만이 근대의 병리를 알 수 있기 때문"이다.28) 즉 전체 사회를 생활세계와 체계로 구분하여 파악하면, 어떤 이유에서 근대의 합리화 과정이 한편으로는 자유를 보장하면서도, 다른 한편으로는 자유를 박탈하는 '합리

---

26) 이상돈, 앞의 책(주5), 단락번호 [10] "책임의 개인적 귀속과 형법적 행위영역의 유형화" 참고.
27) 양천수·이동형, "문화와 법체계 그리고 비교법학-민법상 거래안전의무를 예로 하여-", 『민족문화논총』 제36집, 2007. 9, 121~152쪽; 양천수, "전문법의 책임으로서 환경책임과 환경민사책임 환경책임에 대한 법이론적·법사회학적 접근-" 『환경법연구』 제29권 제3호, 2007. 12, 259~291쪽.
28) J. Habermas, 앞의 책(주21), S. 433.

화의 역설'을 유발하는지 설명할 수 있는 것이다. 이와 유사하게 하버마스의 틀에 따라 형법이나 민법의 관할영역을 구획하면, 과연 어느 범위에서 형법이나 민법이 개입해야 할 필요가 있는지, 각각의 영역에서 형법과 민법은 어떤 기능적 목적을 수행해야 하는지 파악할 수 있다.[29) 이러한 점에서 하버마스의 사회이론을 민법의 관할영역을 확정하는 데 원용하는 것은 의미가 있다고 생각한다.

2) 민법과 상법의 병존

그러면 민법이 관할하는 영역은 어디까지인가? '민법은 사회의 기본법'이라는 테제가 시사하는 것처럼, 민법은 국가영역을 제외한 사회영역 전체를 자신의 관할영역으로 삼는 것일까? 그러나 이 문제에 대해서는 좀더 신중하게 접근해야 할 필요가 있다. 왜냐하면, 만약 우리가 민법과 상법을 구별하고자 한다면, 역사적으로 사회 영역은 민법과 상법이 병존해서 관할해 왔다는 점에 유념해야 하기 때문이다. 이는 유럽법의 역사와 일정한 관련을 맺는다. 중세 유럽에서 로마법이 다시 발견된 이후, 유럽에서는 두 종류의 사법이 병존해서 발전한다. 하나는 로마법을 주축으로 한 민법이고, 다른 하나는 상관습법이다. 민법이 로마법을 바탕으로 하여 주로 학자들에 의해 형성된 것인데 반해, 상관습법은 상인들을 중심으로 하여 형성되었다. 이러한 전통은 19세기까지 계속되어, 비스마르크에 의해 독일 제2제국이 형성된 이후 대규모 입법 작업이 진행될 때도 그대로 유지된다. 그 결과 우선 1896년에 독일제국 민법(BGB)이, 그 뒤인 1897년에는 독일제국 상법(오늘날의 HGB)이 제정된다.[30) 이러한 연유에서 지금까

---

29) 이를 보여주는 이상돈, 단락번호 [10] "책임의 개인적 귀속과 형법적 행위영역의 유형화" 앞의 책(주5) 참고.

30) 이러한 과정에 대해서는 H. Schlosser, Grundzüge der Neueren Privatrechtsgeschichte, 10. Aufl., Heidelberg 2005, S. 175 ff.

지 사법은 일반 시민을 대상으로 하는 민법과, 상인을 대상으로 하는 상법으로 구분된다.

이렇게 민법과 상법을 구별하는 전통은 오늘날 우리 법학에서도 그대로 통용되고 있다. 사실이 그렇다면, 민법이 전체 사회를 관할하는 것이 아니라, 기본적으로는 민법과 상법이 함께 전체 사회를 관할한다고 말할 수 있다. 여기서 민법은 일반 시민을 대상으로 하고, 상법은 상행위를 전문적으로 수행하는 상인을 대상으로 한다는 점에서, 민법보다는 상법이 기능적 체계에 더 친화적이라고 말할 수 있다. 그렇다면 민법이 관할하는 영역은 애초에 생각했던 것보다 더욱 좁아진다고 말할 수 있다.

3) 민법의 전통적인 관할영역

지금까지 행한 논증을 통해 우리는 다음과 같은 중간결론을 이끌어낼 수 있다. 하버마스의 사회이론을 원용해서 볼 때, 민법이 관할하는 영역은 기본적으로 '생활세계', 즉 '일상영역'이라는 것이다.[31] 그러나 19세기에 형성된 근대 민법전을 들여다보면, 민법이 관할하는 영역은 이미 이보다 더욱 확대되어 있다. 즉 민법은 '일상영역'뿐만 아니라, '과학·기술에 의해 관리되는 전문직업적 일상영역'까지, 혹은 이를 포함하는 '공론장'까지 자신의 관할영역으로 하고 있는 것이다. 이는 우리가 민법을 '법률행위'와 '신분행위' 그리고 '사실행위'로 나누어 고찰할 때 더욱 분명해진다.

흔히 전체 민법체계는 총칙과 물권법, 채권법, 가족법으로 편별되지만, '행위' 개념을 중심으로 보면, 민법상 행위는 크게 법률행위와 신분행위 및 사실행위로 유형화할 수 있다. 여기서 법률행위는 의사표시를 핵심적

---

31) 아래에서는 '생활세계'와 '일상영역'을 동일한 의미로 그리고 '과학·기술에 의해 관리되는 전문직업적 일상영역'을 '공론장'에 포함되는 개념으로 사용하고자 한다.

인 법률요건으로 하는 행위로서 민법에서 가장 중심이 되는 행위라고 말할 수 있다. 이에 대해 신분행위는 가족관계에서 특유하게 찾아볼 수 있는 행위라고 규정할 수 있다.[32) 마지막으로 사실행위는 주로 법정채권관계에서 문제되는 행위로서 사무관리행위, 부당이득행위 그리고 불법행위가 여기에 해당한다. 그런데 이렇게 행위를 유형화하여 민법의 관할영역을 바라보면, 관할영역의 범위 면에서 다소 차이가 존재한다. 우선 신분행위는 가장 사적인 속성을 지닌 '가족관계'와 관련을 맺는 행위라는 점에서, '생활세계'를 관할영역으로 한다. 이에 대해 법률행위와 사실행위는 원칙적으로는 '생활세계'를 관할영역으로 하면서도, 예외적으로 '공론장' 혹은 '과학·기술에 의해 관리되는 전문직업적 일상영역'까지 자신의 관할영역으로 확장한다. 이는 특히 불법행위책임이 관할하는 영역에서 극명하게 드러난다. 예를 들어, '과책주의'(Verschuldensprinzip)를 원칙으로 하는 불법행위책임은 기본적으로 '생활세계'를 자신의 관할영역으로 한다. 불법행위책임이 요건으로 하는 '과실' 개념이 애초에 주관적 과실에서 출발하였다는 점이 이를 뒷받침한다.[33) 그러나 이미 독일 민법 그리고 이를 계수한 우리 민법은 '생활세계'를 넘어서는 불법행위책임을 긍정하고 있다. 대표적인 예가 바로 사용자책임이라고 할 수 있다(민법 제756조). 근대 산업사회가 시작되고, 이에 따라 자본주의가 성장하면서, 민법의 관할영역은 차츰 확장되었다. 예를 들어, 사용자-노무자로 이루어진 고용관계가 확장되면서, 노무자가 업무상 일으킨 손해를 사용자가 배상하게 할 필요가 대두하였다. 이에 따라 이른바 '중간책임'이라 할 수 있는 사용자책

---

32) 그러나 양창수 교수(대법관)는 법률행위와 신분행위를 도식적으로 그리고 절대적으로 구분하는 것에 반대한다. 양창수, "「가족법」상의 법률행위의 특성" 『민법연구』 제8권, 박영사, 2005, 321쪽.

33) 주관적 과실 개념에 대한 분석으로는 김형배, "과실개념과 불법행위책임체계" 『민법학연구』, 박영사, 1986, 260쪽.

임이 제도화되었다. 그런데 사용자책임은 사실상 무과실책임으로 운용되고 있다는 점에서, 이 사용자책임은 과책주의에 바탕을 둔 전통적인 불법행위책임과는 구별된다.34) 그것은 '과학·기술에 의해 관리되는 전문직업적 일상영역'에 속하는 책임이라 할 수 있다. 사실이 그렇다면, 민법의 관할영역은 이제 '일상영역'을 넘어서 '과학·기술에 의해 관리되는 전문직업적 일상영역', 즉 이를 포함하는 '공론장'까지 확장되고 있는 셈이다.

이렇게 볼 때, 우리는 다음과 같이 중간결론을 수정할 수 있다. 즉 민법이 전통적으로 관할하는 영역은 원칙적으로는 '생활세계'이지만, 이에 더하여 '공론장'까지 자신의 관할로 확장하고 있다는 것이다. 이러한 결론은 대체로 타당한 것으로 수용되고 있다. 그렇지만 자율적 인간을 전제로 하여 체계화된 민법의 관할영역을 무작정 확장하는 것에 대해서는 비판적인 견해도 없지 않다.35)36)

Ⅲ. 현대 사회에서 민사법의 관할영역 변화

그러나 이렇게 설정된 민법의 전통적인 관할영역은 현대 사회가 일종의 구조변동을 겪으면서 변하고 있다. 위 Ⅰ.에서 말한 것처럼, 한편으로는 민법의 관할영역이 확장되면서, 다른 한편으로는 민법의 관할영역이 축소되는 현상이 등장하고 있다.

---

34) 이러한 사용자책임에 대한 분석으로는 김형배, "사용자책임과 구상권의 제한" 『민법학연구』, 박영사, 1986, 532쪽.

35) 근대 민법의 체계를 완성한 사비니(F.C.v. Savingy)는 칸트(I. Kant)의 영향을 강하게 받고 있었다. 이에 관해서는 임미원, "칸트와 역사법학" 『법사학연구』 제38호, 2008. 10, 49쪽.

36) 이에 대해서는 양천수·이동형, 앞의 논문(주27), 121~151쪽 참고.

1. 현대 사회의 구조변동

근대 민법전이 성립한 18~19세기와는 달리, 현대 사회는 복잡한 구조변동을 겪고 있다. 필자는 이렇게 현대 사회가 경험하고 있는 구조변동을 '전문화', '세분화', '복잡화', '탈중심화'로 규정하기도 하였다.[37] 이와 유사하게 독일의 법사회학자인 군터 토이브너(G. Teubner)는 오늘날의 사회가 겪고 있는 특징을 "디지털화"(Digitalisierung), "민영화"(Privatisierung), "전 세계적인 네트워크화"(globale Vernetzung)로 요약하기도 하였다.[38] 다른 한편 체계이론가들은 현대 사회가 다양한 사회적 하부체계로 분화되고 있다고 설명하기도 한다. 그런데 이러한 진단에서 공통적으로 추론할 수 있는 것은, 18~19세기의 자유주의적 법치국가 모델이 기반을 두었던 국가-사회 이원론이 해체되고 있다는 점을 시사한다는 것이다. 국가-사회 이원론은 국가 영역과 사회 영역이 각기 분리된다고 말한다. 그렇지만 현대 사회가 전문화되고, 세분화되며, 복잡해지고, 다중심화되면서, 각 사회적 체계가 서로 중첩되고 융합되는 새로운 현상이 등장하고 있다.[39] 즉 한편으로는 국가 영역과 사회 영역이 각기 다양한 사회적 체계로 분화되면서도, 다른 한편으로는 국가 영역의 하부체계와 사회 영역의 하부체계가 각기 중첩·융합되는 현상도 나타나고 있는 것이다. 이는 '공법과 사법의 혼융' 또는 '공익과 사익의 혼융' 현상을 통해 더욱 가속화된다.[40]

---

37) 양천수, "私法 영역에서 등장하는 전문법화 경향"『법과 사회』제33호, 2007. 12, 116~118쪽.

38) G. Teubner, Globale Zivilverfassungen: Alternativen zur staatszentrierten Verfassungstheorie, in: Zeitschrift für ausländisches öffentliches Recht und Völkerrecht 63 (2003).

39) G. Teubner, Nach der Privatisierung? Diskurskonflikte im Privatrecht, in: Zeitschrift für die Rechtssoziologie (1998), S. 10 ff.

40) 양천수, 앞의 논문(주6), 3~29쪽.

이는 양 방향에서 진행된다. 한편으로 '신자유주의'의 영향을 받아 공법이 사법화되는 현상이 등장한다. '민영화'라는 표어는 이를 특징적으로 보여준다. 이에 따라 새로운 형태의 행정작용이 나타나기도 한다.[41] 다른 한편 전통적인 사적 영역이 공적 영역으로 편입되면서, 사법이 공법화되는 현상이 나타난다. 전형적인 사권에 속하는 소유권이 공법적인 규제를 받게 된 것이나,[42] 가족법 영역이 헌법재판소의 통제 아래 놓이게 된 것이 이를 예증한다.[43]

2. 민법의 관할영역 변화

이렇게 사회가 구조변동을 겪으면서, 민법의 관할영역도 변화를 맞고 있다. 이는 무엇보다도 민법을 포괄하는 전체 사법이 한편으로는 분화되고, 다른 한편으로는 재통합되면서 촉진되고 있다.

1) 사법의 분화

이미 지적하였듯이, 사법은 민법과 상법으로 분화되어 병존하고 있었다. 이에 더하여 민법이 실질화하면서, 새로운 형태의 사회적 사법이 등장하였다. 사회구조가 변하면서, 이미 19세기 후반부터 사법의 기본구조는 변화의 물결을 맞이한다. 즉 자본주의가 성장하고 독점화되면서 이를 규제하고 관리하는 것을 목적으로 하는 경제법이, 노동계급이 성장하면서

---

41) 이에 관해서는 박정훈, "행정법의 구조변화로서의 '참여'와 '협력'-독일에서의 이론적 논의를 중심으로-"『행정법의 체계와 방법론』, 박영사, 2005, 243쪽.

42) 김상용,『토지소유권 법사상』, 민음사, 1995, 389쪽.

43) 이를 분석하는 양현아, "1987년 이후 가족법의 변화에 관한 법사회학적 고찰"『법과 사회』제32호, 2007, 103~138쪽.

이들의 주장을 보장하고 통제하기 위한 노동법이 사법에서 분화된다. 상법 역시 분화되어 기업법이 독자적인 영역으로 정착된다.44) 이를 통해 알수 있는 것은, 사회가 세분화·전문화되면서, 사법도 세분화·전문화되고 있다는 점이다. 이에 따라 사법은 이제 <민법//상법//경제법·노동법> 등으로 재편되었다. 이와 더불어 사법의 행위주체인 법인격(Rechtsperson)도 <시민//상인//소비자·근로자>로 분화되었다.45)

그러나 이렇게 사법이 분화만 되고 있는 것은 아니다. 사회적 하부체계가 서로 융합·통합되면서, 사법 역시 일종의 재통합 과정을 거치고 있다. 지난 2002년 독일이 민법전을 대폭 개정하면서, 소비자법을 민법전에 편입한 것이 대표적인 경우라 할 수 있다.46) 이에 따라 민법과 소비자법이 통합되었다. 행위주체의 견지에서 보면, 자유주의에 기반을 둔 시민 개념과 사회국가에 기반을 둔 소비자 개념이 한 법체계 안에서 병존하게 된 것이다. 동시에 민법의 관할영역이 본래 소비자법이 관할하던 영역까지 확장되었다.

2) 민법의 관할영역 변화

이처럼 사회가 일종의 구조변동을 겪으면서, 민법의 관할영역도 변화하였다. 이미 앞에서 언급한 것처럼, 이는 서로 상반되는 두 가지 방향으로 진행되었다.47) 여기서는 관할영역 확장에 초점을 맞춰 살펴보도록 한다.

---

44) 오늘날 독일 법은 가령 '주식회사법'(AktG)이나 '유한회사법'(GmbHG)을 독자적인 법률로 마련하고 있다.

45) 정치경제학의 관점에서 시민과 소비자가 서로 분열되고 있는 문제점을 지적하는 로버트 B. 라이시, 형선호 (옮김), 『슈퍼 자본주의』, 김영사, 2008 참고.

46) 이에 관해서는 김형배 외 5인 (공저), "소비자보호법의 통합수용(하경효 교수 집필)" 『독일 채권법의 현대화』, 법문사, 2002 참고; 이를 비판적인 시각에서 바라보는 I. Saenger, 김규완 (역), "도처에 소비자−독일 민법, 민사소송법, 상법, 회사법 및 경제법에 있어서 소비자" 『고려법학』 제46호, 2006. 4, 277~304쪽 참고.

민법의 관할영역이 확장되고 있다는 점은, 이미 19세기 무렵부터 감지할
수 있었다. 19세기에 개별 특별법을 중심으로 하여 '위험책임'(Gefähr-
dungshaftung)이 성립하면서,48) 특히 불법행위책임의 관할영역이 확장되
었다. 1896년에 제정된 민법전은 실정법상으로는 생활세계와 공론장까지
불법행위책임의 관할영역으로 확정하고 있었지만, 각종 특별법을 통해 위
험책임이 불법행위책임으로 편입되면서, 불법행위책임이 관할하는 영역
이 체계까지 확장되었다.49) 또한 19세기에서 20세기에 걸쳐 경제법이 새
로운 법 영역으로 성장하면서, 한편으로는 경제체계와 그 중간영역(공론
장)을 경제법이 규율하면서도, 다른 한편으로는 민법이 이 중간영역까지
관할을 확장할 수 있는 가능성이 열리기도 하였다. 가령 독일의 '불공정
경쟁방지법'(Gesetz gegen den unlauteren Wettbewerb: UWG)은 '법률의
목적'을 규정하는 제1조에서 '불공정행위'(unlautere geschäftliche Handlung-
en)라는 일반조항 형식의 개념을 사용하는데, 다수 견해는 이 개념 해석
의 출발점을 독일 민법 제138조와 제826조가 규정하는 '선량한 풍속'(gute
Sitte)에서 찾기 때문이다. 이를 통해 자연스럽게 민법과 불공정경쟁방지
법이 서로 겹치게 된다. 이는 불공정경쟁방지법이 규율하는 영역을 민법
역시 규율할 수 있다는 점을 시사한다. 또한 지난 2002년에 있었던 '채권
법현대화'를 통해 소비자법이 민법에 편입되면서, 민법상 법률행위책임
역시 경제법 영역까지 확장되어 적용될 수 있는 계기가 마련되었다. 그런

---

47) 앞의 I. 참고.

48) '위험책임'에 관해서는 김형배, 한국민사법학회 (편), "위험책임론"『민법학의 회
고와 전망』, 1992; 김형배, "위험책임체계와 특별법의 해석"『법학논집』제34집,
1995 등 참고; 또한 '위험책임'을 법이론적인 측면에서 분석하는 문헌으로 양천
수, 앞의 논문(주27), 272~276쪽 참고.

49) 물론, 김형배 교수처럼 불법행위책임과 위험책임을 서로 구별되는 별도의 채인체
계로 이해하는 경우에는, 불법행위책임은 여전히 자신의 관할영역을 체계까지 확
장하지는 않고 있다고 말할 수 있다.

데 이렇게 민법의 관할영역이 확장되는 것에서 우리는 두 가지 중요한 의미를 이끌어낼 수 있다. 첫째, 민법의 관할영역이 경제법 영역까지 확장되는 것은, 민법이 규율하는 영역이 그 만큼 넓어진다는 긍정적인 의미로 새길 수도 있지만, 반대로 민법이 경제법의 논리에 식민지화된다는 부정적인 의미로 새길 수도 있다. 둘째, 민법이 관할하는 영역이 경제법, 그 중에서도 소비자법까지 포괄하면서, 행위주체가 민법의 체계 안에서 시민(Bürger)과 소비자(Verbraucher)로 분열되는 체계적 난점이 발생하였다는 것이다.[50]

IV. 우리 민사법에서 진행되는 관할영역 확장

1. 개 요

그런데 이렇게 민법의 관할영역을 확장하고자 하는 시도는 우리 사법

---

50) 이 두 번째 문제를 상세하게 분석하는 I. Saenger, 앞의 논문(주46), 277~304쪽 참고; 물론 이러한 쟁어 교수의 비판적 분석과는 별도로, 종전의 소비자 관련 법률을 민법전에 통합하는 것이 민법의 관할영역을 확장하는 것인지, 아니면 '독일 채권법현대화법'이 목표로 한 것처럼 민법전 체계의 '단순화, 투명성, 법적 안정성'을 실현하는 것에 지나지 않는가에 관해서는 논란이 있을 수 있다. 소비자법을 민법의 한 영역으로 파악하는 관점에서는 민법과 소비자법을 통합하는 것이 민법의 관할영역을 확장하는 것으로 보이지는 않을 것이다. 그러나 민법이 전제로 하는 시민 개념과 소비자법이 전제로 하는 소비자 개념은 이론적 기반을 달리 한다는 점에서, 이 두 법 영역은 분명 이질적이다. 이러한 맥락에서-쟁어와 마찬가지로-통합에 비판적인 견해를 보이는 문헌으로는 Jakobs, Tagungsbericht, in: JZ (2001), S. 29; Pfeiffer, Die Integration von "Nebengesetzen" in das BGB, in: Ernst/Zimmermann (Hrsg.), Zivilrechtswissenschaft und Schuldrechtsreform, 2001, S. 521 등 참고.

학계에서도 이미 찾아볼 수 있었다. 이는 크게 두 가지 흐름으로 정리해서 바라볼 수 있다. 첫째는 민법의 자유주의적 성격을 강조하고, 동시에 민법을 사회의 기본법으로 이해하면서, 오늘날 새롭게 성장한 경제법이나 지적재산권법 등을 민법의 논리로 '환원'하고자 하는 시도이다.[51] 둘째는 민법을 사회국가원리로 재해석하면서, 민법의 관할영역을 경제법 영역까지 확장하려는 시도이다.[52] 이 두 흐름은 민법의 전체상을 각기 상반되게 이해한다. 전자가 민법의 자유주의적 성격을 강조하면서 사적자치를 가장 중요한 민법의 기본원리로 파악하는데 반해, 후자는 민법을 현대적으로 재해석하면서 사적자치보다는 공공복리를 더욱 우월한 원리로 규정하려 한다.[53] 그러나 흥미로운 것은, 이렇게 민법의 전체상을 상반되게 이해하면서도, 결론 면에서는 동일한 길을 걷는다는 점이다. 민법의 관할영역 확장이 그것이다. 이러한 현상은 크게 두 지점에서 찾아볼 수 있다. 첫째는 민법 제103조가 규정하는 '공서양속' 해석에 관한 지점이고, 둘째는 경쟁질서 위반을 민법 제750조가 규정하는 불법행위책임으로 다루려는 지점이다.

2. 민법의 관할영역 확장 논의

1) 불공정거래행위의 위법성 판단기준으로서 공서양속

민법 제103조가 규정하는 "선량한 풍속과 기타 사회질서", 즉 '공서양

---

51) 이러한 경향을 보여주는 대표적인 문헌으로 양창수, "헌법과 민법"『민법연구』 제5권, 박영사, 1999, 20~22쪽; 양창수, "민법의 관점에서 본 지적재산권법-저작권침해의 구제수단을 중심으로-"『민법산고』, 박영사, 1998, 318쪽 등 참고.
52) 이에 관해서는 아래 Ⅳ.2.(1) 참고.
53) 이를 명시적으로 보여주는 곽윤직, 『민법총칙』, 박영사, 1992, 78쪽.

속'과 공정거래법 제23조가 규정하는 '불공정거래행위'를 연결하려는 시도, 더욱 정확하게 말해 불공정거래행위의 위법성 판단기준으로서 민법상 공서양속을 원용하려는 시도는 최근에 비로소 등장한 것은 아니다. 이미 지난 세기의 90년대에 권오승 교수나 이은영 교수는 경쟁질서를 침해하는 행위나 거래질서에 어긋나는 계약을 민법 제103조가 규정하는 "사회질서"에 위반하는 행위로 해석하기도 하였다.54) 그러나 이를 본격적으로 시도한 논의는 지난 2007년 홍대식 교수가 발표한 논문 "불공정거래행위와 공서양속"에서 찾아볼 수 있다.55)

경제법학자인 홍대식 교수는 경제법의 개념인 '불공정거래행위'의 위법성 판단기준으로 민법의 개념인 '공서양속'을 끌어들임으로써, 경제법과 민법을 연결하려 한다. 홍대식 교수가 이렇게 불공정거래행위의 위법성을 판단하기 위해 민법상 개념인 '공서양속'을 끌어들이는 것은 다음과 같은 이유 때문이다. 홍대식 교수에 따르면, 불공정거래행위는 '경쟁법', '거래질서법' 및 '소비자보호법'의 속성이 혼재하는 행위로서 단일한 성격을 지니고 있지 않다.56) 이 때문에 불공정거래행위의 위법성을 통일적인 기준으로 판단하는 것은 쉽지 않아 보인다고 한다.57) 그렇지만 홍대식 교수는 민법상 개념인 '공서양속'을 끌어들임으로써 이 문제를 해결하려 한다. 즉 "개별적인 계약관계에서 존중되어야 하는 사적자치와의 관련성에서 출발하여 동일 또는 유사한 형태의 거래가 계약의 망을 이루는 거래분야를 형성하고 인접하는 다른 거래분야에 영향을 주어 경쟁과의 관련성을 갖게 되는 과정을 입체적으로 살펴볼 때, 경쟁제한성과 불공정성 기준 모

---

54) 권오승, "반사회질서의 법률행위"『월간고시』, 1992. 2, 68쪽; 이은영,『민법총칙』, 박영사, 1997, 374쪽.

55) 홍대식, "불공정거래행위와 공서양속"『비교사법』제14권 제1호, 2007. 3, 109~138쪽.

56) 홍대식, 위의 논문(주55), 116쪽.

57) 홍대식, 앞의 논문(주55), 118쪽.

두 그 출발점에서는 사법상의 원리를 고려하지 않을 수 없다."고 한다. 그러면서 "사법상 위법성 판단은 그것이 경쟁에 미치는 영향을 감안하여 경쟁제한성이나 불공정성을 징표함으로써 공정거래법의 판단에 단서를 제공하는 기능을 수행"할 수 있다고 말한다.[58] 이러한 맥락에서 홍대식 교수는 불공정거래행위를 시장과 사법이 만나는 장으로 이해한다.[59]

그러면 어떻게 민법상 개념인 '공서양속'이 불공정거래행위의 위법성을 판단하는 기준으로 사용될 수 있는가? 이를 위해 홍대식 교수는 '공서양속'을 '고전적인' 공서양속과 '현대적인' 공서양속으로 구분하면서, 후자의 개념을 강조한다.[60] 이는 무엇보다도 "선량한 풍속 기타 사회질서" 중에서 "사회질서" 개념을 재해석함으로써 이루어진다. 특히 경제법 영역에서 발전한 '시장기준'을 '사회질서'와 연결함으로써, '사회질서' 개념이 경제질서 개념까지 포괄하는 것으로 확장해석 한다.[61]

한편 홍대식 교수는 이렇게 '공서양속'과 '시장기준'을 연결함으로써, 다음과 같은 실제적인 효과를 의도한다. 공정거래법 제23조는 불공정거래행위의 사법상 효력에 대해서는 침묵하고 있는데, 홍대식 교수는 불공정거래행위를 공서양속 위반행위로 규정함으로써, 불공정거래행위의 사법상 효력을 가능한 한 무효로 취급하고자 하는 것이다.[62] 물론 홍대식 교수는 원칙적으로 개별적 판단기준에 따라 불공정거래행위의 사법상 효력을 판단한다. 그러면서도 가능한 한 이를 공서양속 위반행위로 보아 사법상 무효로 취급하려 한다. 뿐만 아니라, 이를 통해 민법이 가능한 한 불공

58) 홍대식, 앞의 논문(주55), 119쪽.
59) 홍대식, 앞의 논문(주55), 117쪽.
60) 홍대식, 앞의 논문(주55), 122쪽; 이러한 공서양속 개념이 담고 있는 다양한 의미유형에 관해서는 이상욱·서호정, "민법 제103조 선량한 풍속의 위상에 관한 비교법적 고찰"『영남법학』제10권 제1초, 2004. 6, 169·185쪽 참고.
61) 홍대식, 앞의 논문(주55), 124쪽.
62) 홍대식, 앞의 논문(주55), 130쪽.

정거래행위에 개입할 수 있도록 하여, 불공정거래행위에 공정거래위원회
가 개입하도록 하는 것보다는, 민사법원이 개입하도록 하는 방향으로 유
도하려 한다.[63]

이러한 홍대식 교수의 주장을 전체적으로 보면, 불공정거래행위를 전적
으로 민법상 문제로 환원하고자 하는 것이라고 말할 수는 없다. 오히려
필자가 평가하기에는, 홍대식 교수는 전체적으로는 민법과 경제법이 기능
적으로 공존하도록 하면서도, 민법에 좀 더 우위를 두고 있는 것처럼 보
인다. 물론 이를 통해 민법의 관할영역이 불공정거래행위까지 확장되는
것은 분명한 것처럼 보인다.

2) 불법행위로서 경쟁질서 위반행위

이외에도, 불공정거래행위보다 더욱 경제'체계'와 관련이 깊은 경쟁질
서 위반행위를 민법상 불법행위책임으로 규율하려는 논의가 전개되기도
한다.[64] 이 논의는 민법상 불법행위법 체계와 경쟁법상 경쟁법 체계를 일
반법과 특별법의 관계로 파악한다.[65] 이를 기반으로 하여 경쟁법 영역에
서 발생하는 경쟁질서 위반행위를 일반법상 책임인 불법행위책임으로 규
율하려 한다. 물론 불법행위책임이 일반법의 책임이라고 해서, 모든 경쟁
질서 위반행위를 곧바로 민법상 불법행위책임으로 규율할 수 있는 것은
아니다. 이를 위해서는 별도의 논증이 필요하다. 이러한 이유에서 가령 윤
태영 교수는 우선 그 전제로서 '영업권'을 독자적인 법익으로 파악한
다.[66] 그리고 경쟁질서 위반행위는 이러한 영업권이라는 법익을 침해하는

---

63) 홍대식, 앞의 논문(주55), 133~134쪽.
64) 대표적으로 양창수, "독점규제법에서의 손해배상"『민법연구』제5권, 박영사,
    1999, 218쪽; 윤태영, "경쟁질서 위반행위에 대한 불법행위책임"『비교사법』제
    14권 제1호, 2007. 3, 139~166쪽.
65) 윤태영, 위의 논문(주64), 141쪽.

행위로서 위법하다는 결론을 이끌어낸다.[67] 즉 경쟁질서 위반행위는 독자적인 법익인 영업권을 침해하는 행위이므로, 이는 민법상 불법행위가 된다는 것이다. 이를 통해 경쟁질서 위반행위를 불법행위책임으로 규율하는 것이 가능해진다. 이는 '불공정거래행위'를 민법으로 규율하려는 것보다 더욱 심중한 의미를 갖는다. 왜냐하면, '생활세계'와 경제'체계'의 중간영역, 즉 경제적 공론장에 놓여 있는 '불공정거래행위'에 비해, '경쟁질서 위반행위'는 전적으로 경제'체계'에 자리 잡고 있다고 말할 수 있기 때문이다. 그러므로 '경쟁질서 위반행위'를 민법으로 규율할 수 있다는 것은, 민법의 관할영역이 경제'체계'까지 확대된다는 것을 의미한다.

V. 관할영역 확장에 대한 상이한 논증 가능성

그러면 이렇게 민법의 관할영역이 확장되고 있는 것은 어떻게 평가할 수 있을까? 이에 대해서는 다음과 같은 찬반 논증을 생각할 수 있다.

1. 찬성논증 가능성

이 가운데서 우선 공서양속이나 불법행위책임의 일반요건을 통해 민법의 관할영역이 확장되는 것을 긍정하는 논증을 생각할 수 있다. 이 논증은 크게 다음 네 가지 논증방법을 통해 민법의 관할영역 확장을 지지할

---

66) 윤태영, 앞의 논문(주64), 149쪽; 안법영, "영업경영의 과실침해와 책임귀속의 인과적 표지"『판례연구』제8집, 고려대학교 법학연구소, 1996. 9, 194쪽; 윤태영, 『영업이익의 침해로 인한 불법행위의 연구』, 중앙대 법학박사 학위논문, 2005 등 참고.

67) 윤태영, 앞의 논문(주64), 151쪽 아래.

수 있다고 생각한다.

1) 비교법 방법론에 의거한 해석논증

가장 먼저 법도그마틱의 기본적인 방법인 해석논증을 통해 민법의 관할영역 확장을 근거 지을 수 있다. 이는 홍대식 교수가 사용한 논증방법이라고 할 수 있다. 민법 제103조가 규정하는 "선량한 풍속 기타 사회질서" 중에서 "사회질서"의 의미내용을 확장함으로써, 민법의 관할영역이 경제법 영역까지 확장되는 것을 이론적으로 뒷받침할 수 있다. 이 때 비교법 방법론이 효과적으로 사용될 수 있다.68) 가령 독일이나 일본, 프랑스 등에서 선량한 풍속이나 불공정거래행위를 연결시킨다거나, 고전적인 공서양속과 현대적인 공서양속을 구별하려는 것 또는 사회질서 개념을 다양하게 세분화하여 파악하려는 논의 등은 "사회질서"의 의미내용을 확장하는 데 지원논거로 활용할 수 있다.69)

2) 기본권의 대사인적 효력 논증

두 번째 논증방법으로서 기본권의 대사인적 효력 논증을 생각할 수 있다.70) 주지하다시피, 기본권의 대사인적 효력 논증은 헌법과 민법의 관계

---

68) 이러한 비교법 방법론을 법철학의 관점에서 분석하는 김도균, "법철학자의 관점에서 바라본 비교법 방법론-'비교되는 법'의 중층성 및 복합성과 관련하여-"『법사학연구』제34호, 2006. 10, 285~319쪽.

69) 공서양속에 대한 비교법적 논의에 관해서는 이상욱·서호정, 앞의 논문(주60), 169~185쪽 참고.

70) 이에 대한 최근의 연구로는 이부하, "사법(私法)에 대한 기본권의 영향"『법과정책연구』제9집 제1호, 2009. 6, 459~479쪽 참고; 물론 기본권의 대사인적 효력 논증을 원용하는 것은 한편으로는 민법의 관할영역을 확장하는 데 도움이 될 수 있지만, 다른 한편으로는 헌법을 통해 민법의 관할영역이 오히려 축소되는 것이

를 새롭게 확정하기 위해 등장한 것이다. 이에 따르면, 기본권은 국가영역에서 개인과 국가의 관계에서만 문제되는 것이 아니라, 사회영역에서 시민과 시민 사이에서도 문제될 수 있다. 문제는 원칙적으로 사적자치가 지배하는 사회영역에서 역사적으로 국가권력을 제한하기 위해 등장한 기본권을 어떻게 원용할 수 있는가 하는 점이다. 이에 대해서는 크게 직접효력설과 간접효력설이 대립하기도 하였지만, 다수 학자들은 간접효력설을 지지한다. 이에 따르면, 헌법상 기본권은 직접 사회영역에 적용되는 것이 아니라, 민법 등 사법이 규정하고 있는 일반조항을 통해 간접적으로 '방사'(Ausstrahlung)된다.

이 논증은 민법의 관할영역 확장 문제에 대해서도 적용할 수 있다. 우리 헌법은 기본권의 일종으로 경제적 기본권을 규정한다.71) 그러므로 소비자가 자유롭게 선택할 수 있는 자유를 불공정거래행위로부터 보장하는 것이나, 시장지배적 남용행위로부터 경쟁의 자유를 확보하는 것도 경제적 기본권의 보호영역에 해당한다고 말할 수 있다. 그리고 이러한 경제적 기본권은 민법상 공서양속 규정을 통해 방사된다고 말할 수 있다. 따라서 민법상 공서양속 개념을 불공정거래행위의 위법성을 판단하는 기준으로 활용하는 것도 가능할 수 있는 것이다.

3) 법이론적 논증

세 번째로 법이론적 논증을 생각해볼 수 있다. 이 논증은 민법의 관할

라고 이해할 수도 있다. 그러나 '간접적 효력설'에 따르면, 헌법이 직접 민법의 관할영역에 개입하는 것이 아니라, 민법이 일반조항을 매개로 하여 헌법의 기본권적 관점을 끌어오는 것이라고 볼 수 있다. 따라서 기본권의 대사인적 효력 논증을 사용한다고 해서, 이로 인해 민법의 관할영역이 헌법을 통해 축소된다고 이해해야 하는 것만은 아니라고 생각한다.

71) 이에 관해서는 우선 장영수, 『헌법학』 제4판, 홍문사, 2009, 746쪽.

영역 확장과 직접 관련을 맺기보다는, 공서양속의 규정형식인 일반조항과 관련을 맺는 논증이라고 할 수 있다. 이 논증은 일반조항을 긍정적으로 파악하는 견해에 바탕을 둔다. 가령 독일의 법사회학자인 군터 토이브너가 주장한 것처럼, 일반조항은 법체계와 법체계를 둘러싸고 있는 환경(Umwelt)이 구조적으로 접속될 수 있도록 하는 통로라는 점에 기반을 둔다.72) 이에 따르면, 공서양속은 일반조항으로 규정되어 있으므로, 공서양속은 민법이 환경의 변화에 적극적으로 대응하는 데 일종의 통로로서 기능할 수 있다. 마치 독일의 형법학자 한스 벨첼(H. Welzel)이 '사회적 상당성'(soziale Adäquanz) 개념을 통해 형법과 사회윤리 사이의 간극을 넘어서려 한 것처럼,73) 공서양속을 통해 민법과 사회현실 사이의 간극을 넘어설 수 있다고 보는 것이다. 그러나 이러한 논증이 성립할 수 있으려면, 논리적 전제로서 다음과 같은 문제를 해결할 수 있어야 한다. 즉 공서양속이라는 일반조항을 통해 민법이 시장기준이라는 자본주의가 발전시킨 기준을 적극 수용하는 것이, 일종의 '간극'을 넘어서는 것이라고 평가할 수 있어야 한다. 이 문제를 해결하지 않으면, 이 논증은 이론적인 설득력을 획득할 수 없다.

4) 정책논증

마지막으로 정책논증을 생각해볼 수 있다. 여기서 정책논증이란 최근 이슈가 되고 있는 '규제주의 대 탈규제주의 논쟁'과 관련을 맺는 것이라고 말할 수 있다. 사회국가에 기반을 둔 규제주의와는 달리, 탈규제주의는 신자유주의에 기반을 두어 시장의 자율성을 신뢰하려 한다. 그런데 '시장

---

72) G. Teubner, in: Alternativkommentar zum Bürgerlichen Gesetzbuch, Bd. 2: Allgemeines Schuldrecht, Frankfurt/M. 1980, S. 84 (§ 242).

73) '사회적 상당성'에 관해서는 H. Welzel, Das deutsche Strafrecht, 10. Aufl., Berlin 1967, S. 52~54.

의 자율성'이라는 경제학적 용어를 법적인 개념으로 전환하면, 이는 민법의 기본원리인 사적자치로 이해할 수 있다. 그렇다면 탈규제주의 혹은 규제완화 정책을 추구한다는 것은, 시장과 관련한 문제를 해결하기 위해 공법이 개입하기보다는 민법이 개입하도록 하는 법정책을 추구하는 것이라고 바꿔 말할 수 있다. 사실이 그렇다면, 민법상 공서양속 개념을 통해 불공정거래행위를 규율하도록 하는 것은, 공정거래위원회를 통한 개입보다는 사적자치에 기반을 둔 자율적인 문제해결 방식에 우선권을 부여하는 것이라고 이해할 수 있다. 실제로 홍대식 교수는 불공정거래행위를 규제하기 위해 공정거래위원회가 개입하는 것보다는, 민사법원이 개입하는 방식을 더 선호한다. 이러한 법정책은 시장문제를 해결하기 위해서는 규제주의보다는 탈규제주의가 더욱 효율적이라는 정책판단을 우회적으로 보여주는 것이라고 이해할 수도 있다.

그러나 이 논증이 성공하려면, 마찬가지로 다음과 같은 전제적 문제를 해결할 수 있어야 한다. 시장문제를 해결하기 위해서는 규제주의보다 탈규제주의가 더욱 효율적이라는 테제를 논증해야 하는 문제가 그것이다. 그러나 지난 19세기부터 진행된 자본주의 역사가 보여주는 것처럼, 이 둘 중에서 무엇이 옳다고 단언하는 것은 쉽지 않다.[74] 바로 이러한 이유에서 법사회학에서는 새로운 패러다임으로서 절차주의가 논의되고 있다는 점은 이미 잘 알려진 사실이다.

3. 비판논증 가능성

그러나 반대로 이렇게 민법의 관할영역을 경제법 영역까지 확장하는

---

[74] 여전히 기본적으로는 국가에 의한 규제를 옹호하는 관점에서 탈규제주의를 비판하는 경우로서 이원우, 김건식·정순섭 (편저), "금융행정의 새로운 패러다임의 가능성과 타당성"『새로운 금융법 체제의 모색』, 소화, 2006, 231쪽.

시도에 대해서는 다음과 같이 비판하는 것 역시 생각할 수 있다.

1) 체계충돌 논증

우선적으로는 체계충돌 논증을 거론할 수 있다. 즉 민법의 관할영역이 경제법 영역까지 확장되면서, 민법체계와 경제법체계가 서로 충돌할 수 있고, 이를 통해 민법이 고유하게 지니고 있던 내적 논리나 체계적 완결성이 파괴될 수 있다는 것이다.[75] 이에 따르면, 가장 직접적으로는 민법의 기본원리인 사적자치가 파괴될 수 있다고 한다. 그 이유를 다음과 같이 말할 수 있다. 민법의 기본원리인 사적자치는 자유주의 법모델에 기반을 둔다. 이와 달리 경제법은 사적자치가 낳은 폐해를 수정하기 위해 마련된 것으로서, 자유주의 법모델이 아닌 사회국가적 법모델과 연결된다. 이처럼 전통적인 민법과 경제법은 그 배후근거나 내적 논리를 달리 한다. 그런데 만약 민사법이 경제법과 소비자법까지 자신의 관할영역에 포함하면, 서로 양립하기 힘든 사적자치와 사회국가적 관점이 민사법 안에서 병립하게 된다. 이는 자칫 민사법이 고유하게 지니고 있던 내적 논리나 정합성을 파괴할 수 있다. 이와 같은 체계충돌 문제는 민법이 전통적으로 기초로 삼은 '시민'(Bürger) 개념과, 소비자법을 통해 새롭게 민법에 유입되기 시작한 '소비자'(Verbraucher) 개념이 서로 부합하지 않다는 점에서도 확인할 수 있다. 왜냐하면, 전자는 – 칸트의 자율성 이론에 기초를 두어 – 자기결정에 따른 자기책임을 부담할 수 있는 법적 주체를 전제로 하는데 반해, 후자는 경제적 강자인 사업자에 비해 경제적으로 약자에 처해 있는 그래서 합리적 선택을 하는 데 장애가 있을 수 있는 법적 주체를 전

---

75) 이를 지적하는 I. Saenger, 앞의 논문(주46), 301~304쪽; 이러한 체계충돌 문제를 체계이론의 관점에서 분석하는 G. Teubner, Recht als autopoietisches System, Frankfurt/M. 1989, S. 123 ff.

제로 하기 때문이다.

2) 전체 민법상에 대한 이해 논증

두 번째로 전체 민법상에 대한 이해 문제를 거론할 수 있다. 만약 이렇게 민법의 관할영역이 확장되는 것을 용인하면, 민법을 자유주의 법모델의 대표적인 예로서 파악했던 전통적인 민법상 자체가 와해될 수도 있기 때문이다. 그래서 민법을 여전히 자유주의 법모델의 대표적인 경우로서 이해한다는 측면에서 민법의 관할영역 확장을 비판할 수도 있다. 그러나 이와 같은 전체 민법상의 이해 문제에 관해서는 이미 예전부터 견해가 대립해 왔다. 예를 들어, 故 김증한 교수와 더불어 대표적인 제1세대 민법학자로 평가되는 곽윤직 교수는 민법의 최고원리로 '공공복리'를 내세우기도 하였고, 이은영 교수나 권오승 교수 역시 사회국가의 관점에서 전체 민법상에 대한 기존의 견해를 수정하기도 하였다.[76] 한 마디로 말해, 이들 견해는 사회국가의 관점에서 민법을 재해석하고자 한 것이라고 할 수 있다. 이렇게 본다면, 민법을 자유주의 법모델이 낳은 산물이라는 이유만으로 민법의 관할영역이 확장되는 것을 비판하는 것은 그다지 설득력이 없어 보일 수도 있다.

3) 법이론적 · 법정책적 논증

한편 민법의 관할영역 확장 현상을 법이론과 법정책의 측면에서 지지할 수 있는 것처럼, 반대로 이를 법이론과 법정책의 측면에서 비판할 수도 있다. 즉 지지논증이 갖고 있는 약점이 오히려 비판논증의 논거로 활용될 수 있는 것이다. 가령 공서양속과 같은 일반조항은 법체계가 환경에

---

76) 위의 Ⅳ.2.(1) 참고.

적극적으로 대응하는 데 훌륭한 통로가 된다고 볼 수도 있지만, 오히려 이를 통해 민법이 고유하게 지니고 있던 내적 논리나 체계가 파괴될 수 있다고 볼 수도 있는 것이다. 헤데만(J.W. Hedemann)이 우려한 것처럼,[77] 일반조항이 지니고 있는 이론적 약점이 민법 전체를 파괴할 수 있다고도 볼 수 있는 것이다.[78] 그렇다면 공서양속과 같은 일반조항을 통해 민법의 관할영역을 확장하는 것은, 민법의 '진화'가 아니라, 오히려 민법의 '퇴보' 혹은 '파괴'가 될 수도 있다. 또한 민법상 공서양속 개념을 통해 민법의 관할영역을 확장함으로써 시장에 대한 탈규제주의를 복원하고자 하는 논증에 대해서는, 탈규제주의 자체가 근거 없는 믿음이자 환상이라고 비판함으로써 반박할 수도 있다.

4) 법적 효력 논증

마지막으로 법적 효력 논증을 생각할 수 있다. 이 논증은 민법의 공서양속 개념의 적용영역을 확장하면, 오히려 불공정거래행위가 무효가 되는 범위가 더욱 넓어져, 거래안정이 침해될 수 있다는 점에 근거를 둔다. 그 이유를 다음과 같이 말할 수 있다. 이미 언급한 것처럼, 가령 홍대식 교수는 '공서양속'과 '시장기준'을 연결하여 불공정거래행위를 공서양속 위반행위로 규정함으로써, 불공정거래행위의 사법상 효력을 가능한 한 무효로 취급하고자 한다.[79] 이를 통해 민법이 불공정거래행위에 개입할 수 있도록 하여, 불공정거래행위에 가급적 공정거래위원회가 아닌 민사법원이 개입하도록 하는 방향으로 유도하려 한다.[80] 이러한 시도는 탈규제주의 정

---

77) J. W. Hedemann, Die Flucht in die Generalklauseln: Eine Gefahr für Recht und Staat, Tübingen 1933.

78) 일반조항에 대한 일반적인 분석은 심헌섭, "일반조항 소고-분석적 소묘-" 『분석과 비판의 법철학』, 법문사, 2001, 227쪽.

79) 홍대식, 앞의 논문(주55), 130쪽.

책논증을 통해 힘을 얻을 수 있다. 그렇지만 법적 효력만 놓고 보면, 일정한 불공정거래행위를 사법상 전면적으로 '무효'로 취급하는 것이, 이 행위의 사법상 효력에 대해서는 '침묵'하고 이에 대해 공법적 규제를 하는 것보다 더욱 강력한 것이 될 수도 있다. 이렇게 되면, 자칫 시장에서 이루어지는 거래의 안정을 해칠 수도 있다. 시장 전체의 눈으로 보면, 불공정거래행위를 전면적으로 무효로 하는 것보다, 오히려 이의 효력은 크게 문제삼지 않으면서, 다만 이에 대해 일정한 (공법적) 제재를 하는 것이 더욱 효율적일 수도 있다.

VI. 해법으로서 민법의 패러다임의 전환?

그렇다면 이 문제를 어떻게 해결해야 할까? 민법의 관할영역 확장, 더욱 거시적으로 말해 민법의 패러다임 전환을 받아들일 것인가? 아니면 민법은 여전히 자유주의 법모델의 전형이라는 점을 고수할 것인가? 이 문제는 판단하기 쉽지 않아 보인다. 그래서 여기서는 일단 민법의 패러다임 전환에 관해 의미 있는 테제를 제시한 바 있는 토이브너의 구상을 간략하게 소개한 후, 필자의 잠정적인 생각을 간단하게 개진하도록 한다.

1. 토이브너의 구상

토이브너가 1998년에 『법사회학잡지』에 발표한 논문 "민영화 이후? 사법에서 진행되는 담론충돌』(Nach der Privatisierung? Diskurskonflikte im Privatrecht)은 현대 사회에서 민사법이 나아가야 할 방향에 대해 의미 있

---

80) 홍대식, 앞의 논문(주55), 133~134쪽.

는 시사를 한다.[81] 이 논문에서 토이브너는 로마법 이래로 유지되어 온 공-사 분리(Unterscheidung von öffentlich/privat) 문제에서 논의를 시작한다. 기본적으로 체계이론을 수용한 토이브너는 공-사 분리는 오늘날 더 이상 유지하기 어렵다고 말한다.[82] 그러나 이에 대한 대안으로 공적인 것과 사적인 것의 경계를 허무는, 다시 말해 양자를 한 쪽으로 통일하려는 시도에 대해서도 비판을 가한다. 가령 토이브너는 '모든 것은 정치적'이라는 표어 아래 사회를 정치화하는 것을 비판하면서도, 동시에 '모든 것은 사적'이라는 표어 아래 사회를 사적인 것으로 환원하려는 시도 역시 경계한다. 왜냐하면, 이러한 단순한 일원화를 통해서는 현대 사회가 보여주고 있는 다차원적이고 다맥락적인 양상을 제대로 반영할 수 없다고 보기 때문이다.[83] 그렇다면 토이브너가 제시하는 대안은 무엇인가? 토이브너는 공적인 것과 사적인 것을 단순하게 이원화하는 대신, 사회의 다맥락성(Polykontexturalität)을 고려할 것을 대안으로 제시한다.[84] 즉 각기 분화되면서 독자성을 획득하고 있는 사회의 각 '영역'(Sektor)에 내재하는 다양한 고유논리, 달리 말해 각 영역의 내적 합리성과 내적 규범성을 고려하고, 이를 법에 반영할 것을 제안한다. 그러면서 토이브너는 이러한 역할을 私法 역시 수행할 수 있다고 말한다.[85] 사법 역시 사회 각 영역에 존재하는 다맥락성을 반영할 수 있고, 이를 통해 사법도 공적인 역할을 수행할 수 있다고 말한다. 이러한 맥락에서 토이브너는 계약법의 임무도 새롭게 설정한다. 즉 토이브너에 따를 때, 계약은 단순히 경제적인 이익, 달리 말

---

81) 아래에서 토이브너의 구상에 관해 서술하는 내용은 양천수, 앞의 논문(주6), 19~20쪽에 의존하였다.

82) G. Teubner, Nach der Privatisierung? Diskurskonflikte im Privatrecht, in: Zeitschrift für die Rechtssoziologie (1998), S. 10.

83) G. Teubner, 위의 논문(주82), S. 11.

84) G. Teubner, 앞의 논문(주82), S. 10~11.

85) G. Teubner, 앞의 논문(주82), S. 12.

해 사익을 추구하기 위해서만 존재하는 것이 아니라, 고용관계, 기술, 과학, 의학, 언론, 스포츠, 여행, 교육, 예술 등과 같은 사회 각 분야에서 공적인 역할도 수행할 수 있다는 것이다.[86]

이러한 토이브너의 구상에서 우리는 크게 두 가지 시사점을 읽어낼 수 있다. 첫째는 민법의 관할영역에 관한 것이고, 둘째는 공익에 관한 것이다. 우선 토이브너의 구상은 오늘날 진행되고 있는 민법의 관할영역 확장에 관해 중대한 시사를 한다. 왜냐하면, 토이브너는 사법의 관할영역을 주로 경제적인 영역으로 한정했던 종전의 시각에서 넘어서, 사법이 공적인 영역까지 관할영역으로 삼을 수 있다고 보기 때문이다. 나아가 토이브너의 구상은 '공적인 것' 또는 '공익'을 공법이 아닌 사법에서도 말할 수 있다는 점을 보여준다. 이러한 점에서 토이브너의 시도는 계발적이라고 평가할 수 있을 것이다.

2. 중간결론

1) 법적 진화의 일종으로서 민법의 패러다임 전환 인정

필자는 이러한 토이브너의 구상을 긍정적으로 수용하고자 한다. 즉 오늘날 민법의 관할영역이 확장되고 있는 것을 - 전통적인 시각에서 - 비판적으로만 이해하지 않고, 오히려 이를 법적 진화의 일종으로 파악하고자 한다.[87] 민법의 패러다임 전환을 인정하는 것이다.

그러나 이렇게 토이브너의 구상을 적극 수용하여 민법의 관할영역 확장을 새로운 차원에서 이해하려 하는 경우에는, 다음과 같은 중대한 이론

---

86) G. Teubner, 앞의 논문(주82), S. 30.
87) 법적 진화 일반에 관해서는 우선 양건, 『법사회학』 제2판, 아르케, 2004, 222쪽 아래 참고.

적 문제와 마주해야 한다. 지금까지 필자가 민법의 관할영역을 파악하기
위해 원용한 이론 틀은 하버마스의 이원적 사회이론이었다.[88] 이에 반해
토이브너는 기본적으로 루만의 체계이론에 기반을 두어 자신의 구상을
정립하였다. 따라서 필자처럼 한편으로는 하버마스의 사회이론에 기반을
두면서, 다른 한편으로는 토이브너의 구상을 수용하고자 하는 경우에는,
서로 상이한 이론 틀이 부딪힐 수밖에 없다. 여기서 하버마스의 이원적
사회이론과 루만의 체계이론을 어떻게 조화시킬 것인가 하는 어려운 문
제가 등장한다.

그럼 이 문제를 어떻게 해결할 것인가? 이 문제는 그 자체로 아주 거대
하고 어려운 문제이므로, 여기서 상세하게 다룰 수는 없다고 생각한다. 그
러므로 여기서는 필자가 갖고 있는 잠정적인 구상을 - 일종의 시론으로
서 - 간단하게 피력하는 것으로 만족하려 한다. 일단 필자는 이원적 사회
이론의 측면과 체계이론의 측면을 적절하게 결합한 모델로서 '영역이론'
을 고려할 수 있다고 생각한다.[89] 이 영역이론에 따르면, 우선 전체 사회
는 다양한 영역으로 구획할 수 있다. 이는 루만이 제시한 사회적 체계의
분화 테제를 응용한 것이다. 그러나 영역이론이 체계이론과 다른 점은, 영
역이 사회체계들로만 구성되는 것은 아니라는 점이다. 오히려 각각의 영
역은 생활세계의 요소와 공론장 요소 및 체계의 요소를 혼합적으로 갖추
고 있다. 이러한 점에서 영역이론은 하버마스의 이원적 사회이론을 수용

---

88) 위의 Ⅱ.2.(3) 참고.

89) 이 영역이론은 토이브너가 2000년대 이후 발전시키고 있는 '섹터이론' 혹은 '레
    짐이론'을 재해석한 것이다. 토이브너의 레짐이론에 관해서는 A. Fischer-Lescano
    /G. Teubner, Regime-Kollisionen; Zur Fragmentierung des Weltrechts, Frankfurt/
    M. 2006; 한편 필자는 이러한 영역이론이 프랑스의 사회학자 부르디외(P. Bour-
    dieu)가 정립한 '장이론'과도 이론적 유사성을 갖고 있다고 추측하고 있다. '장이
    론'에 관해서는 홍성민, 『피에르 부르디외와 한국사회: 이론과 현실의 비교정치
    학』, 살림, 2007, 58쪽.

한다. 이렇게 서로 이질적인 요소들이 병존하는 영역들이 전체 사회에서 각기 다양하게 분화되어 존재한다고 말할 수 있다. 이러한 영역의 예로서 우리는 정치, 경제, 의료, 환경 등을 생각할 수 있을 것이다.[90] 이렇게 전체 사회가 각기 다양한 영역으로 분화되고 있다는 주장은, 법체계 자체가 판덱텐 체계에 바탕을 둔 기본 삼법 체계에서 새롭게 '전문법' 체계로 발전하고 있다는 요즘의 상황과도 상응한다.[91] 왜냐하면, 전문법 자체가 이렇게 생활세계와 공론장 및 체계가 한데 병존하는 영역을 규율대상으로 하기 때문이다. 이렇게 영역이론을 수용함으로써, 우리는 다음과 같은 중간결론을 이끌어낼 수 있다. 즉 사회는 다소 수직적인 뉘앙스를 갖는 이원적 사회이론에서 수평적으로 다원화된 영역으로 분화·발전하고 있다는 것이다.

2) 민법이 관할하는 영역의 수직적·수평적 확장

그렇다면 이렇게 영역이론으로 재구성된 사회이론이 민법의 관할영역을 이해하는 데 어떤 역할을 할 수 있을까? 필자는 영역이론을 통해 민법의 관할영역이 지속적으로 확장되고 있는 현상을 설득력 있게 설명할 수 있다고 생각한다. 이에 따르면, 우리는 두 가지 측면에서 민법의 관할영역 확장을 말할 수 있다. '수직적 확장'과 '수평적 확장'이 그것이다. 우선 민법은 수직적으로 관할을 확장할 수 있다. 즉 종전의 관할영역으로 삼았던 생활세계뿐만 아니라, 공론장 그리고 경우에 따라서는 체계까지 자신의 관할영역으로 삼을 수 있다. 나아가 민법은 수평적으로 관할을 확장할 수

---

90) 의료'영역'을 예로 하여 이러한 영역이론적 사고를 보여주는 경우로서 이상돈, 『의료체계와 법』, 고려대학교 출판부, 2000; 이상돈, 『수가계약제의 이론과 현실: 국민건강보험법상 요양급여비용계약제의 개선방안』, 세창출판사, 2009 등 참고.
91) 전문법 구상에 대해서는 우선 이상돈, "전문법-이성의 지역화된 실천" 『고려법학』 제39호, 2002. 11, 113~151쪽 참고.

있다. 즉 전체 사회가 각기 다양한 영역으로 분화되는 것에 발맞추어, 민법 역시 이렇게 수평적으로 분화된 사회영역을 자신의 관할영역 안으로 끌어들일 수 있는 것이다. 예를 들어, 민법은 전통적인 경제영역뿐만 아니라, 독자적인 사회영역으로 정착된 환경영역이나 의료영역을 자신의 관할영역으로 - 수평적으로 - 확장하고 있는 것이다.

그런데 이렇게 민법의 관할영역이 수직적 · 수평적으로 확장되는 것을 인정하면, 민법과 다른 법의 관할이 경합하거나, 때로는 충돌하는 현상이 나타날 수 있다. 가령 이 글에서 집중적으로 다룬 것처럼, 경제영역에서 민법과 경제법의 관할이 경합하는 경우를 생각할 수 있다. 이 문제를 우리는 어떻게 처리할 수 있을까? 그러나 이 문제에 대해서 필자는 다음과 같은 기본구상을 갖고 있다.[92] 이러한 경우에는 각각의 관할을 확정하여 고정시키는 것보다, 오히려 각각의 관할이 경쟁할 수 있도록 하는 것이 - 법정책의 측면에서 - 더욱 나을 수도 있다는 것이다. '경쟁'을 사회진화의 원천으로 파악한 하이에크(F.A.v. Hayek)처럼, 민법과 경제법의 관할이 서로 경쟁할 수 있도록 함으로써, 우리는 더욱 나은 법적 제도를 모색할 수 있을지 모른다.

3) 공익의 담당자로서 민법

이렇게 민법의 관할영역이 수직적 · 수평적으로 확장된다는 점을 긍정하면, 여기서 우리는 추가적으로 다음과 같은 결론을 이끌어낼 수 있다. 즉 민법을 더 이상 개인적 이익, 사익만을 담당하는 법이 아니라, 공익도 담당할 수 있는 법으로 재해석할 수 있다는 것이다. 물론 이러한 주장을

---

92) 이에 관해서는 양천수, "합리성 개념의 분화와 충돌-독일의 논의를 중심으로 하여-"『법과 사회』, 2006. 12, 211~234쪽; 양천수, "법이론과 법정책의 관점에서 접근한 새터민 이혼소송"『통일정책연구』제17권 제1호, 2008. 6, 308~311쪽.

정당화하려면, 추가적으로 다음과 같은 전제를 해명해야 한다. 즉 공익 개념과 사익 개념을 새로운 기준에 의해 다시 설정하는 것이 그것이다. 이에 관해 필자의 결론만을 제시하면, 필자는 공익 개념과 국가를 결부지어 생각했던 종전의 '형식적 공익 개념'을 극복해야 할 필요가 있다고 생각한다. 공익 개념은 반드시 국가를 전제로 해야만 성립할 수 있는 개념은 아니라고 생각한다. 만약 우리가 이러한 전제를 수용하면, 종래 우리가 사적 공간이라고 생각했던 민법의 관할영역 안에서도 공익 개념을 생각할 수 있다. 더군다나 토이브너처럼 민법의 관할영역 확장을 적극 인정하는 경우에는, 민법 역시 일종의 공익을 담당하는 '공익법'으로 변모할 수 있는 것이다.

Ⅶ. 글을 맺으며

'유비쿼터스', '컨버전스', '지식기반사회' 등과 같은 표어가 예시적으로 보여주는 것처럼, 오늘날의 21세기 사회에서는 새로운 구조변동이 이루어지고 있다. 이에 발맞추어 법 영역에서도 이전에는 경험하지 못했던 새로운 법적 현상이 등장하고 있다. '전문법의 성장', '초국가가적·다원적 법의 출현' 그리고 이 글에서 다룬 '법적 관할영역의 경쟁과 융합'이 좋은 예가 될 것이다. 이와 같은 현상들은 '국가-사회 이원론'에 기반을 둔 기존의 판덱텐 법체계에 대해 이론적·실제적 도전이 되고 있다. 이러한 현상들이 개념과 논리 위에서 견고하게 구축된 기존의 법체계에 심각한 위협이 될 것인지, 아니면 새로운 법적 진화를 위한 중요한 계기가 될 것인지는, 우리가 좀 더 지켜보고 판단해야 할 것이다.

제2장

민법에서 사권의 공공성 一瞥*

배 성 호**

I. 初 述

오늘날 사법 영역에 있어서도 공법적 영역과의 교차문제가 확장되고 있다. 가령 경관, 자연환경 등과 같은 주민의 개별이익에 환원될 수 없는 환경이익보호 문제의 대두, 명예·프라이버시와 같은 헌법상 기본적 인권과 관련되는 인격적 이익에 관한 민사분쟁의 증가, 남녀차별·家제도 등 가족법질서의 헌법적 가치와의 정합성 문제의 증가, 채권침해와 관련하여 사법에 있어 경쟁질서의 확립문제 등이 그러하다. 이와 같은 사법 영역에 대한 공법적 영역의 교차문제는 민법상 공공복리 또는 사권의 공공성과 관련된다. 즉 이와 같은 사법영역에 공법적 관여 내지 공법적 영역의 확장의 매개체는 바로 공공복리 내지 사권의 공공성이라 할 것이다.

민법에서 공공복리는 사적 자치에 대비되어 사용된다. 사적 자치는 사법의 기본질서이다. 그러나 한편 사법질서는 하나의 사회적 제도로서 다

---

* 이 글은 『한국부패학회부』 제14권 제3호, 2009. 9, 81-98쪽에 수록된 논문을 수정·보완한 것이다.
** 영남대학교 법학전문대학원 교수, 법학박사

른 모든 개인의 자유나 권리와 조화되어야 하는 등의 내재적 한계가 있
다. 가령 헌법 제23조 제2항은 "재산권의 행사는 공공복리에 적합하도록
하여야 한다."고 한다. 또한 민법 제2조 제1항은 "권리의 행사와 의무의
이행은 신의에 좇아 성실하게 하여야 한다."고 하고, 동조 제2항은 "권리
는 남용하지 못한다."라고 하여, 법률행위의 자유 내지 권리행사의 자유
에 대한 내재적 한계를 설정하고 있다. 따라서 사적 자치는 사법의 기본
질서이며, 공공복리 내지 사권의 공공성은 이를 제한하고 보충하는 것이
라 볼 수 있을 것이다.[1]

이하 본고에서는 사법질서에 있어서 공공복리의 현대적 의의를 궁구하
기 위하여, 권리행사의 자유와 그 제약원리로서 공공복리와 권리남용에
대하여(Ⅱ), 나아가 법률행위 자유와 그 제약원리로서 사회질서를 중심으
로, 민법에 있어 공공복리의 구체적 의미를 살펴보고(Ⅲ), 마지막으로 결
론에 갈음하여 앞으로의 연구방향을 가다듬기 위하여 민사법질서에 있어
공공복리 내지 사권의 공공성의 의미부여와 관련하여 가령 사법상 환경
이익의 보호문제, 가족법질서의 헌법 정합성문제, 사법상 경쟁질서 확립
문제 등에 관하여 논의의 단초를 제시하고자 한다(Ⅳ).

---

1) 주지하는 바와 같이 필자의 논리와 대척점에 서 있는 종래의 통설적 견해도 있다.
   즉 사법의 최고원리는 공공복리라는 견해이다. 이 견해에 의하면 공공복리는 사
   적 자치를 제한하는 적극적인 것이며, 사적 자치는 공공복리의 제한 내에서 승인
   된다고 이해한다. 곽윤직, 『민법총칙』, 2002, 37쪽 이하 참조.

II. 권리행사의 자유와 공공복리, 권리남용

1. 서

공공복리에 관한 민법상의 논의는 민법의 기본원리에 대한 것이 중심이었다. 전통적 견해2)에 의하면 우리 민법은 개인주의·자유주의에 바탕을 둔 근대민법의 기본원리가 자본주의의 폐해가 나타남에 따라 수정된 것을 그 바탕으로 하고 있다고 한다. 즉 근대민법은 사유재산권 존중의 원칙, 사적 자치의 원칙 및 과실책임의 원칙이라는 이른바 3대원칙을 인정하면서 거래의 안전 등을 위하여 예외적으로만 이를 제한하였다. 그러나 자본주의의 폐해가 나타남에 따라 경제적·사회적 민주주의로의 수정을 거친 현대 민법은 공공복리를 최고원리로 하고, 그 실천원리로서 신의성실·거래안전·사회질서 등이 있으며, 이른바 3대원칙도 실천원리의 제약 안에서 수정된다.

이에 대하여 최근에는 인간의 존엄과 가치 및 행복을 추구할 권리(헌법 제10조)에 바탕을 둔 사적자치의 원칙을 민법의 최고원리로 파악하는 견해가 다수를 점하고 있다.3) 사적자치의 원칙이란 각자가 자기의 법률관계를 자기의 의사에 따라 자주적으로 처리할 수 있고, 국가나 법질서는 여기에 직접적으로 개입하거나 간섭하지 않는다는 것, 즉 민사법의 범위 안에서 각자는 자기의 법률관계를 자기의 의사에 따라 결정(자기결정)하고, 그 결정에 대하여 자기가 스스로 책임(자기책임)을 져야 함을 말한다. 그러나 다른 한편 사법질서는 하나의 사회적 제도로서 다른 모든 개인의 자유나 권리와 조화되어야 하는 등의 내재적 한계가 있다. 만일 어떠한 권

---

2) 곽윤직, 37쪽 이하 참조.
3) 양창수, 『민법입문』 신수판, 2003, 354쪽 이하 참조.

리의 행사가 개인의 사적 이익의 극대화에만 치중한다면 권리와 권리의 끝없는 충돌만이 있을 뿐이며, 법질서의 종국적 목표인 질서와 정의의 구현은 달성되지 않을 것이다. 따라서 권리(사권)의 공공성 내지 공공복리가 중요한 보충 내지 제한질서로 작용하게 된다. 그 대표적 예로 헌법 제23조 제2항과 민법 제2조를 들 수 있다.

따라서 아래에서는 권리행사의 자유의 보충 내지 제한질서로서 공공복리를, 그리고 공공복리의 실천원리로서 권리남용금지원칙에 관하여, 일본에서의 논의를 참조하면서,4) 민법에서의 공공복리의 현대적 의의를 조명해 보고자 한다.

2. 일본에서 공공복리론과 권리남용금지 원칙

1) 일본에서 공공복리론의 전개

(1) 공공복리 규정의 신설

일본에서 1947년 민법개정에 의한 공공의 복리에 관한 일본 민법5) 제1조 제3항의 신설은, 신헌법의 대원칙을 민법 가운데 규정함을 목적으로 하였다.6) 그 때 신헌법의 대원칙은 헌법이 국민에게 보장하는 자유 및 권리의 남용을 금지하고, 이것을 항상 공공의 복리를 위하여 이용할 책임을

---

4) 이하 일본에서의 논의는 吉田克己, 公共の福祉・權利濫用・公序良俗, Jurist 增刊 民法の爭點 內田貴・大村敦志 編, 2007, 48~50쪽에서의 일본학설에 대한 소개를 전체적으로 참조하여 재구성 하였다.

5) 이하 본항에서 특별한 언급이 없는 경우의 법명(가령 민법, 헌법 등)은 일본의 것을 지칭한다.

6) 이하의 입법과정에 대하여는 池田恒男, 日本民法典の展開(1) 民法典の改正-前3編, 廣中俊雄=星野英一 編 民法典の百年 I 全般的考察, 1998, 1525쪽 이하 참조.

부담한다라고 하는 헌법 제12조의 이념이었다. 헌법 제12조가 기본적 인권의 제약원리를 규정한 것과 대비하여, 민법에는 사권의 제약원리로서 공공의 복리조항을 둔다라는 것이 민법개정에 있어서의 문제인식이었다.

이에 대하여는 많은 비판이 있었지만, 결국 그러한 비판을 수용하여 "사권은 전체적으로 공공의 복리를 위하여 존재한다"라고 하는 원안이 "사권은 공공의 복리에 따른다"라고 하는 꽤 완만한 문구로 수정되어 입법이 이루어졌다.

비판자를 포함하여 이 단계에서의 논의에서 공통되고 있는 것은 공공의 복리를 민법 외재적인 이념으로 파악하고 있다는 것이다. 논의의 대상이 된 것은 단적으로 말하면 국가관이고, 국가와 사회의 발전을 사권제약적·개입주의적 국가에 의하여 실현하려고 하는 사회국가관의 가부이었다. 여기에서 사권제약은 국가사회의 발전이라고 하는 민법 외부의 논리에 기초하고 있었기 때문에, 민법 내재적 논리와는 무관하였다.

(2) 공공복리 규정의 의의

그 후 입법과정에서 공공복리 규정의 의의에 관하여 적극설과 소극설의 대립이 재현되고, 결국 소극설이 우세하게 된다.

우선 적극설은 법의 목적과 공공의 복리에 관하여 다음과 같이 본다.[7] 즉 법의 목적은 사회전체의 향상발전이고, 근세의 개인주의적 법사상이 사권의 절대불가침성을 강조하는 것은, 그렇게 함으로써 사회전체의 향상발전을 도모할 수 있기 때문이다. 19세기 말부터 부의 편재에 의하여 그것이 불가능하게 된 이상, 사권의 사회성·공공성을 확인하는 것 그것이 사회전체의 향상발전에 의하여 필요하게 된다. 공공의 복리는 이 사권의 사회성원리를 宣明한 것에 지나지 않는다.

---

7) 我妻英, "新訂民法總則"『民法講義 1』, 1965, 32~33쪽.

이에 대하여는 다음과 같은 비판이 있다.[8] 즉 무엇보다도 일본에서는 근대의 개인주의적 법사상이 아직 충분히 발현되지 않은 분야가 있고, 그와 같은 분야에 있어서는 공공의 복리에 의하여 사권이 가지는 제일단계의 사명을 희생시킬 염려가 있기 때문에 공공의 복리의 성급한 적용에 신중하여야 한다고 한다.

이 신중한 자세의 요구는 다수의 견해에 공유되고 있다.[9] 또한 본항의 직접적용이 없다고 해결 불가능한 사안도 아직 없다는 것을 지적하고, 본항의 존재를 중시할 수만은 없다는 견해도 있다.[10] 본항의 강조가 지나치면 공익이 사익에 우선한다라고 하는 사고방식이 위험한 형태로 적용범위를 넓혀나갈 염려가 있기 때문이라고 한다. 더욱이 민법 제1조 제1항이 헌법이 보장하는 재산권을 제약하는 것으로서 헌법위반의 의문이 있다고도 볼 수 있음을 이유로 공공의 복리를 이유로 하는 안이한 사권제한을 하지 않도록 유의하여야 한다는 견해도 있다.[11] 이와 같은 소극설이 다양하게 제시되는 배경에는 공공의 복리 이념이 특히 권리남용 법리적용의 영역에서 현실적으로 다소 안이한 사권제한을 초래한다라고 하는 사정이 있었다.

2) 권리남용법리와 공공복리와의 관계

권리남용금지는 1947년 민법개정에 의하여 명문화되기 이전부터 판례의 법형성에 의하여 인정되어 오던 법리이다. 소위 객관설에 입각하면서, 공공의 복리 이념이 중요한 역할 하에, 무권원점유자와의 관계에 있어서 권리남용법리의 적용을 인정하였다.

---

8) 我妻英, 34쪽.
9) 星野英一, 序論・總則 『民法槪論』 I, 1971, 73~74쪽.
10) 鈴木祿彌, 『民法總則講義』 제3판, 2003, 349~350쪽.
11) 辻正美, 『民法總則』, 1999, 31쪽.

　권리남용법리를 적용한 최초기의 중요판례인 宇奈月온천사건판결12)은 무권원점유자에 대한 방해배제청구에 대하여 害意가 인정되는 사안이었지만, 주관적 요건과 함께 객관적 요건을 들고 권리남용법리의 적용을 인정하였다. 그 후 무권원점유자에 대한 관계에서 권리남용이라고 하는 구성을 명시하지 않은 채 당사자간 더욱이 사회일반의 이익상황의 객관적 비교에 기초하여 방해배제청구를 부정한 판결이 몇 개가 계속 되었다. 타인의 토지의 지하에 무권원으로 부설된 발전소 용수로 제거청구를 부정한 판결13)과 무단 철도선로부설공사에 대한 토사의 제거청구를 배척하는 판결14) 등이 있다.15) 후자의 판결은 토사 제거를 강행한다면 "동 지방에서 중요한 교통로가 장기에 걸쳐 현저히 불편과 위험을 초래하여 일반 공공의 이익을 저해할 수 있다"고 하여 공공적 관점에서 권리행사를 부정하고 있다.

　객관설의 구제적 적용에 있어 국가정책수행이라고 하는 정치적 관점도 공공의 복리의 내용이 된다는 것이 유력한 논거가 되었다. 제2차 세계대전 후의 대표적 권리남용판결인 板付기지사건판결이 그와 같은 예를 보여준다.16) 국가가 소유자로부터 임차하여 공군기지 용지로 미군에게 제공한 토지에 대하여 계약기간이 만료되었기 때문에, 소유자가 국가에 대하여 그것의 반환을 청구한 사건에서, 민법의 논리에 의하면 당연히 인정될 수 있는 청구가 권리남용법리에 의하여 배척되었다. 즉 最高裁는 "원상회복을 구하는 본소와 같은 청구는 사권의 본질인 사회성, 공공성을 무시하고, 과도한 청구를 한 것으로, 인용하기 어렵다"라고 하였다.

---

12) 大判 昭和 10.10.5. 民集 14卷 1965쪽.

13) 大判 昭和 11.7.10. 民集 15卷 1481쪽.

14) 大判 昭和 13.10.26. 民集 17卷 2057쪽.

15) 그 이에도 最判 昭和 41.9.22. 判例時報 460号 1쪽; 最判 昭和 43.11.26. 判例時報 544号 32쪽 등.

16) 最判 昭和 40.3.9. 民集 19卷 2号 233쪽.

　권리남용법리는 독일과 프랑스에 있어서도 초기에는 원래 권리행사자의 부당이득 획득의도와 사해의 의사 등의 주관적 사정에 의하여 비로소 인정되는 것이었다.[17] 그 후 이들 나라에 있어서도 객관설이 유력하게 되었지만,[18] 프랑스의 경우 객관설의 적용은 "상린자 간의 중대한 불편함" 법리라고 하는 형태로 채택되었고, 상린자 간의 임민시온의 경우에 한정되었다.[19]

　결국 여기에서의 문제는 권리자 대 권리자의 이해조정이고, 일본과 같이 무권리자와의 관계에서 권리자의 권리행사를 부정하는 것은 아니다. 상린자간의 이해조정에 있어 문제가 되는 것은 결국 권리행사의 위법화이다. 이것과의 대비로서 일본의 권리남용법리의 적용을 특징짓자면, 그것은 침해행위의 부분적 위법화에 지나지 않는다. 일본의 권리남용법리는

17) 독일민법 제226조(권리를 이용한 횡포의 금지) 권리의 행사가 타인에게 손해를 가하는 것만을 목적으로 하는 경우에는 이는 허용되지 아니한다.

18) 이와 관련하여 독일의 대표적 사례인 RGZ 72, 251(城의 소유자인 아버지는 그의 아들에게 그 성의 정원에 있는 그의 처이자 아들의 어머니의 묘소 참배를, 아들과 아버지의 관계악화로 인하여 아들을 대면하게 되면 지병인 심장병이 악화된다는 이유로 금지하였다. 이에 제국최고재판소(RG)는 아버지가 아들의 어머니 묘소 참배를 전면적으로 금지하는 것은 쉬카네의 금지에 해당한다고 하였다.) 참조. 실제 쉬카네 금지를 규정한 독일민법 제226조는 그 적용례가 극히 드물다. 왜냐하면 권리자의 권리행사가 상대방에게 손해만을 주기 위함이라는 주관적 요건은 입증하기가 아주 곤란할 뿐만 아니라 또한 이에 해당하는 경우에는 객관적 요건으로 충분한 다른 규정의 적용을 충족할 수 있기 때문이다. 따라서 독일의 학설과 판례는 BGB 제226조의 쉬카네 금지규정으로부터 벗어나 권리남용의 요건을 객관화하고 있다. 백태승, 114쪽 참조.

19) 스위스민법(ZGB)은 주관적 가해의사의 요건에서 탈피하여 객관적으로 권리의 목적 내지 사명을 일탈하는 권리의 행사를 제한하는 입법태도를 취한다. 동법 제2조 제2항은 "권리의 명백한 남용은 법의 보호를 받지 못한다"라고 규정한다. 또한 그리스 민법 제281조는 "권리의 행사가 신의성실에 의하여 또는 선량한 풍속에 의하여 또는 권리의 사회적 내지 경제적 목적에 의하여 그어지는 한계를 명백히 넘을 경우에는 그 권리행사는 허용되지 않는다"라고 규정한다.

그 결과 일종의 사적 수용의 기능을 갖게 된다.[20] 권리남용법리의 남용으

---

20) 우리 나라에서도 권리남용금지원칙의 적용과 공공복리의 관계는 일본의 경우와
크게 다르지 않다. 우리 나라에서도 권리남용금지의 원칙은 토지소유권제한과 관
련하여 일찍부터 전개되어 왔다. 가령 판례는 건물철거청구에서 건물모서리 벽면
1㎡의 철거를 청구한 경우(대판 1991.6.11. 91다8593), 토지면적이 246㎡인데 건
축물의 침범부분이 11.6㎡에 불과한 경우(대판 1992.7.28. 92다16911), 병원 확장
공사를 하면서 대로변에 접해 있는 토지경계를 0.3㎡ 침범한 경우(대판 1993.
5.14. 93다4366)와 같이 건물부분을 철거하더라도 원고에게 별다른 이득이 없는
반면, 건물소유자인 피고에게는 막대한 손실이 발생하는 경우에 권리남용을 인정
한다. 또한 한국전력공사가 정당한 권원에 의하여 토지를 수용하고 그 지상에 변
전소를 건설하였으나 토지소유자에게 그 수용에 따른 손실보상금을 공탁함에 있
어 착오로 인하여 부적법한 공탁이 이루어져 수용재결이 실효됨으로써 결과적으
로 그 토지에 대한 점유권원을 상실하게 된 경우, 토지소유자가 그 변전소의 철거
와 토지의 인도를 청구한 사안에서, "한국전력공사가 정당한 권원에 의하여 토지
를 수용하고 그 지상에 변전소를 건설하였으나 토지 소유자에게 그 수용에 따른
손실보상금을 공탁함에 있어서 착오로 부적법한 공탁이 되어 수용재결이 실효됨
으로써 결과적으로 그 토지에 대한 점유권원을 상실하게 된 경우, 그 변전소가
철거되면 61,750가구에 대하여 전력공급이 불가능하고, 그 변전소 인근은 이미
개발이 완료되어 더 이상 변전소 부지를 확보하기가 어려울 뿐만 아니라 설령 그
부지를 확보한다고 하더라도 변전소를 신축하는 데는 상당한 기간이 소요되며,
그 토지의 시가는 약 6억 원인데 비하여 위 변전소를 철거하고 같은 규모의 변전
소를 신축하는 데에는 약 164억 원이 소요될 것으로 추산되며, 그 토지 소유자는
그 토지가 자연녹지지역에 속하고 개발제한구역 내에 위치하고 있어서 토지를 인
도받더라도 도시계획법상 이를 더 이상 개발·이용하기가 어려운데도 그 토지 또
는 그 토지를 포함한 그들 소유의 임야 전부를 시가의 120%에 상당하는 금액으
로 매수하겠다는 한국전력공사의 제의를 거절하고 그 변전소의 철거와 토지의 인
도만을 요구하고 있는 점에 비추어, 토지소유자가 그 변전소의 철거와 토지의 인
도를 청구하는 것은 토지 소유자에게는 별다른 이익이 없는 반면 한국전력공사에
게는 그 피해가 극심하여 이러한 권리행사는 주관적으로는 그 목적이 오직 상대
방에게 고통을 주고 손해를 입히려는 데 있고, 객관적으로는 사회질서에 위반된
것이어서 권리남용에 해당한다"고 하였다(대판 1999.9.7. 99다27613). 그외 대판
2001.11.13. 99다32899, 대판 2001.5.8. 2000다43284·43307 등 참조. 판례는 이
러한 사례 이외에는 受忍의 한도를 넘은 권리행사를 권리남용으로 보지 않으려는

로서 자주 비판의 대상이 되는 것은 이와 같은 이유때문이다.

3) 현대에 있어 일본에서의 공공복리론

이상과 같은 공공의 복리에 주도된 권리남용법리의 남용에 의한 사권 제약에 대한 하나의 대응은 앞서 논한 공공의 복리조항의 적용을 제한적 으로 보아야 한다는 소극설이다. 이 소극설은 근래의 소극설과는 다른 방 향에서 공공의 복리의 그와 같은 문제성에 대응하려고 한다. 그 방향이란 공공복리의 내용적 재구성이다.

그 대표적 견해는 일본 민법 제1조 제1항의 명제가 민법상의 명제라는 것, 즉 민법에 있어서도 공공이 문제가 된다고 한다.21) 여기에서 민법상 공공이 문제되는 것은 민법상 특정분야, 구체적으로는 생활이익법 및 경 쟁이익법(소위 외곽질서와 관계되는 법)에 한정된다라는 것이다. 이 견해 에 의하면 공공의 복리는 지역주민에 일정한 생활이익을 제공하는 환경 (생활이익법) 혹은 공정한 경쟁의 존재에 의하여 관계사업자 내지 일반소 비자에게 경쟁이익을 제공하는 환경(경쟁이익법)으로의 각개의 그리고 나 아가 공동의 이익향수 속에서 발견되는 것 그것이며, 그 의미에서 사익에 대한 공익의 우선 혹은 각개를 초월한 전체의 이익으로 설명되는 단체주 의·전체주의와는 전혀 무관한 것이다.

이 견해에 의하면 생활이익보호를 위하여 일정한 토지이용행위를 권리

신중함을 보이고 있다(대판 1965.7.6. 65다198; 대판 1972.3.28. 72다142; 대판 1996.5.14. 94다54283 토지소유자가 토지 상공에 송전선이 설치되어 있는 사정을 알면서 그 토지를 취득한 후 13년이 경과하여 그 송전선의 철거를 구한 사례; 대 판 2003.2.14. 2002다62319·62326 고압송전탑과 고압송전선이 설치된 사정을 알면서도 그 토지를 취득하여 전원주택분양사업을 추진한 토지소유자들의 위 송 전탑 등의 철거청구가 문제된 사례 등).

21) 廣中俊雄, "第1卷 總論"『新版 民法綱要』, 2006, 135~137쪽.

남용이라고 평가하고 유지청구를 인정하는 등의 판례가 적극적으로 평가
될 수 있다.22) 한편 토지소유권방해에 대한 방해배제청구권을 권리남용법
리에 의하여 부정하는 것은 원칙적으로 인정되지 않는다.23)

권리남용에 관한 이 방향성은 그 후 廣中俊雄교수가 말하는 것과 같이
외곽질서24)에 한정되지 않고, 시민적 공공성에 민법 전체를 지도하는 의
의를 인정하는 견해에까지 이어지고 있다.25) 이 견해를 바탕으로 공공의
복리는 민법의 조정대상으로 시민에 관계되는 공공성, 즉 사인이 속한 공
동생활 등 공공(Public)에 관계되는 공공성(시민적 공공성)으로 파악된다.
따라서 권리남용법리에 관하여는 그 객관적 기준에 국가행정이익 및 대
기업의 국가경제의 부흥에 대한 기여 등이 고려되었다는 점 등이 비판되
고, 객관적 기준을 시민적 공공성에 한정하여야 한다고 주장한다.26)

3. 정 리

오늘날 시대환경은 사적 자치의 영역에 대한 공법적 작용의 다양하고
광범위한 개입을 더욱 필요로 하고 있다. 가령 환경이익보호문제, 가족법
질서의 헌법정합성문제, 사법상 경쟁질서 확립 문제 등에 있어서 사권의

---

22) 廣中俊雄, 159쪽.
23) 廣中俊雄, 164~165쪽.
24) 廣中俊雄 교수는 시민사회에 성립하는 기본질서를, 재화질서(재화이전과 재회귀
    속)와 그 외곽질서로서 경쟁질서, 인격질서와 그 외곽질서로서 생활이익질서, 권
    력질서로 보고, 외곽질서에 있어서 공공성의 문제는 민법내재적인 문제이고, 가령
    생활질서에 있어서 공공의 복리는 지역주민에게 일정한 생활이익을 제공하는 환
    경으로부터의 각개의 공공이익향수 중에 출현하게 된다고 한다. 廣中俊雄, "第1
    卷 總論 上"『民法綱要』, 1989, 3・117쪽 참조.
25) 宗建明, "日本民法における公共の福祉の再檢討(5・完)"『北大法學論集』53
    卷 3号, 2002, 629쪽.
26) 宗建明, 631쪽.

사회성·공공성의 고려는 사적 자치의 이념에 반하는 것이 아니라 오히
려 바람직한 사적 자치의 실현을 위한 환경조성이 될 수 있다. 따라서 사
적 자치와 시장에의 완전한 위임은 동일하다고 할 수 없다. 그러나 공공
복리의 실현을 위한 사권의 사회성·공공성의 고려 내지 국가의 시장 개
입은 적어도 사적 자치를 보장하고 강화하는 것과 배치되어서는 아니될
것이다.27)

민법은 시장의 기본원칙이며, 시민사회의 구성원리이자 규범원리이다.
근래에는 후자의 기능이 더욱 중시되는데, 거기에서는 시장을 조성하고,
시민의 자율적 존립의 공동조건을 형성하는 것으로써 사권의 공공성이
이해될 수 있을 것이다. 여기에서의 공공성은 민법 외재적인 제약원리가
아니라, 민법 내재적인 것이며 그와 같은 공공성의 형성·유지에 있어 민
법은 적극적인 역할을 다할 수 있고, 다할 수밖에 없게 된다.

Ⅲ. 법률행위의 자유와 사회질서

1. 서

사적 자치의 제약원리 중 민법 제103조도 신의칙 또는 권리남용금지
원칙의 적용과 함께 대표적인 것이라 할 것이다. 민법 제103조는 "선량한
풍속 기타 사회질서에 위반한 사항을 내용으로 하는 법률행위는 무효로
한다."라고 규정한다. "선량한 풍속 기타 사회질서"를 공공복리의 민법적
실천 내지 사권의 공공성에 관계되는 것으로 본다면, 사적 자치를 기본이
념으로 하는 민사법질서에 있어 공공복리는 외부적 제약원리가 아니라

---

27) 제철웅, 152쪽 참조.

민법 내재적 원리로 보고, 적극적으로 평가할 수 있을 것이다.

아래에서는 이와 관련하여 일본에서의 공서양속론의 전개와 근래 제시되고 있는 새로운 공서양속론의 재구성에 대하여 자세히 살펴봄으로써 사적 자치에 있어 공공복리의 의미를 탐구해 보고자 한다.[28]

2. 일본에서의 공서양속론

1) 공서양속론에 관한 학설의 전개

(1) 일본 민법[29]의 입법과정에서 민법 제90조의 원안은 "공의 질서 또는 선량한 풍속에 관한 법률"에 저촉되는 합의 등의 "불성립"을 정한 (구) 법례 규정만으로는 불충분하므로, 법률위반에 한정하지 않고, 법관에게 무효판단을 위임하는 것이 좋다는 이유에서 제안되었다. "공의 질서"는 행정관청·사법 등 국가의 제도에 관계된 것이고, "선량한 풍속"은 성풍속이었다. 이 원안에 대하여는 남용의 위험이 지적되고, 도덕의 문제인 "선량한 풍속"을 삭제하거나 반대로 독일민법과 같이 "공의 질서"를 삭제하고 "선량한 풍속"만으로 하는 등의 수정안이 제안되었지만, 결국 원안이 유지되었다.[30]

이상의 입법과정에서 보는 바와 같이 민법 제90조의 적용범위는 상당히 협소한 것이었다. 또한 경제적인 문제로 인하여 법률행위를 무효로 한다는 발상이 발견되지 않는 것도 주목할 만하다.[31] 민법제정 후 초기의

---

28) 이하 일본에서의 논의는 吉田克己, 50~51쪽에서의 일본학설에 대한 소개를 전체적으로 참조하여 재구성하였다.

29) 이하 본항에서 특별한 언급이 없는 경우의 법명(가령 민법, 헌법 등)은 일본의 것을 지칭한다.

30) 입법과정에 관한 자세한 것은 大村敦志,『公序良俗と契約正義』, 1995, 11쪽 이하; 山本敬三,『公序良俗論の再構成』, 2000, 115쪽 이하 참조.

학설도 이와 같은 제한적인 시각을 유지하였다.

(2) 그와 같은 상황은 1920년대에 소위 근본이념설의 등장을 계기로 커다란 변화가 있었다. 근본이념설에 의하면 "현재에 있어서 모든 법률관계는 공서양속에 의하여 지배될 수밖에 없고, 공서양속은 법률의 전체계를 지배하는 이념으로 볼 수 있다. … 제90조는 개인의사의 자치에 대한 예외적 제한을 규정한 것이 아니라, 법률의 전체계를 지배하는 이념이 간혹 그 편린을 여기에 나타내는 것에 지나지 않는다."[32]라고 한다. 이 견해는 전술한 바와 같이 공공의 복리조항에도 적극적 의의를 인정하였다. 이 견해의 기저에는 "개인을 국가에 대립하는 것으로 보는 것"이 아니라 "개인과 국가가 유기적으로 결합한 個와 全의 관계에 있다"고 보는 "국가협의체"주의관을 취하고 있다. 여기에서 국가는 국민 전부의 "실질적인 자유와 평등, 행복추구의 이상을 실현할 수 있도록" 적극적인 관여를 할 수밖에 없는 것으로 본다.[33] 이 견해는 공공복리론의 영역에서 확실히 통설적 지위를 획득하였다고 말할 수는 없지만, 공서양속론에서는 통설적 지위를 점하였고, 오늘에 이르기까지 일본사법학계에 커다란 영향을 미치고 있다.

공서양속규범은 요건이 포괄적이고 일반적이기 때문에 그 적용을 위하여는 일정한 정형화가 요청된다. 근본이념설은 판례를 정리하여 법관이 이용하기 쉬운 인덱스를 만들었고, 그것이 다음의 7유형이다.[34] ① 인륜에 반하는 것, ② 정의의 관념에 반하는 것, ③ 타인의 경솔·궁박에 편승하여 부당한 이익을 도모하는 것, ④ 개인의 자유를 극도로 제한하는

---

31) 大村敦志, 14~15쪽.
32) 我妻英, 270~271쪽.
33) 我妻英, "新憲法と基本的人權(憲法と私法)" 『民法研究』 Ⅳ, 1970, 172·175쪽.
34) 我妻英, 『新訂民法總則』, 272쪽 이하.

것, ⑤ 영업의 자유를 제한하는 것, ⑥ 생존의 기초인 재산을 처분하는 것, ⑦ 현저히 사행적인 것

2) 현대에 있어 일본에서의 공서양속론

일본에서 이상의 공서양속론에 대한 재검토의 움직임이 일어난 것은 1990년대에 들어와서이다. 그 배경에는 판례에 있어 공서양속규범의 적용에 약간의 변용을 가져온 사회적 배경의 변화가 있었다. 즉 거래관계에서 공서양속 규정의 적용이 증가한 것과 개인의 자유와 평등 등 헌법적인 가치를 실현과 관련된 일련의 사건의 증가 등의 이유를 들 수 있다.

(1) 경제적 공서론

이와 같은 동향에 의해 1990년대 중반에는 프랑스법에 있어서 정치적 공서와 경제적 공서의 분류에 시사를 받아, 시장질서의 공서에의 반영을 지향하는 경제적 공서론이 주장되고, 뒤따르는 논의들에 커다란 영향을 주었다. 경제적 공서론의 근거로서 지적되는 것은 경쟁 가치의 경시라고 하는 일본적 특징이 최근 변용되기 시작하였다는 것이다. 따라서 시장의 확보와 경쟁의 유지라고 하는 가치를, 독점금지법과 증권거래법(현, 금융상품거래법) 등의 법령만으로가 아니라, 사법 그 자체에 의하여 옹호되어야 한다는 것이다. 그것을 위하여는 이러한 법령위반행위의 효력을 부정하는 것도 필요하다고 한다.35)

이 주장의 기저에는 법질서에 있어서 개인의 역할을 재검토한다는 문제인식도 있다. 즉 공법, 사법의 관계는 준별되는 것이 아니라 상호의존관계로 볼 수 있다는 것이다.36) 따라서 이 상호의존관계에는 ① 공법질서를

---

35) 大村敦志, "去來と公序"『契約法から消費者法へ』, 1999(초판은 1993), 187쪽.
36) 大村敦志, 179쪽.

개인의 권리실현의 지원으로 본다는 인식과, ② 역으로 사법상의 공서를 법령의 목적실현을 지원하는 것으로 본다는 인식의 두 가지 이해가 제시되고 있다.[37]

(2) 기본권보장론

1990년대 후반에는 소위 기본권보장론이라고 하는 이론이 제시되었다. 이 견해도 뒤따르는 논의들에 커다란 영향을 미치게 된다. 헌법상 보장된 기본적 인권, 즉 기본권의 보장이라고 하는 관점에서 공서양속론을 재구성한다는 것이 그 기본적 문제인식이다. 헌법상 보장된 기본권인 사적 자치와 계약자유가 민법 제90조에 의하여 제한된다고 보고, 법원이 헌법상의 자유인 계약자유를 제한하려고 하는 정당화이유를 어떻게 볼 것인가라는 문제가 자각화된다.[38]

기본권보장론을 주장하는 山本敬三교수는 계약자유의 제한을 정당화하는 실질적 이유로서, 기본권보호와 정책목적의 실현을 든다. 그리고 각각에 대응하는 것으로 기본권보호형과 정책실현형의 두 가지 공서양속을 추출해 낸다. 더욱이 국가기관으로서 법원이 계약자유를 제한하려고 하는 형식적인 이유로서는 법원의 입법존중의무와 헌법존중의무가 제시되고, 이들 각각에 대응하는 법령형과 재판형의 두 가지 공서양속이 추출된다. 따라서 이러한 조합에 의하여 재판형-정책실현형, 재판형-기본권보호형, 법령형-정책실현형, 법령형-기본권보호형이라고 하는 공서양속의 4유형이 도출되게 된다.[39] 이 유형화는 계약자유의 제한의 정당화에 착안한 것이다. 가령 재판형—정책실현형은 공서양속규범에 의한 개입의 정당화가 어렵다는 특징이 있다.[40] 그러한 의미에서 이 유형화는 종래의 통설적 견

---

37) 大村敦志, 202쪽.
38) 山本敬三, 46~47쪽.
39) 山本敬三, 57~58쪽.

해인 我妻英교수의 유형과는 문제인식과 성격을 달리하고 있다.

이 이론은 기본권보호를 위하여 공서양속규범의 적용을 통한 국가개입에 적극적이다. 그러나 그것은 적어도 기본권보호를 실현하기 위한 것이고, 기본적 문제인식은 개인의 자기결정과 자유의 확보이다.[41] 그 점에서 이 이론은 근본이념설이 취하는 국가관과는 대조적이라 할 것이다.

3. 정 리

(1) 이상의 경제적 공서론도 기본권보장론도, 경제질서실현과 기본권확보를 위한 공법·사법의 상호지원, 결국 공·사 협동을 이야기한다는 점에서 공통의 방향성을 보이고 있다. 무엇보다도 이 공사법의 관계에 대하여는 ① 公을 私의 지원으로 보는 인식과, ② 私를 公의 목적실현의 수단으로 보는 인식이 있을 수 있다. 山本敬三교수가 ①을 지향함에 대하여, 大村敦志교수의 경우에는 전술한 바와 같이 두 가지 모두를 지향하고 있다. 그 후 법령위반행위의 사법상의 효력론을 무대로 하여, ②의 방향을 전면에 내세우는 공서양속론도 제시되고 있다.[42] 이 견해는 공서양속의 유형론에 대하여는 공서양속위반행위에 의하여 침해된 질서에 착안하여, 국가질서·시장질서·사회질서라고 하는 3유형을 추출하였다.[43]

그러나 이에 대하여 ②와 같은 인식에 대하여 민법을 정책법으로 만든다하여 부정적으로 평가하고, 자각적으로 ①과 같은 인식을 옹호하는 견

---

40) 山本敬三, 61~62쪽.

41) 山本敬三, 197쪽 이하 참조.

42) 森田修, "獨禁法違反行爲の私法上の效力(試論)" 『日本經濟法學會年報』19号, 1998; 同, "市場における公正と公序良俗" 『舟子景ほか監修 企業とフェアネス』, 2000.

43) 川島武宜·平井宜雄 編, 森田修 執筆, 『新版註釋民法(3)』, 2003, 133쪽 이하.

해도 있다.44)

이와 같이 일본에서는 공서양속에 대한 논의에 있어 기본적 대립축의 顯在化가 나타나고 있다. 거기에서는 ①과 ②의 대립적인 성격이 부상되어 있지만, ①과 ②를 그와 같이 대립적인 것으로 보는 것 자체가 하나의 논점이다. Ⅱ.에서 본 공공성에 대한 논의는 그와 같은 방향에서의 문제를 생각할 때에도 우리에게 시사적이다.

(2) 이상 본항은 일본에서의 법률행위의 자유와 그 제약원리인 사회질서, 즉 공서양속론을 중심으로 한 새로운 구성에 대하여 자세히 살펴보았다. 일본민법 제정초기부터 1920년대의 근본이념설의 등장 이래 1990년대 초반까지의 논의상황은 우리 나라에서의 민법의 기본이념에 관한 사적 자치론과 공공복리론의 논의와도 그 맥을 같이 하고 있다.

그러나 1990년대 초반 이후 거래관계에서 공서양속 규범 적용 사례의 증가와 개인의 자유와 평등 등의 헌법적 가치와 관계되는 사법영역에 있어서의 공법영역의 교차문제의 증가 등을 배경으로 시장경제질서를 해하는 것을 공서양속위반으로 보는 경제적 공서론과 기본권 보장론의 등장, 그리고 그 후 이들 새로운 견해에 뒤따르는 현재의 공서양속에 관한 논의 등은 공공복리의 현대적 의의 내지 사권의 공공성에 관한 본고의 논의에 있어 시사하는 바가 자못 크다.

---

44) 山本顯治, "競爭秩序と契約法-厚生對權利の一局面" 『神戶法學雜誌』 56卷 3号, 2006.

Ⅳ. 결론에 갈음하여 -사권의 공공성 서설-

1. 서

이상과 같이 본고는 권리남용금지의 원칙과 민법 제103조의 사회질서 등에 관한 일본에서의 논의를 통하여 민사법질서에 있어 공공복리의 현대적 의의를 탐구하였다.

오늘날 사법 영역에서도 공법적 영역과의 교차문제가 확장되고 있다. 가령 사법에 의한 환경이익 보호 문제, 가족법질서의 헌법정합성 문제, 사법상 경쟁질서 확립 문제 등에 있어서 사적 자치만을 통한 새로운 문제의 해결은 많은 문제를 야기한다. 사적 자치와 시장에의 완전한 위임은 동일하다고 할 수 없다. 그러나 공공복리 또는 사권의 공공성에 대한 의미부여에 있어서 적어도 사적 자치를 보장하고 강화하는 것과 배치되어서는 아니될 것이다.

민법은 시민사회의 구성원리이자 규범원리이다. 여기에서는 시장을 조성하고, 시민의 자율적 존립의 공동조건을 형성하는 것으로써 공공성이 이해될 수 있을 것이다. 이와 같은 공공성은 민법 외재적인 제약원리가 아니라, 법 내재적인 것이며 그와 같은 공공성의 형성·유지에 있어 민법은 적극적인 역할을 다할 수 있고, 다할 수밖에 없게 된다. 민사법질서의 궁극적 목적은 사회질서 등의 공공복리의 보완을 통한 사적 자치의 극대화이며, 이는 곧 개인의 자기결정권과 자유의 확보를 의미한다.

아래에서는 앞으로의 연구방향을 가다듬기 위하여 민사법질서에 있어서 공공복리 내지 사권의 공공성의 의미부여와 관련된 약간의 검토를 행하여 결론에 갈음하고자 한다.

2. 사권의 공공성과 사법상 환경이익 보호문제

환경문제는 당초, 대기오염과 수질오염에 의한 건강침해 혹은 소음·진동에 의한 생활방해 등의 문제로 顯在化되었다. 이와 같은 소위 공해문제에 대하여는 침해된 이익이 건강과 생활상의 이익이기 때문에, 그 침해에 대하여 주민이 피해자로서 손해배상과 留止를 청구하는 경우, 그러한 이익이 민법상 보호되는 것인가에 대한 의문없이, 소송에서 오로지 과실과 인과관계 등이 쟁점이 되었다. 그러나 그 후, 환경문제는 다양화되고, 자연환경의 보전과 경관·조망의 보호라는 문제가 중요한 과제로 부상하게 되었다.

이와 같이 다양화된 환경문제 가운데, 양호한 자연환경의 보전과 아름다운 경관·조망의 보호는 당해 지역주민에게 커다란 관심사이고, 주민의 생활이익 등에 밀접한 관계가 있지만, 그와 동시에, 여기에서 문제가 되는 환경이익은, 주민의 개인적 이익에 환원할 수 없는 성격까지도 갖고 있다. 즉 그것들은 특정 개인에게 귀속되는 것이 아니라, 당해지역 주민전체 혹은 사회전체에 귀속된다는 의미에서 공공적 성격도 갖고 있기 때문이다. 예를 들어 지역의 자연환경이 개발에 의하여 파괴된 경우 혹은 지역의 경관을 害하는 건물의 건축이 이루어지는 경우, 공공적 성격을 갖는 이러한 환경이익의 보호를 누가 어떻게 주장할 수 있느냐가 문제된다. 또한 사법상 이러한 이익이 보호될 수 있는 것인가가 더욱 문제된다.

이러한 이익에 대하여는 현재까지는 주로 국가와 지방자치단체 등의 공적 주체가, 그 보전을 위하여 공법적 수단을 통하여 그와 같은 파괴행위를 저지하거나 파괴된 환경을 회복하는 등의 다양한 대책을 강구하여 왔다. 대표적인 예로 환경정책기본법에 의한 환경오염에 대한 공법적 규제를 들 수 있다.

그러나 행정적 대응이 충분하지 않은 경우, 이러한 지역주민의 생활과 밀접히 관련되면서, 동시에 개개 주민의 이익으로 환원할 수 없는 그런 의미에서 공공적 성격을 가진 경관 등과 같은 환경적 이익의 보호를 私人인 주민이 구하는 것은 불가능한 것인가. 자연환경과 경관·조망의 문제는 당해 지역주민의 삶의 질·환경과도 밀접한 관련을 가진다. 그런 의미에서 당해 지역주민이 어떠한 주장을 법적으로 할 수 있어야 하는 것은 아닌가라고 생각하여 본다. 따라서 그 경우, 주민 스스로의 권리와 이익을 주장하는 수단으로서 私法, 즉 민법이 일정한 역할을 할 여지는 없는 것인가가 문제된다.

확실히 경관이익, 나아가 환경이익은, 私人의 이익으로 해소될 수 없는 공공적 성격을 가지고, 따라서 그것은 소유권 등의 전통적인 사법상의 권리로서 환원될 수 없는 측면을 가지고 있다. 그러나 그것은 이와 같은 공공적 성격까지도 가진 환경이익보호에 있어서 사법이 기능할 수 없다는 것을 의미한다고 생각할 수밖에 없는 것인가.

환경이익보호에 있어서 사법의 적극적 의의는, 다음의 두 가지 측면에서 근거지울 수 있다. 첫째, 환경이익보호에 있어서 사법의 의의는 환경이익의 특성으로부터도 근거지워진다. 즉 여기에서 문제가 되고 있는 환경이익은, 시민에 의하여 독점과 배타적 지배에 친숙하지 않은 성격 - 그러한 의미에서 공공적 성격 - 을 가진다. 따라서 환경은 유한한 것이고 상호의존성을 가지고 있기 때문에, 지역의 각 요소의 환경이용 방식의 조정이 불가결하게 된다. 그러나 동시에 그것은 시민의 생활, 나아가서는 생존의 기반이고, 양호한 환경 가운데 그곳 시민의 생활과 생존은 확보될 수 있다. 이와 같은 양면성은, 환경이익의 형성·유지에 있어서, 공법과 사법의 양면에서의 협동을 요청하게 된다. 즉 그곳에는 개별요소의 사적 이해를 뛰이넘는 조정이 필요하지만, 동시에 그 조정은 개별 요소의 사적 이해를 무시하고 행할 수 없는 것이고, 개별 요소의 이익의 단순한 총화에는 환원할 수 없지만, 개별 요소의 이익에 결부되어, 환경이익은 실효적으로 보호될 수 있기 때문이다. 애당초 환경문제에 있어 공공성이라는 것은, 주민의 이익에 外在하고 그것과 대치되는 것이 아니라, 주민을 포함한 각양각색의 요소 상호 이익의 조정원리 내지 조정결과 그것으로 볼 수밖에 없고, 공공성이란 본래 시민과 주민의 권리로부터 이탈되어 그것을 제약하는 것이 아니라, 당해 지역의 시민과 주민의 이익의 총체 - 그 조정통합원리 혹은 그 결과 - 로서의 질서 - 공서 - 를 지향하는 것이라고 한다면 그와 같은 환경질서 - 공서=공공성 - 의 형성·유지·향수에 있어서 사법은 커다란 역할을 다할 수 있고, 또한 다할 수밖에 없지 않을까.

그러나 이상에서 살펴본 바와 같이 경관 등의 환경이익과 사인의 권리로의 관념이 문제된다. 경관이익과 같은 환경이익은 주지하는 바와 같이 사인의 이익에 환원되지 않는 공공적 성격을 가지고 있다. 이러한 의미에서 공유법리에 의하여 소유권 유사의 권리로서 환경권을 구성한 초기의 환경권론에는 한계가 있다. 그러나 환경이익은 주민의 권리로 구성할 수 있고, 구성할 수밖에 없는 것은 아닌가. 따라서 이와 같은 권리를 구성함으로써, 환경질서=환경적 공공성의 형성과 유지에 주민이 주체적으로 관여되게 되는 것은 아닌가.

이와 같은 것으로서 환경권 - 환경질서의 형성·유지·향수의 권리 - 이 관념될 수 있다면, 그것은 두 가지를 의미한다. 첫째는, 환경질서의 형성유지에 참가하는 권리라는 측면에서 "절차권으로서 환경권"으로 볼 수 있을 것이다. 둘째는, 환경질서를 적정히, 타 요소의 향수와 공존할 수 있는 방식으로 향수할 수 있는 권리라고 하는 측면에서 "환경공동이용권으로서 환경권"이라 볼 수 있을 것이다. 이와 같은 환경권이 사법, 즉 민사소송을 통하여 실현되는 것이 환경에 있어서 공공성의 형성·유지와 연결되고, 시민이 양호한 환경 하에서 자기실현을 위한 조건이 되는 것이다.

3. 사권의 공공성과 가족법질서의 헌법 정합성문제

사법질서 중에서도 가족에 관한 것은 명예, 프라이버시 등의 인격권과 같은 개인 자신의 것을 제외한다면 가장 사적인 부분이다. 따라서 사적 자치를 철저히 관철한다면 가족에 관한 사항은 각 가족구성원들이 자율적으로 결정하여야 하고, 다른 사회구성원이나 국가는 간섭하지 말아야 한다. 그러나 근대 민법전은 재산관계뿐만 아니라 가족관계까지도 규율하고 있다. 즉 민법은 가족관계까지도 사회적 계약관계로 파악하고 있다.45) 이와 같이 민사법질서에 있어 가족관계는 개인의 내적 문제가 아니라 사회구성원 모두, 즉 시민과의 관계속에서 규정된다. 따라서 이와 같이 본다면 가족관계는 더 이상 사적인 이익에만 국한되는 것이 아니라 시민 전체, 즉 공공과도 관계된다. 그렇다면 여기에서 공공이란 민법 외재적인 제한원리라고 하기보다는 민법 내재적인 사법자치의 제한원리로서 작용하는 공공복리의 실천원리로서 사회질서와 관련되는 것으로 볼 수 있다는 것이다. 즉 여기에서 공공복리는 사회구성원, 즉 시민과 관련되는 것이며, 결국 민법상의 가족관계에 관한 규정도 공공복리와 직접적 관련을 갖는다는 것이다.

가족법상의 권리는 동시에 도덕상 의무로서의 성격이 병존하는 경우가 많기 때문에 권리행사의 제한에 있어서 재산법보다 더 많은 필요성을 갖고 있다.46) 공공복리의 민법적 실천원리로서 사회질서 또는 권리남용금지

---

45) 이와 관련하여 포르탈리스, 양창수(역),『민법전서론』, 2003, 67쪽에 의하면 "자연적 행위가 부부 사이에, 또 그들과 자식 사이에 만들어 내는 유대와 의무는 계약이다. 그래서 민사입법도 이를 그와 같이 파악하였다."라고 하고 있다. 또한 양창수, "가족법상의 법률행위의 특징"『가족법연구』제19권 제1호(려송 이희배 교수 고희기념), 2005, 72 85쪽 참조.

46) 김주수,『친족·상속법』(제5전정판), 1998, 28쪽; 박동섭,『친족상속법』, 2003, 7쪽; 박동진, "신의칙과 권리남용지원칙의 가족법관계에의 적용"『가족법연구』

의 원칙이 추구하는 목적은 재산법영역과 가족법영역에서의 의미가 공유되고 있다. 가령 부부간의 법률관계에 대한 권리남용금지원칙의 적용 - 동거·부양·협조 청구권의 남용, 부부간의 계약취소권의 남용, 유책배우자의 이혼청구와 권리남용, 혼인취소권의 남용 - , 자의 복리에 반하는 양친자관계의 발생을 목적으로 하지 않는 양자에 대한 소송에 권리남용금지원칙의 적용, 유류분반환청구권의 행사에 대한 권리남용금지원칙의 적용 등 다양하다.[47]

또한 가족관계는 가족법의 테두리를 넘어 헌법과의 정합성이 문제되며, 그와 동시에 가족관계는 헌법적 기준에 따라 규율된다.[48]

4. 사권의 공공성과 사법상 경쟁질서 확립문제

자본주의사회에서 사법질서와 거래질서는 시장경제체제의 유지라는 기능을 수행한다는 점에서 상호불가분의 관계에 있다. 사인간의 법률관계를 형성하는 경제행위를 규율하는 데 있어 적용되는 민법의 기본원리는 개인의 존엄이라는 이념에서 도출되는 사적자치의 원칙이다. 이 원칙은 사유재산제와 자유경쟁시장을 기초로 하는 자본주의 경제질서를 전제로 하고 있으며, 시장에서의 자유경쟁 원리를 법적으로 표현한 것이라 할 수 있다.[49] 민법은 개인 상호간의 법률관계를 정당하게 규율하는 것을 목적으로 하는 반면, 경제법은 국민경제 전체를 정당하게 질서 지우려는 것을

제19권 제1호(려송 이희배 교수 고희기념), 2005, 29~30쪽; 이경희, 『가족법』, 2002, 8쪽.

47) 박동진, 56~65쪽 참조.

48) 양창수, "헌법과 민법" 『민법연구』 제5권, 2006, 12~17쪽 참조; 윤진수, "전통적 가족제도와 헌법-최근의 헌법재판소 판례를 중심으로-" 『서울대 법학』 제47권 제2호, 2006, 149~188쪽 참조.

49) 권오승, "계약자유와 계약공정" 『계약법의 제문제』, 1988, 57쪽.

목적으로 하기 때문에 그 근본목적이 다르다. 그러나 민법의 기본원리인
계약자유의 원칙과 경쟁질서 사이에는 밀접한 관련이 있기 때문에, 어느
한쪽이 없이는 다른 쪽이 성립할 수 없다. 시장이 정상적으로 기능하기
위하여는 사적 경제주체들이 자유롭게 경제활동을 영위해 나갈 수 있어
야 하기 때문에 시장경제질서는 사적자치의 원칙, 특히 계약의 자유를 그
논리적 전제로 하고 있다.

　계약의 자유는 시장에서 자유롭고 공정한 경쟁이 유지되는 것을 그 전
제로 한다. 계약의 자유는 계약체결의 자유, 상대방 선택의 자유, 계약방
식의 자유, 계약내용의 자유를 그 내용으로 하는데, 시장에서 자유롭고 공
정한 경쟁이 유지됨을 전제로 한다. 시장에서 상품이나 서비스를 공급하
는 기업들 간에 자유롭고 공정한 경쟁이 이루어지지 않는다면 그들과 거
래하는 사업자나 소비자의 상대방 선택의 자유가 보장되지 않는다. 따라
서 계약의 공정을 위하여 계약의 자유는 제한되기도 한다. 경쟁의 자유와
계약의 공정성이 침해되는 경우에는 계약의 자유도 유지될 수 없기 때문
이다. 이처럼 계약의 자유와 경쟁질서는 표리의 관계에 있기 때문에 경쟁
질서를 침해하는 행위는 계약의 자유를 침해하게 되고, 경우에 따라서는
사회질서, 특히 경제질서에 위반하는 행위로서 그 효력이 부인될 수 있
다.[50] 자본주의적 경제질서의 근간을 위하여는 자유로운 경쟁체제의 구축
이 필요하고, 그와 더불어 공정한 경쟁질서를 유지하는 것 또한 중요하다.

　일반적으로 경쟁질서와 관련된 논의는 경제법 영역에 국한되어 있지만,
불공정한 경쟁행위에 관한 법원칙은 계약법의 기본 원칙이면서 동시에
불법행위책임과도 관련되어 있고, 특히 채권침해론과 직접적 관련을 맺게
된다. 이는 거래질서의 기반을 형성하는 자유경쟁시장을 어떻게 이해할
것인가, 따라서 특히 이미 성립하고 있는 계약관계 내지 거래관계를 후발

---

50) 권오승·이민호, "경쟁질서와 사법상의 법률관계" 『비교사법』 제14권 제1호,
　　2007, 79~80·88~89쪽.

의 제3자의 사실행위 또는 거래행위에 의한 침해로부터 어떠한 경우에 어느 정도 보호할 것인가라는 점과 관련된다. 현대 자본주의 사회에서의 거래질서는 독과점화가 심화되어 시장기구가 정상적으로 기능하지 못하는 폐해가 나타나고 있다. 이러한 문제를 해결함에 그 원리형성의 기초를 달리하는 공법적 법률관계가 사법적 법률관계의 모든 영역에 침투하거나 나아가 이를 대체하는 것은 시장경제 고유의 속성인 자율성이라는 관점에서 바람직하지 않다. 따라서 자유경쟁의 원리를 거래질서원리로 파악하여 경쟁과정을 통한 시장경제의 자기통제의 기능이 원활하게 작동할 수 있도록 외부의 직접적인 간섭이 없이 사적인 자율성을 통제하고 그것의 남용을 막을 수 있는 법적 장치를 마련하고 있다.[51]

경쟁질서를 직접적으로 규율하는 법으로 "독점규제 및 공정거래에 관한 법률"(이하 '독점규제법'이라 한다), 사법상 규제를 규정하고 있는 "부정경쟁방지 및 영업비밀보호에 관한 법률"(이하 '부정경쟁방지법'이라 한다), 권리구제 방식을 취하는 상표법 등 지적재산권 관련법이 그러하다. 그러나 독점규제법과 부정경쟁방지법은 부정경쟁행위와 불공정거래행위를 열거하는데 그치고, 부정경쟁방지법은 손해배상을 청구할 수 있는 자를 영업상 이익을 침해받은 자에 대하여만 한정하고 있기 때문에 경쟁질서 위반 내지 시장왜곡 행위에 의하여 피해를 입은 私人 내지 소비자의 구제는 민법에 의하여 해결할 수밖에 없는 상황이다.[52]

경쟁질서와 민법은 시장경제체제의 유지라는 기능을 수행한다는 점에서 상호 불가분의 관계에 있고, 공정한 경쟁질서 유지라는 것은 민법에

---

51) 홍대식, "불공정거래행위와 공서양속"『비교사법』제14권 제1호, 2007, 111~113쪽.
52) 양창수, "독점규제법에서의 손해배상"『민법연구』제5권, 2006, 218~222쪽; 윤태영, "시장왜곡행위로부터의 소비자 보호"『민사법학』제40호, 2008, 97쪽 이하; 윤태영, "경쟁질서 위반행위에 대한 불법행위책임"『비교사법』제14권 제1호, 2007, 139쪽 이하 참조.

있어서도 중요하다. 사인간의 소송은 결국 공정한 경쟁질서 실현으로 이어지기 때문이다. 또한 경쟁질서에 관한 모든 문제를 제한된 규율범위를 갖고 있는 몇몇 특별법으로 규율하기는 사실상 불가능하며,53) 결국 민법의 일반원칙에 의하지 않을 수 없다. 자유경쟁과 채권침해의 관계설정 내지 기준의 확립에 있어서는 자유롭고 공정한 경쟁질서확립, 시장전체의 경쟁에의 영향, 강행법규 또는 사회질서 위반여부 및 소비자의 선택 내지 소비자보호까지도 그 고려요소로 삼아야 할 것이다.54) 여기에서 건전한 시장경제체제의 유지를 위한 사법에서의 공공복리 내지 사권의 공공성은 더욱 부각된다 하겠다.

---

53) 이와 관련하여 권오승 편, 권오승 저, "공정거래법의 개요와 쟁점"『자유경쟁과 공정거래』, 2002, 3쪽 이하; 권오승 편, 조학국 저, "공정거래제도의 발전방향"『자유경쟁과 공정거래』, 2002, 59쪽 참조.

54) 배성호, "자유경쟁과 채권침해-계약체결교섭과정에서의 계약침해 여부-"『인권과 정의』 2007.7, 117쪽 이하 참조.

전문법의 책임으로서 환경책임과 환경민사책임*
-환경책임에 대한 법이론적 · 법사회학적 접근-

양 천 수**

Ⅰ. 서 론

지금은 작고한 독일의 환경철학자 한스 요나스(H. Jonas)는 일찍이 인류사회가 심각한 위기에 처해있다고 진단하였다. 그 위기란 환경오염에 의해 생태계 전체의 존립이 위협당하는 위기를 말한다.[1] 이러한 진단은 오늘날 점점 더 중요성을 얻고 있다. 지구온난화로 각종 기상이변이 전 세계를 휩쓸고 있는 작금의 상황이 이를 잘 증명한다. 물론 환경오염은 오늘날만의 문제라고 말할 수는 없다. 이미 과거에도 환경오염 문제는 존재했다.[2] 그러나 오늘날 우리 인류를 위협하는 환경오염은 과거에 있었던

---

 * 이 글은 『환경법연구』 제29권 제3호, 2007. 12, 259~291쪽에 게재된 논문을 수정 · 보완한 것이다.

** 영남대학교 법학전문대학원 교수, 법학박사

1) H. Jonas, Das Prinzip Verantwortung, Frankfurt/M. 1989, S. 7.

2) 울리히 벡, 홍성태(옮김), 『위험사회: 새로운 근대(성)을 향하여』, 새물결, 1996, 55쪽.

그것과는 성격면에서 많은 차이를 보인다. 과거에 존재했던 환경오염은 그 피해범위가 제한된 것이었다. 과거의 환경오염은 비록 일시적으로는 환경이나 생태계를 침해하긴 했지만, 생태계의 자기조절 메커니즘을 궁극적으로 위협하는 것은 아니었다. 그러나 오늘날 우리가 직면하고 있는 환경오염은, 예전의 그것에 비해 침해정도가 더욱 심각하고, 그 피해범위도 더욱 광범위하다. 예를 들어, 원자력 사고로 환경오염이 발생하면 – 체르노빌 원전사고가 보여주는 것처럼 – 인류의 생존에 치명적인 위협을 가할 수 있다. 이 때문에 현대 사회에서 등장할 수 있는 각종 환경오염은 이른바 위험(Risiko)의 한 형태에 속한다고 말할 수 있다.3) 다시 말해, 환경오염은 현대 "위험사회"(Risikogesellschaft)의 징표를 드러내는 대표적인 경우라 할 수 있다.

이처럼 현대 사회에서 환경오염은 우리들이 살아가는 터전을 근본적으로 훼손할 위험을 갖고 있다는 점에서, 이를 법으로써 적절하게 규제해야 할 필요가 있다. 그러면 어떻게 환경오염을 법으로 규제할 것인가? 주지하다시피, 환경오염에 대해서는 다양한 법적 규제를 생각할 수 있다. 가령 민사법을 통해 환경오염을 규율할 수도 있고, 형법을 통해 환경오염을 규율할 수도 있다. 또는 – 현재 가장 큰 비중을 차지하고 있듯이 – 행정법으로써 환경오염을 규율할 수도 있다. 그런데 이렇게 다양한 규제수단 중에서 어떤 규제수단이 가장 효과적인지 일률적으로 판단하는 것은 쉽지 않다. 왜냐하면, 환경오염에 대한 법적 규제는 이렇게 서로 다른 속성을 지닌 법적 규제를 동시에 모두 필요로 하는 것이기 때문이다. 이러한 이유에서 환경법 자체를 독자적인 영역으로 파악하고자 하는 논의도 이미 제시되고는 하였다.4) 만약 사실이 그렇다면, 환경오염에 법적인 책임을 부

---

3) '위험'(Risiko) 개념에 관한 자세한 분석은 C. Prittwitz, Strafrecht und Risiko, Frankfurt/M. 1993, S. 50 ff.

4) 환경법을 독자적인 법영역으로 정립하려고 시도하는 문헌으로서 조홍식, "환경법

과하는 것, 즉 환경책임 역시 민사책임과 형사책임 및 공법상 책임을 모두 포괄하는 독자적인 책임으로 파악할 수 있을 것이다. 이에 이 글은 환경책임을 통합과학적인 성격을 갖는 일종의 '전문법 책임'으로 파악하고자 한다. 여기서 전문법 책임은 - 형법학자이자 기초법학자인 이상돈 교수가 제안한 - "전문법"에 상응하는 개념이라고 말할 수 있다.

이 글은 두 가지 목표를 추구하고자 한다. 우선 환경책임이 일종의 전문법 책임이라는 점을 논증하고자 한다. 여기서 필자는 우선적으로 이상돈 교수의 주장을 원용하고자 한다. 나아가 환경책임의 한 부분을 이루는 환경민사책임을 분석함으로써, 환경책임의 관할영역이 '일상영역'과 '과학·기술에 의해 관리되는 영역' 그리고 '체계'까지 포괄하고 있으며, 이에 따라 환경민사책임은 주관적 불법행위책임, 객관적 불법행위책임 및 위험책임을 모두 필요로 하는 통합적인 전문법 책임의 일종임을 밝히고자 한다. 이를 위해 이 글은 환경책임의 도그마틱 차원을 넘어서 법이론적·법사회학적 시각을 끌어들이고자 한다.

II. 전문법으로서 환경법

환경책임을 전문법 책임으로 규정하기 위한 전제로서 환경법이 일종의 전문법에 해당함을 논증하고자 한다.

소묘 환경법의 원리, 실제, 방법론에 관한 실험적 고찰 " 『법학』 제40권 제2호, 1999, 318쪽; 여기서 조홍식 교수는 영미에서 발전한 법경제학의 시각을 도입하여 환경문제에 접근하고 있다.

1. 전문법 구상

전문법 구상은 이상돈 교수가 2002년에 발표한 논문 "전문법 - 이성의 지역화된 실천"에서 제시한 구상으로서, 기본 삼법 체계로는 해명하기 어려운 새로운 법적 형태를 법사회학의 시각에서 해명하고 근거 짓는 데 기여한다.[5) 이상돈 교수는 오늘날에 이르러 법은 홍수를 이루고 있고, 더 나아가 판덱텐 체계에 입각한 기본 육법 체계로 설명하기 어려운 법률들이 등장하고 있다고 지적한다. 이러한 현상은 단순히 법률의 양적 팽창에 그치지 않고, 법적 구조의 질적 변화, 즉 구조적 변화를 낳는다고 한다. 말하자면, 새로운 법적 형태인 "전문법"이 성장하고 있다고 진단한다. 이를 이상돈 교수는 다음과 같이 말한다.

> "이렇게 볼 때, 육법의 구조적 변화와 개별법의 팽창은 단지 기존의 판덱텐 시스템 내부의 지엽적인 변화가 아니라 그 시스템 자체의 구조적인 변화를 가져오고 있다고 할 수 있다. 여기서 구조적인 변화라 함은 판덱텐 시스템의 통일적 '구조가 해체'되고, 각 개별법이 지속적으로 기능적으로 (세)분화되어 가는 '사회적 하부체계를 조직화하는 전문법으로 독립'되어 나가는 현상을 가리킨다. 이를테면 의료법, 정보통신법, 경제법, 교통법, 환경법, 소년법, 교육법, 언론법 등과 같은 전문법의 성장을 말할 수 있다. 전문법이란 그런 명칭의 단행법률이 있는 것이 아니라 판덱텐 시스템의 육법전과 그 특별법 그리고 행정법 형식의 개별법이 동등하게 - 우열관계나 선후관계를 고정적으로 확정함이 없이 - 함께 사안을 규율함으로써 형성된다."[6)

여기서 보면 알 수 있듯이, 전문법 구상은 체계이론에서 말하는 사회체

---

5) 이상돈, "전문법-이성의 지역화된 실천"『고려법학』제39호, 2002. 11, 113~151쪽; 여기서는 이 논문을 재록하고 있는 이상돈, "전문법"『법철학』, 박영사, 2003, 200~247쪽에 따라 인용한다.

6) 이상돈, 위의 책(주5), 205~206쪽.

계의 분화와 밀접하게 연결된다. 체계이론에 따르면, 각 사회체계는 다양
한 하부체계로 세분화·전문화되면서 자신의 독자성을 획득하듯이, 법체
계 역시 기존의 삼법(혹은 육법) 체계를 넘어서 사회의 분화에 맞게 분화
되면서 전문성을 갖는 전문법으로 성장하고 있다는 것이다. 요컨대, 전문
법이란 각 법체계가 분화되고 동시에 교차적으로 재통합하면서 형성된
법적 형태라 말할 수 있다.

한편 위 언명에서 볼 수 있듯이, 이상돈 교수는 전문법의 개념에 대해
의미 있는 시사를 한다. 즉 전문법은 전문적인 성격을 갖는 단행 법률만
을 지칭하는 것은 아니라는 점이다. 오히려 이상돈 교수에 따르면 전문법
은 이중적인 구조를 갖는다. 즉 "판덱텐 체계의 기본법전"과 "사안중심적
인 규율형식"이 결합함으로써 비로소 전문법이라는 독자적인 법형태가
형성된다는 것이다.[7] 이 두 상이한 법적 형식은 "해석적 조정"과 "통합적
작용"을 거침으로써, 독자적인 전문법이 성장하고 유지되도록 돕는다고
한다.[8]

2. 전문법으로서 환경법

이러한 이상돈 교수의 전문법 구상은 오늘날 각 영역에서 찾아볼 수 있
는 새로운 법현상을 설명하는 데 설득력 있는 근거를 제공한다. 특히 세
법이나 의료법 혹은 도산법처럼 전통적인 기본 삼법 체계를 넘어서는 새
로운 법적 형태의 위상을 규명하는 데 의미 있는 역할을 한다. 세법이나
의료법 혹은 도산법처럼 전통적인 기본 삼법 체계를 넘어서는 법들은, 이
들 법을 공법이나 사법 혹은 형사법 가운데 어느 영역에 포함시킬 것인가

---

7) 이상돈, 앞의 책(주5), 225~231쪽.
8) 이상돈, 앞의 책(주5), 229~231쪽.

와 관련하여 문제를 안고 있었다. 그러나 이렇게 각 영역이 분화되고 교착되면서 성장한 법 영역 그 자체를 새로운 전문법 영역으로 승인하면, 이러한 법체계적인 문제를 쉽게 해결할 수 있다. 이는 환경법에 대해서도 마찬가지라 할 수 있다.

환경오염이 심각해지면서 점점 그 중요성을 얻고 있는 환경법은 비교적 새롭게 등장한 법 영역이라 할 수 있다. 환경법은 전통적인 기본 삼법 체계를 넘어선다. 왜냐하면, 환경법은 공법과 사법 및 형사법 영역을 모두 포괄하는 통합과학적인 성격을 띠기 때문이다. 물론 환경법의 주축을 이루는 것은 환경공법, 더욱 정확하게 말하면 환경행정법이라 할 수 있다.[9] 환경정책기본법을 위시한 각종 환경 관련 행정법규는, 환경법이 환경행정법을 중심으로 하여 성장했음을 잘 보여준다. 그러나 환경행정법만이 환경법을 구성하는 것은 아니다. 환경민사법과 환경형법 역시 환경법을 구성하는 중요한 영역이다. 예를 들어, 민법 제214조가 규정한 "소유물 방해 제거, 방해예방청구권", 민법 제217조가 규정한 '이밋시온 금지' 그리고 민법 제750조가 규정하는 일반 불법행위책임 등은, 환경민사책임을 구성하는 중요한 법적 근거가 된다. 나아가 환경범죄의 단속에 관한 특별조치법 등은 환경형법 역시 환경법을 구성하고 있음을 잘 보여준다.[10] 이렇게 환경법은 환경공법뿐만 아니라, 환경민사법 및 환경형법까지 아우른다. 이렇게 환경법은 공법, 사법 및 형사법으로 구성된 기본 삼법 체계를 넘어선다. 이 뿐만 아니다. 환경법은 환경윤리학이나 법경제학 등과 같은 인문학 그리고 사회과학까지 아우른다. 가령 한스 요나스의 환경윤리학, 특

---

9) 이를 반영하듯이, '환경법' 교과서의 대부분은 행정법학자가 저술하였다. 예를 들어, 박균성·함태성, 『환경법』, 박영사, 2006; 류지태·이순자, 『환경법』, 법원사, 2005; 홍준형, 『환경법』, 박영사, 2005 등 참고.

10) 물론 환경오염을 형법으로 규율할 필요가 있는지에 관해서는 논란이 없지 않다. 이 문제에 대해서는 한국형사정책연구원, 『환경형법의 이론적 문제점에 관한 연구』, 한국형사정책연구원, 1996 참고.

히 책임원칙은 환경책임을 도덕적으로 정당화하는 데 일조한다.[11] 또한 최근 각광을 받고 있는 법경제학은 더욱 실효성 있는, 그러면서도 경제적 요청과 양립할 수 있는 환경규제를 제공하는 데 도움을 준다.[12] 이렇게 환경법은 실정법의 측면에서 공법과 사법 및 형사법을 모두 포함할 뿐만 아니라, 법학의 차원을 넘어서 인문학과 사회과학, 심지어 자연과학까지 포괄하는 '통합과학'의 성격을 띤다.[13] 요컨대, 환경법은 환경을 매개로 하여 다양한 법 영역과 다른 학문 영역이 한데 모임으로써 형성된 일종의 '전문법'이라 할 수 있다.

3. 전문법의 책임으로서 환경책임

이처럼 환경법을 전문법의 일종으로 파악할 수 있다면, 환경법의 책임 역시 일종의 '전문법 책임'으로 규정할 수 있다. 여기서 '전문법 책임'이란 단일한 책임체계로 구성되어 있는 것이 아니라, 서로 성격을 달리하는 다양한 책임체계가 통합적으로 공존하는 책임형태라고 정의내릴 수 있다. 위에서 살펴본 것처럼, 환경책임이 전문법 책임에 해당한다는 점은 자명하다. 왜냐하면, 환경책임은 공법상 책임뿐만 아니라, 민사책임 그리고 형사책임을 아우르기 때문이다. 예를 들어, 일정한 환경오염이 발생한 경우 이렇게 상이한 위상을 갖는 각 책임들이 경합해서 성립한다. 뿐만 아니라, 오늘날 심각한 환경오염은 도덕적인 책임까지 유발하기도 한다.

---

11) 한스 요나스의 책임원칙에 관해서는 H. Jonas, 앞의 책(주1) 참고.
12) 환경법과 법경제학을 결합한 연구로서 허성욱, 『환경자원의 바람직한 분배를 위한 법경제학적 방법론의 모색-형평성을 고려한 효율적인 자원배분이론의 가능성을 중심으로』, 시울대 법학석사 학위논문, 2001.
13) '통합과학'에 관해서는 정종섭, "우리 법학의 올바른 자리매김을 위하여-헌법학의 통합과학적 연구에로"『법과 사회』제2호, 1990. 2, 221~254쪽.

이렇게 환경책임을 전문법 책임으로 이해할 수 있다면, 이러한 테제에서 우리는 어떤 시사점을 이끌어낼 수 있을까? 크게 두 가지 시사점을 추출할 수 있다. 우선 환경책임이 전문법 책임인 이상, 단일한 책임체계와 기준으로 환경오염을 규율하고자 하는 것은 실패하기 쉽다는 점이다. 환경책임 자체가 여러 책임을 통합하는 중층적인 성격을 갖는 이상, 환경책임 안에서 작동하는 다양한 책임체계의 성격과 기준을 고려해야 한다. 그렇게 하지 않으면, 오히려 환경책임 안에서 각 책임체계가 충돌할 수 있고, 그렇게 되면 환경오염을 적절하게 규율하는 데 실패할 수 있다. 따라서 이러한 첫 번째 시사점에서 두 번째 시사점을 도출할 수 있다. 그것은 환경책임을 성공적으로 운용하기 위해서는, 이러한 중층적인 책임체계를 고려하면서, 이러한 책임체계가 서로 양립할 수 있도록 하는 방안을 모색해야 한다는 점이다. 책임체계 사이에 일정한 우선순위 관계를 설정하는 것도 한 방안이 될 수 있다. 예를 들어, 환경오염을 방지하기 위해 예방적인 환경규제를 우선적으로 시행한다거나, 직접적인 규제보다는 간접적인 규제를 우선하는 것 그리고 환경형사책임은 보충성 원칙에 따라 가급적 나중에 혹은 최후수단으로서 동원하는 것을 생각할 수 있다.14) 물론 인식론의 측면에서 볼 때, 각 책임체계 사이에서 확정적이고 고정된 우선순위 관계를 찾는 것은 쉽지 않다. 다원주의가 지배하는 오늘날 과연 어떤 기준을 통해 각 책임체계의 비중을 비교하고 평가할 수 있을지 문제되기 때문이다.15) 그런데도 우리는 일단 '잠정적이나마' 책임체계의 우선순위 관계를 말할 수 있을 것이다.16)

---

14) 이를 강조하는 견해로서 K. Seelmann, 최석윤 역, "위험형법(Risikostrafrecht)-'위험사회' 그리고 환경형법과 마약형법에서 위험사회의 '상징적 입법'-"『형사정책연구』제33권, 1998. 3, 237~260쪽.

15) 이를 '합리성' 개념의 측면에서 접근하는 양천수, "합리성 개념의 분화와 충돌-독일의 논의를 중심으로 하여-"『법과 사회』제31호, 2006. 12, 211~234쪽.

16) 이 때 환경윤리학이나 법경제학은 우선순위 관계의 기준을 확정하는 데 이론적인

III. 환경책임의 한 영역으로서 환경민사책임의 구조변동

위에서 우리는 환경법을 일종의 전문법으로 규정하고, 이에 따라 환경책임을 전문법의 책임으로 이해하였다. 이에 토대를 두어, 아래에서는 환경책임의 한 부분을 이루는 환경민사책임에 대해 고찰하고자 한다. 환경민사책임에 초점을 맞추고자 하는 것은, 환경민사책임 역시 상이한 성격을 갖는 책임체계를 포괄하는 일종의 전문법 책임으로 파악할 수 있기 때문이다. 즉 환경민사책임은 전통적인 주관적 불법행위책임뿐만 아니라, 객관화된 불법행위책임 그리고 위험책임까지 포괄하는 통합책임의 성격을 잘 드러낸다는 점에서 검토할 필요가 있다. 우선 가장 전통적인 환경민사책임인 불법행위책임부터 살펴보도록 한다.

1. 환경민사책임(1)
: 전통적인 불법행위책임을 통한 규제

1) 민사법상 보호법익으로서 환경

(1) 환경오염은 우선 민법상 불법행위책임으로써 규제할 수 있다. 그런데 환경오염에 대한 민사법적 규제 가능성을 논의하려면, 그 전제로서 환경이 사법상 보호법익이 될 수 있는가를 검토할 필요가 있다. 이 점은 그동안 소홀히 취급한 것이 아닌가 한다. 물론 환경오염으로 개인의 생명·신체에 손해를 일으킨 때는, 굳이 법익 개념을 언급하지 않더라도, 민법상 불법행위책임으로 규율할 수 있다. 하지만 만약 이러한 생명·신체가 아

기여를 할 수 있을 것이다.

닌 다른 대상, 가령 주거환경이 침해되었거나 농작물이 등이 훼손된 경우
또는 환경 그 자체가 심하게 훼손되어 공익소송을 할 필요가 있을 경우에
는[17], 환경 그 자체가 과연 보호법익이 될 수 있는지 검토할 필요가 있다.
그런데 이러한 보호법익에 대한 논의는 형법학에서는 어느 정도 이루어
지기는 했지만[18], 민법학에서는 아직까지는 생소한 것이라 할 수 있다.[19]
그 이유는 아마도 우리 민법이 독일 민법과는 달리 일반조항 형식으로 불
법행위책임을 규정하고 있다는 점에서 찾을 수 있을 것 같다.[20] 그렇다
하더라도 이러한 보호법익 문제는 불법행위책임의 규율대상을 분명히 하
는 데 유익하다는 점에서, 검토할 실익이 있다고 생각한다.

　(2) 그러면 환경 그 자체는 사법으로 보호해야 할 법익으로 인정할 수
있는가? 인정할 수 있다면, 이를 어떻게 정당화할 수 있을까? 먼저 환경
그 자체는 사법의 보호법익으로 인정할 수 있다고 생각한다. 그리고 이는
다음과 같이 정당화할 수 있다고 본다. 우선 우리 헌법 제35조가 규정하
는 환경권이 한 근거가 될 수 있다. 물론 이러한 주장을 근거 짓기 위해서
는 다시 다음 두 가지 문제를 검토해야 한다. 첫째 환경권 그 자체는 단순
한 선언적 규정에 불과한 것은 아닌지, 둘째 설사 이를 헌법상 기본권으
로 인정한다 하더라도, 이 환경권으로부터 환경이 민법상 보호법익이 될

---

17) 공익소송에 관해서는 이상돈, 『공익소송론』, 세창출판사, 2006 참고.
18) 형법상 법익 개념에 관해서는 우선 C. Roxin, Strafrecht AT I, 4. Aufl., München
　　2006, S. 13 ff.
19) 다만 영업권이 불법행위의 대상이 될 수 있는가에 대해 논의가 이루어지기도 하
　　였다. 이 문제는 영업권을 불법행위의 보호법익으로 인정할 수 있는가의 문제로
　　볼 수 있다. 이에 관해서는, 안법영, "영업경영의 과실침해와 책임귀속의 인과적
　　표지-대법원 1996. 1. 26 선고 94다5472 판결의 비교법적 검토-"『판례연구』제8
　　집, 1996, 175쪽 아래.
20) 이러한 점을 지적하는 양천수·이동형, "문화와 법체계 그리고 비교법학"『민족
　　문화논총』제36집, 2007. 9, 132~136쪽.

수 있다는 명제를 곧바로 도출할 수 있는지가 그것이다.

첫째 문제에 대해서는 헌법학 안에서 논의가 있지만,[21] 결론만을 말한다면, 환경권 규정을 단순한 선언적 규정으로 이해하는 것은 적절하지 않다고 생각한다. 이미 우리 법체계가 환경권을 구체화한 각종 환경관련 법규를 마련하고 있다는 점이 한 이유가 된다. 물론 그렇다고 해서, 환경권 그 자체가 다른 기본권에 대해 절대적으로 우월한 지위를 누리는 것은 아니다. 헌법 안에는 환경권과 모순될 지도 모르는 경제적 기본권(헌법 제15조, 제23조 등)이 포함되어 있기 때문이다. 그래서 환경권은 종종 경제적 기본권과 충돌하게 되는데, 이렇게 환경권과 경제적 기본권이 충돌하는 경우에는 기본권 충돌 해결원칙인 실제적 조화원칙(praktische Konkordanz)과 이를 구체화한 비례성 원칙(헌법 제37조 제2항)에 의해 환경권의 보호영역이 구체적으로 확정된 한에서만 환경권은 그 효력을 주장할 수 있다. 다시 말해, 헌법상 환경권은 실제적 조화원칙과 비례성 원칙을 통해 그 보호영역이 구체적으로 확정된 상태에서만 그것의 구체적인 권리성을 주장할 수 있고, 이런 한에서 헌법상 환경권은 민법상 법익의 한 근거가 될 수 있다.[22]

둘째 문제는 헌법과 민법의 관계를 어떻게 설정할 것인가의 문제라 할 수 있다. 이에 대해서는 이미 헌법학 안에서 '기본권의 대사인적 효력'이라는 문제로 논의되었고[23], 최근에는 이를 민법학의 관점에서 접근하려는

---

21) 이는 이른바 사회적 기본권의 법적 성격과 맞물려서 전개된다. 이에 대해서는 계희열, 『헌법학(중)』, 박영사, 2000, 617 · 703쪽 참고.

22) 이러한 점에서 헌법상 환경권을 - 독일의 알렉시(R. Alexy)가 제시한 - 원칙(Prinzip)규범의 일종으로 파악하는 것은 설득력이 있다고 생각한다. 이렇게 환경권을 원칙규범으로 이해하는 경우로는 계희열, 위의 책(주21), 706~708쪽; 알렉시의 원칙이론에 관해서는 R. Alexy, Theorie der Grundrechte, Frankfurt/M. 1986.

23) 많은 문헌을 대신하여 계희열, 앞의 책(주21), 76쪽 아래; 김선택, "사법질서에 있어서 기본권의 효력" 『고려법학』 제39호, 2002. 11, 153~179쪽 참고.

시도도 전개되고 있다.24) 그런데 이 문제는 상당히 큰 문제여서 여기서 그 전부를 논의할 수는 없다.25) 따라서 역시 결론만을 제시한다면, 다음과 같다. 아무리 헌법이 한 국가의 최고법이라 할지라도, 국가와 사회가 이념적으로 분리되고, 각 영역을 지배하는 법원칙도 각기 다르다는 점에서, 헌법은 사회의 기본원칙인 사적자치를 존중할 필요가 있다. 그러므로 기본권도 직접 사법에 적용되는 것이 아니라, 단지 개개 사법규정을 통해 원용될 뿐이라고 이해해야 한다. 이 때 헌법상 기본권은 객관적 가치질서로서 사법의 개별규정을 해석할 때 해석기준으로 작용한다.26) 이를 불법행위책임에 원용하면 다음과 같은 결론을 이끌어낼 수 있다. 즉 환경오염행위의 위법성을 판단할 때, 민법 제750조가 규정한 불법행위책임의 위법성에 대한 해석기준으로 헌법상 환경권이 동원될 수 있다는 것이다. 이렇게 보면, 헌법상 기본권인 환경권은 환경 그 자체를 민사법상 보호법익으로 인정하는 데 중요한 근거가 된다고 평가할 수 있다.

---

24) 양창수, "한국민법 50년의 성과와 21세기적 과제"『민법연구』제4권, 박영사, 1996, 39쪽 아래; 양창수, "헌법과 민법-민법의 관점에서-"『민법연구』제5권, 박영사, 1999, 1쪽; C.-W. Canaris, Grundrechte und Privatrecht, in: AcP 184 (1984), S. 201 ff.

25) 헌법과 형법의 관계에서 이 문제를 논하는 문헌으로 이상돈,『헌법재판과 형법정책』, 고려대학교출판부, 2004 참고.

26) 헌법상 기본권은 해석규칙 가운데 한 가지인 '목적론적 해석'을 통해 법규범을 해석할 때, 목적 개념을 구체화하는 한 기준이 될 수 있다고 생각한다. 이 점은 객관적 해석의 기준으로 흔히 제시되는 한 사회의 '지배적 에토스'에 상응한다고 볼 수 있다. 후자에 대해서는 기본적으로 R. Zippelius, Juristische Methodenlehre, 5. Aufl., München 1990, S. 18 ff; 또한 김형배, "법률의 해석과 흠결의 보충-민사법을 중심으로-"『민법학연구』, 박영사, 1989, 10쪽 아래.

2) 일반 불법행위책임을 통한 규제

이처럼 환경을 사법상 보호법익으로 인정한다고 할 때, 환경오염을 사법적으로 규제하는 방안으로는 우선 민법 제750조에 의한 불법행위책임을 통해 환경오염을 규제하는 것을 거론할 수 있다. 민법 제750조는 "고의 또는 과실로 인한 위법행위로 타인에게 손해를 가한 자는 그 손해를 배상할 책임이 있다"고 규정한다.27) 따라서 환경오염으로써 손해를 입은 피해자가 그 오염을 야기한 가해자에게 민법 제750조에 따른 손해배상을 청구할 수 있으려면, 환경오염에 따른 일련의 행위가 위법한 행위여야 하고, 이러한 행위로 피해자에게 손해를 야기해야 하며, 이 때 가해행위와 손해발생 사이에 인과관계가 존재해야 하고, 마지막으로 환경오염 야기자는 고의 또는 과실로써 환경오염을 유발한 것이어야 한다. 그러면 흔히 발생하는 환경오염 행위는 위 요건을 충족하는가? 보통 환경오염은 인간의 생명, 신체 그리고 재산 등에 위해를 가하는 것이므로, 손해발생의 요건은 충족한다. 다음 환경오염 행위가 위법한 가해행위가 되는지 문제인데, 일반적으로 환경오염 행위는 각종 환경관련 법규를 위반하는 것이므로28), 이를 위법한 가해행위라고 판단할 수 있다. 그런데 문제는 환경오염 행위가 인과관계 요건과 과실 요건을 충족할 수 있는가 하는 여부이다. 왜냐하면, 통상 환경오염 사고에서는 원인야기 행위와 그 결과발생 사

---

27) 법조문의 한자는 모두 한글로 바꾸었다. 이하 같다.

28) 예를 들어, 수질환경 보전법이나 대기환경 보전법이 요구하는 환경기준을 위반하면, 위법성이 인정된다고 할 수 있다. 그러나 판례 중에는, 비록 당해 법규가 요구하는 환경기준을 준수하였다 하더라도, 환경오염 행위가 주민들의 건강에 장애를 일으킨 경우이거나, 직접적인 생활방해를 한 때는, 수인한도의 범위를 넘은 것으로 보아, 과실과 위법성을 인정한 경우도 있다. 예를 들어, 대전지법 1995. 2. 8. 선고, 93가합3237 판결 참고 ; 이에 관한 소개로는 김형배, "위험책임체계와 특별법의 해석"『법학논집』제34집, 1998, 151쪽 참고.

이에 인과관계가 존재하는지를 파악하기 어려운 때가 많기 때문이다. 나아가 원인 야기자가 법규범이 요구하는 주의의무를 다한다 하더라도, 경우에 따라서는 환경오염 사고가 발생하기도 하기 때문이다. 따라서 이런 사안에 대해서까지 인과관계 요건과 과실 요건을 엄격하게 요구하고, 또 이에 대한 입증책임을 피해자에게 요구하면(규범설)[29], 피해자는 자신이 입은 손해를 적절하게 전보 받을 수 없게 된다. 물론 환경오염 행위 가운데는 행위자가 고의로 환경을 오염시킴으로써 발생하는 경우도 있을 수 있다. 예컨대, 어떤 사람이 핵폐기물을 고의로 주택가 근처에 버렸다면, 이 행위가 심각한 환경오염을 야기할 수 있음을 어느 정도 쉽게 증명할 수 있을 것이다. 그러나 오늘날 문제되고 있는 환경오염, 특히 거대한 환경오염 설비를 통해 발생하는 환경오염 같은 경우에는, 인과관계와 과실을 판단하기 쉽지 않다. 그 때문에 전통적인 불법행위책임은 환경오염 행위를 규제하는 데 일정한 한계를 가질 수밖에 없다.

3) 불법행위책임 성립요건의 완화

이와 같은 문제 때문에 특히 법원 실무를 중심으로 하여 불법행위책임 요건을 완화하거나, 심지어는 형해화 하면서까지 손해배상책임을 인정하려는 움직임이 나타난다. 말하자면, 불법행위의 성립요건을 완화하여 환경오염에 따른 손해배상의 범위를 확장하고자 하는 것이다.[30] 이러한 성

---

29) 입증책임의 기준으로서 규범설을 전개한 대표적인 문헌으로서, 레오 로젠베르크, 오석락 · 김형배 · 강봉수 역, 『입증책임론』, 박영사, 1996 참고; 한편 규범설은 그동안 민사소송법학에서 지배적인 입증책임 분배기준으로 인정되어 왔는데, 최근에 이르러서는 특히 '현대형 소송'과 관련하여 여러 가지 비판을 받고 있다. 그리고 이에 대한 대안으로서 '위험영역설'이나 '증거거리설' 등이 제시되고 있다. 이 가운데 증거거리설을 취하는 견해로서 김형배, 『채권총론』, 박영사, 1993, 185쪽 아래.

립요건 완화는, 피해자에게 요구되는 입증책임을 완화하거나 전환하는 방
식으로 이루어졌다. 이 가운데 입증책임 완화의 경우, 초기에는 인과관계
의 증명도를 완화하는 개연성 이론에 따라 이루어지다가[31], 나중에는 '일
응의 추정'과 '간접반증' 이론으로써 입증책임이 완화되어갔다.[32] 예를 들
어, 대법원 1974. 12. 10. 선고, 72다1774 판결은, "공해로 인한 불법행위
에 있어서의 인과관계에 관하여 가해행위와 손해행위와의 사이에 인과관
계가 존재하는 상당정도의 가능성이 있다는 점을 입증하면 되고 가해자
는 이에 대한 반증을 한 경우에만 인과관계를 부정할 수 있다"고 판시하
여 개연성 이론을 수용하고 있다. 이에 대해 대법원 1984. 6. 12. 선고, 81
다588 판결은, "가해기업이 배출한 어떤 유해한 원인물질이 피해물질에
도달하여 손해가 발생하였다면 가해자 측에서 그 무해함을 입증하지 못
하는 한 책임을 면할 수 없다"고 하여, 일응의 추정과 간접반증 이론을 받
아들이고 있다.

4) 문제점

하지만 이렇게 불법행위책임 성립요건을 완화하여 환경오염 문제를 해
결하려는 법원의 태도에는 문제가 없지 않다. 즉 불법행위책임 성립요건
을 완화하거나 형해화하여 환경오염 문제를 해결하고자 하면, 과책주의를
바탕으로 삼고 있는 불법행위책임 도그마틱이 제 기능을 담당하기 어렵

---

30) 이런 불법행위요건 완화에 대해서는 우선 김형배, 앞의 논문(주28), 147쪽 아래.
31) 그러나 개연성 이론이 증명도를 완화하는 것인지, 다시 말해 개연성 이론의 체계
    적 지위가 무엇인지에 관해서는 아직 불분명한 점이 있다. 독일에서는 이를 '증명
    범위의 축소'라고 부르기도 한다. 이에 관해서는 Damm, in: JZ (1989), S. 565 ff.
32) 하지만 판례는 여전히 이 개연성 이론을 원용한다. 예를 들어, 대법원 1991. 7.
    23. 선고, 89다카1275 판결; 서울민사지법, 1989. 1. 12. 선고, 88가합2897 판결
    등 참고.

게 된다. 원래 법도그마틱, 즉 실정법 해석론은 어떤 문제 사안에 대한 해결방법(해석방법)을 선별하고, 이 해결방법을 안정화하여 법적 안정성을 도모함으로써 일반예방적 효과를 거두려는 데 그 목표를 둔다.33) 가령 과실책임 원칙을 기본으로 삼는 불법행위책임 해석론은, 행위자가 할 수 있었던 것에 대해서만 손해배상 책임을 부과함으로써 인간의 행위 자유와 경제적 자유를 보장하려 한다. 그런데 위에서 보았듯이, 불법행위라는 이름 아래 계속해서 거의 무과실에 가까운 책임을 행위자에게 부과하면, 불법행위책임 해석론이 추구하려 했던 목표는 달성할 수 없게 된다. 동시에 법체계는 혼란을 겪게 된다.34) 그러므로 환경오염 사건을 전통적인 불법행위책임만으로 규율하고자 하는 시도는, 법해석론의 관점에서, 나아가 법정책의 관점에서 볼 때도 적절하지 않다. 결국 환경오염은 전통적인 불법행위책임뿐만 아니라, 다른 방식까지 동원해서 해결해야 할 필요가 있다. 다시 말해, 불법행위책임 체계뿐만 아니라, 이와는 구별되는 다른 책임체계를 동원해야 할 필요가 있다.

2. 환경민사책임(2): 위험책임에 의한 환경오염 규율

1) 새로운 책임체계의 필요성 및 그 방법론적 기초

지금까지 살펴보았듯이, 환경오염이라는 사안은 과책주의에 바탕을 둔 전통적인 불법행위책임만으로 규율하기에는 적합하지 않다. 그런데도 불

---

33) 법도그마틱의 기능을 이렇게 파악하는 경우로서 J. Esser, Vorverständnis und Methodenwahl in der Rechtsfindung, 1. Aufl., Frankfurt/M. 1970, S. 87 ff. 참고; 여기서 요제프 에써(J. Esser)는 법도그마틱을 자기 목적적인 것으로 파악하지 않는다. 또한 에써는 도그마틱은 선험적인 것이 아니라고 한다.

34) 이를 '조종의 트릴레마'의 측면에서 분석하는 경우로 이상돈, 『형법학』, 법문사, 1999, 106쪽 아래.

법행위책임만으로 환경오염 문제를 해결하고자 한다면, 불법행위책임 체계 자체가 지니고 있던 고유한 의미가 퇴색될 염려가 있다. 따라서 환경오염이라는 사안이 지닌 논점들(Topoi)을 적절하게 규율할 수 있는 책임체계를 개발할 수 있어야 한다.

그런데 이런 시도, 즉 환경오염 문제에 적합한 새로운 책임체계를 도출하려는 시도는, 전통적인 체계 중심적 사고를 통해서는 이루기 쉽지 않다. 바꿔 말해, 완결되고 흠결 없는 실정법 체계를 전제로 하여, 이로부터 선험적이며 자기완결적인 책임체계를 구축하고자 하는 개념법학적 사고를 통해서는 환경오염 문제를 해결하는 데 적합한 새로운 책임체계를 만들기 쉽지 않다.[35] 이러한 시도는 전통적인 체계 중심적 사고를 넘어서고자 하는 '문제변증론'(Topik)을 통해서 비로소 이룰 수 있다고 생각한다.[36]

독일의 민법학자인 테오도르 피벡(T. Viehweg)이 제시하고, 공법학자인 마르틴 크릴레(M. Kriele), 민법학자인 요제프 에써(J. Esser)가 발전시킨 문제변증론은, 논의의 출발점을 체계에 두지 않는다.[37] 오히려 문제변증론은 사안이 지니고 있는 논점들에서 논의를 시작한다. 체계가 지닌 논리 일관성에 중점을 두어 문제를 해결하려 하기보다는, 사안을 적절하게 합리적으로 해결하는 데 그 중점을 둔다. 그래서 만약 기존의 체계가 문제

---

35) 전통적인 개념법학적 사고에 관해서는 우선 K. Larenz, Methodenlehre der Rechtswisseinschaft, 6 Aufl., Berlin usw. 1991, S. 19 ff.; 아르투어 카우프만·빈프리트 하쎄머, 심헌섭 역,『현대법철학의 근본문제』, 박영사, 1991, 73쪽 아래; 양천수, "개념법학: 형성, 철학적·정치적 기초, 영향",『법철학연구』제10권 제1호, 2007. 5, 233~258쪽.

36) 'Topik'을 문제변증론으로 번역하는 경우로 계희열 편역,『헌법의 해석』, 고려대학교 출판부, 1992, 42쪽(주113) 참고.

37) 문제변증론에 관해서는 T. Viehweg, Topik und Jurisprudenz, 5. Aufl., 1974; M. Kriele, Theorie der Rechtsgewinnung, 2. Aufl., 1976; J. Esser, 앞의 책(주33), S. 151 ff; 이러한 문제변증론을 일목요연하게 소개하는 문헌으로 계희열, 위의 책(주36), 42~49쪽.

를 해결하는 데 적합하지 않은 것으로 판명이 난 때에는, 그 체계를 고수하려 하지 않고, 다른 새로운 체계를 도입하여 문제를 해결하고자 한다. 이를 위해 문제변증론은 당해 사안이 담고 있는 논점을 정리·분석하고, 이 논점들 사이의 관계를 정리한 후에 비로소 이러한 논점들을 해결하는 데 필요한 체계를 탐색하거나 새롭게 형성한다. 이처럼 문제변증론은 - 개념법학과는 달리 - 체계의 완결성 대신 문제해결의 적절성에 초점을 맞춤으로써, 변화하는 상황 및 새롭게 등장하는 문제에 더욱 개방적·탄력적으로 대처할 수 있다.38)

2) 위험책임 체계의 형성과 그 정당화

위에서 언급한 것처럼, 문제변증론은 자신이 갖고 있는 개방성 때문에, 경우에 따라서는 기존에 알지 못했던 새로운 책임체계를 형성하는 데 기여하기도 한다. 그 한 예로서 - 바로 요제프 에써가 그 기초를 마련한 - 위험책임 체계를 거론할 수 있다.39) 에써에 따르면, 불법행위책임 체계와는 달리 위험책임 체계는 책임귀속 요건으로 행위자의 고의나 과실을 요구하지 않는다. 이러한 점에서 볼 때, 위험책임은 일종의 무과실책임이라고 볼 수 있다. 그러나 그렇다고 해서 위험책임이 전통적인 불법행위책임에 포함되는 것으로서 과책주의의 한 예외를 이루는 것은 아니다. 위험책임은 불법행위책임과는 구별되는 별개의 독립된 책임귀속 체계다. 즉 불법행위책임이 과책(Verschulden)을 기본으로 하는 반면, 위험책임은 과책이

---

38) 한편 문제변증론적 사고는 개방된 체계 관념과 결합하여, 이른바 '유동적 체계'(Bewegliches System)이라는 개념을 낳았다. 이런 유동적 체계에 대한 최근 문헌으로는 Frank O. Fischer, Das Bewegliche System als Ausweg aus der dogmatischen Krise in der Rechtspraxis, in: AcP 197 (1997), S. 589 ff.

39) 요제프 에써가 전개한 위험책임론에 관해서는 김형배, "위험책임론"『민법학의 회고와 전망』, 1992, 781쪽 아래.

아닌 다른 기준, 즉 '위험원'을 지배하고 관리하는가 여부를 책임귀속의
기준으로 삼는다. 위험원을 지배·관리하는 자가 그 위험원으로부터 발생
하는 위험을 감수해야 한다는 것이 바로 위험책임의 책임귀속 기초이다.
그러면 이러한 위험책임이 어떻게 문제변증론과 연결될 수 있는 것일까?
다음과 같은 도식이 이 문제를 해명할 수 있다.

새로운 일탈행위 등장 → 전통적인 불법행위로 해결할 수 없음
→ 새로운 일탈행위의 논점 수집 및 분석
→ 새로운 일탈행위를 해결할 수 있는 책임체계 모색 → 위험책임 체계 형성

〈도식〉 문제변증론을 통한 위험책임 체계 형성

이 도식은 다음과 같이 설명할 수 있다. 위험책임이 규율하고자 하는
일탈행위는 새로운 현대형 일탈행위이다. 이러한 일탈행위는 과책주의에
기반을 둔 전통적인 불법행위책임으로는 제대로 규율하기 어렵다. 바로
여기서 문제변증론의 시각이 유용하게 작동한다. 만약 체계 중심적 사고
에 집착하면, 현대형 일탈행위에 대해서도 여전히 전통적인 불법행위책임
체계로 해결하고자 할 것이다. 그러나 문제변증론은 기존의 불법행위책임
체계를 고집하려 하지 않는다. 그 대신 어떻게 하면 현대형 일탈행위를
적절하게 해결할 수 있을지에 더욱 몰두한다. 이를 위해 문제변증론은 현
대형 일탈행위가 담고 있는 논점들을 수집·분석한다. 이를 통해 문제변
증론은 위험원의 지배·관리라는 요소를 현대형 일탈행위에서 추출하고,
이를 토대로 하여 위험책임 체계를 새롭게 근거 짓는 데 기여한 것이다.
바로 이러한 점에서 우리는 문제변증론이 위험책임과 어떻게 연결되는지
확인할 수 있다.

그럼 이렇게 문제변증론을 바탕으로 하여, 환경오염사고 등과 같은 현

대형 일탈행위에서 위험원의 지배·관리라는 논점을 추출하고, 이를 통해
위험책임 체계를 구성하려는 시도는 어떻게 정당화할 수 있을까? 이에 대
해 요제프 에써는 문제변증론을 통해 얻은 결과가 정당한 것으로 인정받
기 위해서는 세 요건을 충족해야 한다고 말한다.40) 첫째, 문제변증론에
입각한 문제해결 방식이 '합리성'을 띤 적절한 것이어야 한다. 둘째, 이러
한 문제해결 방식을 통해 도출한 결과가 사회적 합의를 얻을 수 있는 것
이어야 한다. 셋째, 이렇게 사회적 합의를 얻은 결과가 헌법이 보장하는
가치에 합치해야 한다. 이러한 요제프 에써의 주장을 현대형 환경오염 사
고를 규율하기 위한 위험책임 체계에 적용하면 다음과 같다. 우선 위험책
임 체계는 '위험원의 지배·관리'라는 책임귀속 근거를 지니고 있다는 점
에서 합리적이다. 나아가 현대적인 환경오염이 안고 있는 위험은 치명적
이고, 이러한 환경오염 방지에 대한 사회적 요구가 증대하고 있다는 점에
서 볼 때, 위험책임 체계를 동원해 이와 같은 환경오염을 규율하고자 하
는 것도 사회적 합의를 얻을 수 있다고 생각한다. 마지막으로 위험책임
체계는 헌법의 기본원리인 사회국가 원리에 합치한다고 볼 수 있다. 왜냐
하면, 사회국가 원리는 사회적 약자를 위해 국가가 개입할 것을 요청하는
데, 대규모 환경오염을 규율하기 위해 위험책임을 동원하는 것은41), 국가
가 피해자를 일종의 사회적 약자로 규정한 후, 이들이 떠안아야 하는 위
험을 위험책임을 통해 재분배하고자 하는 것이라고 볼 수 있기 때문이다.
결론적으로 대규모 환경오염 사고를 전통적인 불법행위책임 체계가 아닌
위험책임 체계로 규율하려는 시도는 정당하다고 말할 수 있다.

---

40) 이런 정당성 통제에 대해서는, J. Esser, 앞의 책(주33), S. 139 ff.
41) 사회국가 원리에 관해서는 계희열, 『헌법학(상)』, 박영사, 1995, 324쪽 아래.

3) 중간결론

지금까지 전개한 논의를 다음과 같이 요약할 수 있다. 거대한 위험을 안고 있는 현대형 환경오염은 과책주의에 바탕을 둔 전통적인 불법행위책임만으로는 제대로 규율하기 어려운 문제를 갖고 있다. 인과관계를 확정하기 어렵다는 점, 주의의무 위반 여부를 판단하기 쉽지 않다는 점, 손해 야기자와 피해자가 강자와 약자의 구도를 띠기 쉽다는 점이 그것이다. 그런데도 이러한 환경오염을 규율하기 위해 계속해서 불법행위책임을 동원하면, 불법행위책임 체계가 파괴될 수도 있다. 이러한 이유에서 현대형 환경오염은 새로운 책임체계를 통해 규율할 필요가 있다. 여기서 위험책임 체계를 새로운 책임체계로 제시할 수 있다. 왜냐하면, 현대형 환경오염의 경우에서 우리는 위험원의 지배·관리라는 논점을 읽을 수 있기 때문이다. 즉 환경오염 자체를 '위험', 환경오염을 일으키는 설비를 '위험원'이라고 이해할 수 있고, 이러한 설비를 가동하여 일정한 수익을 얻는 것을 '위험원의 지배·관리'로 이해할 수 있다. 이는 위험책임을 적용하기 위한 요건에 해당하므로, 환경오염에 위험책임을 적용할 수 있다고 생각한다. 따라서 환경오염 피해자는 환경오염 원인제공자를 상대로, 위험책임을 근거로 하여, 손해배상 책임을 청구할 수 있다. 그런데 여기서 한 가지 주의해야 할 점이 있다. 환경오염 사고를 위험책임으로 규제하겠다고 해서, 환경책임 전체를 위험책임으로 파악할 수는 없다는 것이다. 왜냐하면, 환경오염 사건 중에는 위험책임으로 규율해야 하는 것도 있지만, 이외에도 여전히 일반 불법행위책임으로 규율할 수 있는 것도 존재하기 때문이다.[42] 이 점은 다음(Ⅳ)에서 상세하게 검토한다.

---

42) 이 점을 지적하는, 김형배, 앞의 논문(주28), 159~160쪽.

3. 환경위험책임의 한 예로서 원자력책임

위에서 우리는 거대한 위험을 안고 있는 현대형 환경오염행위에 대해서는 위험책임으로 규율하는 것이 합리적임을 살펴보았다. 그렇다면 구체적으로 어떤 경우에 환경위험책임을 인정할 수 있는가? 여러 예를 생각할 수 있지만, 아래에서는 환경위험책임의 대표적인 경우로서 원자력책임을 소개하고자 한다. 원자력책임에 관해서는 '원자력 손해배상법'이 상세하게 규정하고 있으므로, 이 법규정을 중심으로 하여 원자력책임을 검토하도록 한다.

1) 원자력 손해배상책임이란 원자력 사고로 손해가 발생한 경우 원인야기자가 부담해야 하는 배상책임을 말한다. 원자력 가동 중 사고가 발생하여 방사능 등이 외부에 노출되면, 대기와 토양, 수질 등을 오염시킬 뿐만 아니라, 인간의 생명, 더 나아가 생태계 전체를 근본적으로 위협할 수 있다. 이 때문에 원자력 손해배상책임은 환경책임의 한 유형에 해당하지만, 환경관련 법규와는 별개로 독자적인 법규범을 마련하여 이를 규율하도록 하고 있다. 원자력 손해배상법이 원자력 손해배상책임을 규율하는 대표적인 법규범이라 할 수 있다.

그러면 원자력 손해배상책임은 어떤 성질을 갖는가? 이에 관해서는 두 가지 논점을 생각할 수 있다. 첫째 원자력 손해배상책임이 위험책임인지 여부, 둘째 원자력 손해배상책임은 행위책임인지, 아니면 시설책임인지 여부가 그것이다. 첫째 논점에 대해서는, 원자력 손해배상법이 제3조에서 무과실책임을 규정하고 있다는 점에서, 이를 위험책임으로 볼 수 있다. 문제는 이 책임이 행위책임인가 아니면 시설책임인가 하는 것이다. 이 문제는, 민법상 책임능력 규정(민법 제753조 이하)을 원자력 손해배상책임에 준용할 수 있는지와 관련을 맺기 때문에, 논의할 실익이 있다.43) 즉 만약 원자력 손해배상책임이 행위책임이면, 민법상 책임능력 규정을 이에 적용할 수 있지만, 그렇지 않고 시설책임이면, 이를 적용할 필요가 없다. 이에 관해서는 원자력 손해배상법 제3조 제1항의 문언(Wortlaut)이 "원자로의 운전 등으로 인하여 원자력손해가 생긴 때에는"이라고 규정하고 있다는 점에서, 이를 시설책임으로 이해하는 것이 타당하다고 생각한다. 이는 민법 제750조가 "고의 또는 과실로 인한 위법행위로 타인에게 손해를 가한 자는"이라고 정한 것과 비교해 볼 때 더욱 분명해진다. 전자의 경우에는 "원자력손해가 생긴 때"라는 문언을 통해 원자력사고가 인간의 행위와는 무관한 것임을 시사하는 반면, 후자의 경우에는 "손해를 가한"이라고 하여 불법행위가 인간의 행위와 관련을 맺고 있음을 보여주기 때문이다. 그러므로 원자력 손해배상책임은 시설책임의 성격을 갖는 환경위험책임의 한 예가 된다고 말할 수 있다.

2) 이러한 성격은 원자력 손해배상책임에 대한 국제법의 태도를 보아도 확인된다.44) 가령 원자력 손해배상책임을 규율하는 국제협약으로 1960년의 파리협약과 1963년의 비엔나협약을 꼽을 수 있는데45), 이들 국제협약은 기본적으로 다음과 같은 내용을 담고 있다.46) 우선 이들 법규범은 무

---

43) 김형배, 앞의 논문(주39), 785쪽.

44) 이에 관한 기본문헌으로 함철훈, 『원자력손해배상제도에 관한 연구』, 충남대 법학박사학위 논문, 1995, 24쪽 아래; 또한 국제법의 관점에서 이에 접근한 문헌으로, 박기갑, "국경을 넘는 원자력사고 배상책임에 관한 국제조약(파리협약과 비엔나협약을 중심으로)"『한림법학 FORUM』제3권(1993), 49쪽 아래; 박기갑, "환경보호에 관한 국제손해배상제도의 비교분석-국제원자력손해배상제도를 중심으로-"『국제법평론』제7호, 1996, 27쪽 아래.

45) 이 협약들에 대한 간략한 정리는, 박기갑, "환경보호에 관한 국제손해배상제도의 비교분석-국제원자력손해배상제도를 중심으로-"『국제법평론』제7호, 1996, 30쪽 아래.

과실책임, 즉 위험책임 체계를 도입하고 있다. 나아가 이들 협약은 '책임 집중원칙'을 채택하고 있다. 여기서 책임집중원칙이란 원자력 사업자가 일차적으로 모든 배상책임을 진다는 것을 말한다. 또한 이들 협약은 유한 책임과 혼합책임을 도입하고 있다. 여기서 혼합책임이란 원자력 손해는 일차적으로 원자력 사업자가 부담하지만, 원자력 사업자가 부담할 수 없는 손해는 국가가 보충적으로 보상해야 한다는 것을 뜻한다. 이러한 내용은 우리 원자력 손해배상법 역시 대부분은 수용하고 있다.

3) 그러면 우리 원자력 손해배상책임은 어떤 내용을 갖고 있는가?[47] 원자력 손해배상법의 규율내용을 토대로 하여 이를 살펴보도록 한다.

(1) 먼저 원자력손해 개념부터 살펴본다. 원자력손해 개념에 대해 원자력 손해배상법은 제2조 제2항에서 다음과 같이 정의한다.[48] 즉 원자력 손해란 핵연료물질이 원자력분열과정이라는 작용을 거치면서 생긴 손해, 또는 핵연료물질이나 그에 의하여 오염된 것의 방사능작용 또는 독성적 작용에 의해 생긴 손해를 말한다. 다만 법은 단서에서 "당해 원자력 사업자가 받은 손해 및 당해 원자력 사업자의 종업원이 업무상 받은 손해"는 원자력손해에서 제외한다.

(2) 다음 책임귀속 주체에 대해 알아본다. 환경정책기본법이 사업자를 환경책임의 귀속주체로 보는 것과 마찬가지로, 원자력 손해배상법은 원자력 사업자를 책임귀속 주체로 규정한다(제3조 제1항). 다만 이 법은 제2조 제3항 제1호에서 다음과 같이 사업자를 구체화하고 있다. 즉 원자로 및

---

46) 박기갑, 위의 논문(주45), 32쪽.
47) 이에 대한 기본적인 내용은, 함철훈, 앞의 논문(주44), 71쪽 아래.
48) 이하 원자력 손해배상법 조문은 법명을 표기하지 않고 인용한다.

관계시설의 건설 또는 운영허가를 받은 자, 대한민국의 항구에 입항 또는 출항의 신고를 한 외국 원자력선 운항장, 가공사업의 허가를 받은 자, 사용후핵연료 처리의 지정을 받은 자, 핵연료물질의 사용허가를 받은 자, 폐기시설 등의 건설・운영허가를 받은 자, 원자력법에 의한 원자력 연구개발기관・원자력안전전문기관・원자력 관련 용역 및 제품생산기관은 사업자 개념에 포함된다.

(3) 나아가 손해배상의 기본원칙에 대해 살펴본다. 앞에서 언급하였듯이, 원자력 손해배상 책임은 과책을 요구하지 않는다. 원자력 손해배상책임은 위험책임이자 시설책임이다. 따라서 손해배상 청구권도 과책을 요건으로 하지 않는다(제3조 제1항).

한편 원자력 손해배상법에 따르면, 책임집중원칙에 따라 원칙적으로 원자력 사업자만이 손해배상책임을 진다(제3조 제3항). 다만 원자력 손해가 원자력 사업자간의 핵연료물질 또는 그에 의하여 오염된 것을 운반함으로써 발생한 경우에는, 당해 원자력물질 발송인인 원자력 사업자가 그 손해를 배상해야 한다(제3조 제2항). 이외에 혼합책임원칙에 따라, 원자력 사업자 이외에 정부가 원자력손해보상 계약에 의거하여 손실을 보상할 수 있다(제9조).

손해배상 범위는 어떻게 설정하는가? 이에 관해 2001년 1월 16일 원자력 손해배상법을 일부 개정하기 이전에는 원자력 손해배상법에서 손해배상 범위를 구체적으로 확정하고 있지 않았다. 더욱 구체적으로 말하면, 국제협약에서 통용되는 책임제한을 규정하고 있지 않았다. 이 때문에 손해배상 범위를 상당인과관계에 따라 정해야 한다는 견해가 제시되기도 하였다.[49] 그러나 원자력 손해는 상상할 수 없을 정도로 광범위할 수 있으

---

49) 함철훈, 앞의 논문(주44), 80쪽 참고.

므로, 현실적으로 이를 완전하게 배상하는 것은 불가능하다. 따라서 일찍부터, 국제협약이 인정하고 있듯이, 그 범위를 일정한 한도로 제한하는 것이, 즉 유한책임 원칙을 수용하는 것이 적절하다는 견해가 제기되었다.[50] 이를 반영하여 현행 원자력 손해배상법은 지난 2001년 1월 16일의 일부 개정을 통해 제3조의 2에서 배상책임한도를 두고 있다. 즉 법 제3조의 2 제1항은 "원자력사업자는 1원자력사고마다 3억 계산단위의 한도 안에서 원자력손해에 대한 배상책임을 진다. 다만, 원자력손해가 원자력사업자 자신의 고의 또는 그 손해가 발생할 염려가 있음을 인식하면서 무모하게 한 작위 또는 부작위로 인하여 발생한 경우에는 그러하지 아니하다"고 규정함으로써, 손해배상 범위를 제한하고 있다.

(4) 위에서 언급한 것처럼, 원자력 손해배상책임은 위험책임이자 시설 책임의 성격을 띤다. 그런데 흥미롭게도 원자력 손해배상법은 한편으로는 원자력 손해배상책임이 무과실의 위험책임임을 긍정하면서도, 다른 한편 으로는 일정한 경우 그 책임을 면제한다. 즉 법 제3조 제1항 단서는 원자 력 손해가 "국가간의 무력충돌, 적대행위, 내란 또는 반란으로 인한 경우 에는" 손해배상책임을 면제한다. 이러한 경우에는 위험책임인 원자력 손 해배상책임도 성립하지 않는다는 것이다. 이러한 면책규정은 위험책임 역 시 일정한 경우 면책될 수 있음을 보여준다는 점에서 눈여겨 볼만하다.

IV. 환경민사책임의 법적 성격 및 근거

위 Ⅲ에서 우리는 현대형 환경오염, 가령 원자력 사고와 같은 경우로

---

50) 이 점은 함철훈, 앞의 논문(주44), 85쪽 아래도 마찬가지다.

손해가 발생한 경우에는, 이를 위험책임으로 규율하는 것이 바람직하다고 논증하였다. 그러나 그렇다고 해서 환경책임을 위험책임 체계로만 구성하는 것은 타당하지 않다고 말하였다.[51] 사실이 그렇다면, 환경민사책임의 성격을 어떻게 규정해야 하는가? 환경민사책임 체계는 어떻게 구성하는 것이 타당할까? 환경민사책임 역시 일종의 전문법의 책임으로서 복합적인 책임체계를 갖고 있는 것일까? 아래에서는 이러한 문제를 다루도록 한다.

1. 환경민사책임의 관할영역 및 성질

1) 우선 논의의 출발점으로서 환경민사책임이 관할하는 영역부터 살펴볼 필요가 있다. 필자는 환경민사책임의 관할영역을 다음과 같은 세 영역으로 구획할 수 있다고 생각한다. '일상적인 환경민사책임 영역', '과학·기술에 의해 관리되는 환경민사책임 영역' 그리고 현대형 환경오염을 대상으로 하는 '환경위험책임 영역'이 그것이다. 이는 손해배상법이 적용되는 법정책임 영역을 세 영역으로 구획한 사고를 환경민사책임의 관할영역에 응용한 것이다.[52]

먼저 일상적인 환경민사책임 영역이란 고의·과실이나 인과관계를 비교적 분명하게 확정할 수 있는 환경오염행위, 즉 일상생활에서 흔히 접할 수 있는 환경오염행위를 규율대상으로 하는 영역을 말한다. 예를 들어, 고

---

51) 위 Ⅲ.2.(3) 참고.
52) 이런 사고를 국내에서 최초로 전개한 김형배, "과실개념과 불법행위책임체계" 『민법학연구』, 박영사, 1986, 290쪽 아래; 이와 유사한 오스트리아의 논의를 정리한 문헌으로 H. Koziol, Objektivierung des Fahrläßigkeitsmaßstabes in: AcP, 1997 참고; 한편 맥락은 다소 다르지만, 이와 유사하게 형법학의 관할영역을 유형화하는 이상돈, 앞의 책(주34), 307쪽 아래 참고.

의로 음용수에 독극물을 혼입하여 타인의 생명이나 신체에 손해를 끼친 경우나, 고의로 핵폐기물을 주택가 인근에 버린 경우를 상정할 수 있다. 이런 환경오염행위에 대해서는 전통적인 일반 불법행위책임을 적용할 수 있다.

다음 과학·기술에 의해 관리되는 환경민사책임 영역이란 일반 불법행위책임을 적용하기에는 애매하고, 그렇다고 환경위험책임을 원용하기에도 적절하지 않은 중간적인 영역을 말한다.53) 이 영역은 과학·기술에 의해 환경오염원이 관리된다는 면에서는 위험책임 영역에 근접하지만, 이러한 환경오염원에서 발생하는 위험은 많은 경우 치명적인 거대한 위험은 아니라는 점에서, 환경위험책임이 직접 적용될 수 있는 위험책임 영역으로 파악하기에는 적합하지 않다. 이러한 영역의 예로서 자동차 매연을 통해 대기환경이 오염되는 경우나, 중소공장 시설을 통해 수질환경 등이 오염되는 경우를 생각할 수 있다.54) 이 영역에 대해서는 원칙적으로 일반 불법행위책임을 적용해야 하고, 다만 예외적으로 인과관계 추정이나 입증책임 완화·전환 등을 통해 불법행위책임 요건을 완화하여, 환경오염 야기자에게 손해발생에 대한 책임을 귀속시킬 수 있다고 생각한다.55)

마지막으로 환경위험책임 영역은 환경오염이 치명적인 거대한 위험의

---

53) 이 용어는, 이상돈 교수가 형법상 책임귀속 영역 가운데 한 가지로 인정하고 있는, "과학·기술에 의해 관리되는 일상영역"을 응용한 것이다. 이상돈 교수가 유형화하고 있는 책임귀속 영역에 관해서는, 이상돈, 앞의 책(주34), 307쪽 아래.

54) 그렇지만 경우에 따라서는 중소공장 시설도 치명적인 위험을 창출할 수 있다. 예를 들어, 낙동강에 인접한 중소공장이 낙동강에 유독물질을 방류하여, 낙동강 전체가 오염되는 경우를 생각할 수 있다.

55) 그러나 이 때 주의해야 할 점은, 불법행위책임 요건을 완화한다 하더라도, 오염 야기자에게 실질적으로 무과실의 위험책임을 부과하는 것은 피해야 한다는 점이다. 왜냐하면, 만약 중소공장 시설 등에 실질적인 위험책임을 부과하면, 이 경우에는 위험책임에 적용되는 책임보험이나 책임제한 등이 인정되지 않아, 가해자에게 더욱 가혹할 수 있기 때문이다.

성격을 갖는 경우를 대상으로 한다. 앞에서 살펴본 원자력 사고 등이 대표적으로 이 영역에 속한다고 할 수 있다. 이 영역에 대해서는 전형적인 위험책임을 적용해야 한다.

2) 이렇게 환경민사책임은 크게 세 영역을 관할한다. 위에서 시사한 것처럼, 위 세 영역에 따라 환경민사책임의 성격도 달라진다. 우선 일상적인 환경민사책임 영역에 대해서는 전통적인 불법행위책임이 적용된다. 전통적인 불법행위책임은 '과책'이라는 주관적인 기준을 책임귀속기준으로 삼는 주관적인 책임이다. 따라서 일상적인 환경민사책임 영역에서는 주관적인 불법행위책임 체계가 적용되고, 이 영역을 관할하는 환경민사책임은 주관적인 불법행위책임의 성격을 띤다. 나아가 과학·기술에 의해 관리되는 환경민사책임 영역에서는 객관화된 불법행위책임이 적용된다. 따라서 이 영역을 관할하는 환경민사책임은 객관적인 불법행위책임 체계로 구성된다. 마지막으로 환경위험책임을 관할하는 환경민사책임은 위험책임의 성격을 띤다. 이처럼 환경민사책임은 각기 성격을 달리하는 다양한 책임 체계가 경합해서 존재하는 복합적인 전문법 책임이라 할 수 있다.

한편 이러한 결론에서 우리는 환경책임에 대해 흥미로운 테제를 도출할 수 있다. 앞 Ⅱ.3에서 살펴본 것처럼, 환경책임은 전문법 책임이라는 성격을 띤다. 이는 환경법이 전문법이라는 점을 전제로 한 것이다. 그런데 전문법 구상을 최초로 제시한 이상돈 교수에 따르면, 전문법이 관할하는 영역은 '과학·기술에 의해 관리되는 영역'과 '체계영역'이다. '일상영역'은 전문법이 관할하는 영역에서 제외된다.56) 이러한 이상돈 교수의 주장을 환경책임에도 그대로 관철하면, 환경책임의 관할영역에서 일상영역은 배제되어야 한다. 그러나 위에서 언급한 것처럼, 환경책임의 한 부분을 이

---

56) 이상돈, 앞의 책(주5), 217쪽.

루는 환경민사책임은 일상영역, 즉 일상적인 환경민사책임 영역을 관할영
역에 포함한다. 그렇다면 전문법이 관할하는 영역에서 일상영역은 제외된
다는 이상돈 교수의 주장은 어느 정도 수정할 필요가 있지 않을까?[57] 환
경민사책임이 시사하는 것처럼, 전문법은 경우에 따라 일상영역도 포함한
다고 보아야 하지 않을까 생각한다.

2. 환경민사책임의 법적 근거

그러면 이렇게 주관적·객관적 불법행위책임과 위험책임을 모두 포괄
하는 환경민사책임의 법적 근거를 어디에서 찾을 수 있는가? 일단 민법
제750조를 근거규범으로 삼을 수 있다. 왜냐하면, 환경민사책임은 불법행
위책임 체계를 포함하기 때문이다. 문제는 환경위험책임의 법적 근거를
어디서 찾을 것인가 하는 점이다. 환경위험책임을 긍정하는 것은 단지 입
법론에 불과한 것인지, 아니면 현행 법체계의 해석론으로도 인정할 수 있
는지 문제가 된다. 그런데 우리 환경정책기본법은 제31조에서 환경오염의
피해에 대한 무과실책임이라는 표제 아래 제1항에서 "사업장 등에서 발
생되는 환경오염으로 인하여 피해가 발생한 때에는 당해 사업자는 그 피
해를 배상하여야 한다"고 규정한다. 이는 환경정책기본법의 입법자가 환
경오염피해에 대해 무과실책임을 인정하려 한 취지라고 해석할 수 있다.
그리고 이 규정은 환경위험책임의 근거규정으로 볼 여지도 없지 않다. 그
러나 이렇게 환경정책기본법 제31조가 환경위험책임의 근거규정이 될 수
있는가에 대해서는 견해가 대립한다. 우선 환경정책기본법 제31조는 환경
위험책임의 근거규정이 될 수 없다고 해석하는 견해가 있다.[58] 왜냐하면,

---

57) 물론 이상돈 교수 자신도 한편으로 전문법은 "과학기술적 일상영역과 기능적 행
위영역을 규율하는 법"이라고 하면서도, 궁극적으로는 "일상영역"까지도 "전문법
의 관할 안으로 들어오게" 된다고 한다. 이상돈, 앞의 책(주5), 217~218쪽.

환경정책기본법은 국가의 환경정책을 표방하는 선언적 규정이어서, 이를
보충할 수 있는 별개의 私法的 規定이 없는 한, 이를 청구권 규범으로 원
용할 수 없기 때문이라고 한다. 한편 이 견해와는 달리, 환경정책기본법
제31조는 환경위험책임의 근거규정이 될 수 있다고 해석하는 견해도 제
시되고 있다.[59]

　그럼 이 양자의 견해를 검토한다. 우선 환경정책기본법이 행정법적 성
격을 띠는 공법적 규정이라고 해서, 같은 법 제31조를 단지 선언적 규정
이라고 이해할 수는 없다고 생각한다. 이는 환경정책기본법과 같이 사회
국가적 법체계의 성격을 띠는 노동관계 법령을 보더라도 알 수 있다. 예
를 들어, 근로기준법은 한편으로는 민법상 고용계약 부분에 대한 특별법
의 성격을 띠면서도[60], 다른 한편으로는 민사법적인 근로관계에 국가가
개입하는 것을 정당화하는 사회법의 성격도 띤다. 그런데 근로기준법은
그 안에 다양한 청구권 규범을 마련하고 있고,[61] 이는 단순히 선언적인
규정이 아니라, 실체법적인 규정으로 원용되고 있다. 이런 측면을 보면,
환경정책기본법이 단순히 공법적인 규정이라고 해서, 같은 법 제31조의
청구권 규범성을 곧바로 부정하는 것은 타당하지 않다고 생각한다. 그러
므로 환경정책기본법 제31조가 청구권 규범인지 여부는, 당해 법의 성질
에서 도출할 것이 아니라, 당해 법규범의 목적에서 찾아야 한다. 이와 관

---

58) 이은영, 『채권각론』, 박영사, 1992, 714쪽.
59) 가령 김형배, 앞의 논문(주28), 154쪽; 안법영, "환경오염사고의 위험책임-일반조
　항적 위험책임구성을 위한 법정책적 소고-" 박기갑 외 『환경오염의 법적 구제와
　개선책』, 소화, 1996, 303~304쪽.
60) 물론 노동법상 근로계약이 민법상 고용계약에 대해 어떤 관계를 갖는가에 대해서
　는 견해가 대립하고 있다. 그러나 노동법을 민법의 특별법으로 이해하고, 이에 따
　라 근로계약의 체계적 지위를 파악하는 것이 타당하다고 생각한다. 상세한 논거
　는 김형배, 『민법학강의』, 신조사, 2000, 1059쪽 참고.
61) 예를 들어, 근로기준법 제81조 아래가 규정하고 있는 각종 재해보상 규정 참고.

런하여 환경정책기본법은 제1조 목적규정에서 "이 법은 환경보전에 관한 국민의 권리·의무와 국가의 책무를 명확히 하고 (…)"라고 규정한다. 이 때 환경보전에 관한 국민의 권리와 의무 가운데는 손해배상 의무도 포함된다고 해석할 수 있다. 그러므로 환경정책기본법 제1조 목적규정에서 환경오염에 대한 원인야기자의 손해배상의무를 이끌어 낼 수 있고, 이로써 같은 법 제31조는 단순한 선언적 규정이 아니라, 환경위험책임의 청구권 규범이 될 수 있다고 해석할 수 있다. 결론적으로 말해, 제31조는 환경위험책임의 근거규정이 된다.

V. 결론요약

지금까지 전개한 논의를 다음과 같이 요약할 수 있다.

- 환경법은 공법, 사법, 형사법뿐만 아니라, 환경윤리·법경제학까지 아우르는 일종의 통합과학적 전문법으로 파악해야 한다.
- 환경책임도 공법상 책임, 민사책임, 형사책임뿐만 아니라, 도덕적인 책임까지 아우르는 종합적인 전문법의 책임으로 이해하는 것이 타당하다.
- 환경책임의 한 부분을 이루는 환경민사책임은 종래 불법행위책임을 통해 실현되었다. 그러나 현대형 환경오염이 증가하면서, 환경민사책임은 새롭게 위험책임을 환경민사책임의 한 부분으로 끌어들였다.
- 환경위험책임의 가장 대표적인 예로는, 원자력 손해배상법이 규정하는 원자력책임을 들 수 있다.
- 이러한 환경민사책임은 '일상적인 환경민사책임 영역', '과학·기술

에 의해 관리되는 환경민사책임 영역' 그리고 '환경위험책임 영역'
을 관할영역으로 한다.

- 이에 따라 환경민사책임은 주관적 불법행위책임, 객관적 불법행위
  책임 및 위험책임으로 구성되는 통합적인 책임이다.
- 환경민사책임 중에서 불법행위책임의 법적 근거는 민법 제750조가
  되고, 위험책임의 법적 근거는 환경정책기본법 제31조가 된다.

제4장

환경이익 보호에 있어 사법의 과제*

배 성 호**

Ⅰ. 서 론

환경문제는 당초, 대기오염과 수질오염에 의한 건강침해 혹은 소음·진동에 의한 생활방해 등의 문제로 顯在化되었다. 그 후 환경문제는 다양화되고, 근자에 들어서는 자연환경의 보전과 경관·조망의 보호라는 문제가 중요한 과제로 부상하게 되었다.

이와 같이 다양화된 환경문제 가운데 양호한 자연환경의 보전과 아름다운 경관·조망의 보호는 당해 지역주민에게 커다란 관심사이고 주민의 생활이익 등에 밀접한 관계가 있지만, 그와 동시에 여기에서 문제가 되는 환경이익은 주민의 개인적 이익에 환원할 수 없는 성격도 갖고 있다는 것이 특징이다. 즉 그것은 특정 개인에게 귀속되는 것이 아니라 당해지역 주민전체 혹은 사회전체에 귀속된다는 의미에서 공공적 성격도 갖고 있다. 가령 지역의 자연환경이 개발에 의하여 파괴된 경우 혹은 지역의 경

---

* 이 글은 『법학논총』(조선대) 제17집 제2호(2010. 8), 131~156쪽에 수록된 논문을 수정·보완한 것이다.

** 영남대학교 법학전문대학원 교수, 법학박사

관을 害하는 건물의 건축이 이루어지는 경우 공공적 성격을 갖는 이러한 환경이익의 보호를 누가 어떻게 주장할 수 있느냐가 문제된다. 또한 그 전에 사법상 이러한 이익이 보호될 수 있는 것인가도 근본적으로 문제된다.

이러한 이익의 보전을 위하여 현재까지는 주로 국가와 지방자치단체 등의 공적 주체가 공법적 수단을 통하여 파괴행위를 저지하거나 파괴된 환경을 회복하는 등의 다양한 대책을 강구하여 왔다. 그 예로 우리나라의 경우 「환경정책기본법」에 의한 환경오염에 대한 공법적 규제를 들 수도 있다.

그러나 행정적 대응이 충분하지 않은 경우 지역주민의 생활과 밀접히 관련되면서 동시에 개개 주민의 이익으로 환원할 수 없는 공공적 성격을 가진 경관 등과 같은 환경적 이익의 보호를 私人인 주민이 구하는 것은 불가능한 것인지 의문이다. 자연환경과 경관·조망의 문제는 당해 지역주민의 삶의 질·환경과도 밀접한 관련을 가진다. 그런 의미에서 당해 지역주민이 어떠한 주장을 법적으로 할 수 있어야 하는 것은 아닌가라고 생각하여 본다. 따라서 주민 스스로의 권리와 이익을 주장하는 수단으로서 私法, 즉 민법이 일정한 역할을 할 여지는 없는 것인지가 문제된다.

본고는 이상과 같은 문제인식에서 지역주민의 생활과 밀접히 관련되면서 동시에 개개 주민의 이익으로 환원할 수 없는 공공적 성격을 가진 경관 등과 같은 환경적 이익이 침해된 경우 민법의 역할에 대하여 탐구하고자 한다.

구체적으로는 먼저 Ⅱ에서 이러한 문제의 전제로서 민사법질서와 공공성의 관계는 어떻게 이해되어야 하고 인식하여야 하는가를 검토한다. 그리고 Ⅲ에서 공공적 성격을 가진 환경이익의 보호와 민법의 역할을 주로 경관이익의 보호에 관한 논의를 소재로 하여 검토하고자 한다. 이하의 논의에서는 상기 문제인식과 관련하여 활발한 논의가 이루어지고 있는 일본에서의 논의도 필요한 범주 내에서 살펴본다.

II. 민사법 질서와 공공성의 관계

1. 서

종래에는 공사법 이분론을 전제로[1] 공공성은 민법과 이질적인 것이고, 민법을 외부에서 제약하는 것으로 보았다. 민법에서 공공성이 문제되는 경우는 가령 공항·도로 및 철도 등의 공공시설이 공해피해를 발생시키고, 그 피해자가 유지를 구한 경우를 들 수 있다. 이와 같은 사건에서 판례는 공공성을 이유로 유지청구를 인정하지 않는 경향의 이익형량을 행하고 있다. 이에 대하여는 유지인정에 있어서 공공성을 어느 정도 고려할

---

1) 법을 사법과 공법으로 나눌 때 사인의 사법적 생활관계를 규율하는 민법과 상법은 사법이고, 공법관계를 규율하는 헌법·행정법·형법·민사소송법·형사소송법·국제법 등은 공법에 속한다. ① 공·사법의 구별기준에 관하여 법이 보호하는 이익을 기준으로 하는 이익설, 법률관계의 성질을 기준으로 하는 성질설, 법률관계의 주체에 착안한 주체설 및 생활관계설 등이 주장되어 왔다. 오늘날 유력한 견해는 주체설인데, 이에 의하면 국가나 지방자치단체가 사인과 같은 자격으로 사인과 맺는 법률관계는 공권력의 행사와 무관하므로 사법에 의하여 규율된다. ② 공·사법을 구별하는 이유는 그 지도원리와 소송형태의 차이에서 찾아야 할 것이다. 첫째, 사적자치가 지배하는 사법의 영역에서 원칙적으로 개인의 의사에 기한 법률관계의 자유로운 형성이 허용되며, 법의 흠결이 있는 경우에 당사자의 의사에 의한 보충이 허용된다. 반면 법치주의가 지배하는 공법의 영역에서는 법이 허용하는 범위에서만 우월적·특수적 지위가 인정되어 공권력의 행사가 허용되며, 법이 흠결된 경우에 원칙적으로 공권력의 행사가 허용되지 않는다. 둘째, 사법의 소송형태는 민사소송이고, 공법의 소송형태는 헌법소송·행정소송·형사소송 등이 있어 권리구제절차가 서로 상이하다(이상욱·배성호,『민법강의 I (제3판)』, 형설출판사, 2008, 3~4쪽 참조).

수 밖에 없지만, 가해행위의 공공성이 강한 경우에도 그것만으로 유지를 인정하지 않는 것은 지나치며, 피침해이익이 생명·신체·건강이라고 하는 더할 수 없이 소중한 인격적 이익인 경우에는 공공성이라 하여 유지를 부정하고 그것들의 침해를 사실상 허용하는 태도는 문제가 있다 할 것이다. 여기에서 공공성이 먼저 문제되는데, 이하에서는 민사법 질서와 공공성의 관계에 관하여 면밀히 살펴볼 필요가 있다.

공공복리, 즉 공공성과 관련하여 우리나라의 전통적 견해2)는 공공복리를 최고원리로 보고 있는데, 구체적으로 다음과 같다. 즉 민법은 개인주의·자유주의에 바탕을 둔 근대민법의 기본원리가 자본주의의 폐해가 나타남에 따라 수정된 것을 그 바탕으로 하고 있다. 근대민법은 사유재산권 존중의 원칙, 사적자치의 원칙 및 과실책임의 원칙이라는 이른바 3대 원칙을 인정하면서 거래의 안전 등을 위하여 예외적으로만 이를 제한하였다. 그러나 자본주의의 폐해가 나타남에 따라 경제적·사회적 민주주의로의 수정을 거쳐 현대민법은 공공복리를 최고원리로 하고, 그 실천원리로서 신의성실·거래안전·사회질서 등이 있으며 이른바 3대 원칙도 실천원리의 제약 안에서 수정된다고 한다.

그러나 이에 대하여 근래에 인간의 존엄과 가치 및 행복을 추구할 권리에 바탕을 둔 사적자치의 원칙을 민법의 최고원리로 파악하는 견해가 다수를 점하고 있다.3) 그러면서 공공복리의 존재 이유를 사적자치라고 하는 목적을 위한 수단으로 본다.4)

아래에서는 구체적으로 민사법질서와 공공성에 관하여 활발한 논쟁이 전개되고 있는 일본에서의 논의도 참고가 되는 범위 내에서 살펴보고 우리에게 시사하는 바를 얻고자 한다.

---

2) 곽윤직, 『민법총칙(제7판)』, 박영사, 2007, 36~38쪽.

3) 이상욱·배성호, 앞의 책, 13쪽.

4) 지원림, 『민법강의(제8판)』, 홍문사, 2010, 20쪽.

2. 공공성에 대한 새로운 이해

(1) 이러한 공공복리 내지 공공성에 대한 우리나라에서의 전통적 이해와 궤를 같이하는 일본의 전통적 견해인「일본 민법」제1조 제1항 공공의 복지조항의 이해와 관련하여, 입법단계부터 공공의 복지를 사권에 外在하고 그것을 제약하는 것으로 이해하고 있다고 한다. 즉 공공의 복지라는 것은 요약하면 사회공동생활의 전체로서의 향상·발전이며, 사권의 내용 및 행사는 이것과 조화되어야 한다고 한다.5) 또한 사회의 공통이익과 사적이익의 분열과 대립을 전제로 사회의 공통이익에 바탕을 두고, 사권에 대하여 법률상의 제한을 가하는 것이 정당화됨을 목적으로 하는 것으로서 공공의 복지조항을 이해하고 있다.6) 즉 여기에서는 사회의 공통이익, 사회공동생활을 사권·사적 이익과 이질 내지 대립하는 것으로 봄으로써 이에 의하여 사권의 제한에 대한 근거를 찾고 있다.

그러나 근래 일본에서는 공공성을 민법에서 이질 내지 외재적인 것으로 보는 전통적 견해와 이해를 달리하는 견해도 등장하였다. 이를 소개하면 다음과 같다. 그 첫 번째는 종래 민법 외재적인 것으로 간주되던 공공의 복지를 민법 내재적인 것으로 보는 견해가 있다.7) 즉 민법은 문명상태의 정치사회인 시민사회의 기본법이고, 민사재산법 또한 공법과 같이 국가의 존재이유인 공공질서, 즉 공서의 중요한 구성부분이다. 따라서 공공의 복지조항은 공공사회, 즉 시민사회인 정치사회를 관통하는 공서와의 관계성에서 이해를 구할 수밖에 없다. 이와 같이 민법은 정치사회인 시민

---

5) 我妻榮, 『新訂 民法總則(民法講義Ⅰ)』, 1965, 34頁.

6) 川島武宜, 『民法總則』, 1965, 50頁.

7) 池田恒男, "日本民法の展開(1) 民法典の改正 前三編(戰後改正による「私權」規定插入の意義を中心として)", 廣中俊雄·星野英一 篇 『民法典の百年Ⅰ』, 1998, 115頁 以下.

사회의 기본법이고, 공공의 복지는 그와 같은 시민사회의 공서에 관련된 법이기 때문에 민법에 외재하고 그것을 제약하는 원리는 아니라는 것이다.

두 번째[8]는 공공의 복지는 사법에 외재적으로 선험적인 사권제약원리가 아니라 사법내재적인 시민적 공공성, 즉 사적 이익을 넘어 지역의 공동질서에 있어 특정다수 및 불특정다수의 시민에 관계되는 이익으로 볼 수밖에 없고, 민법상의 공공의 복지란 사권이 상호적으로 타당한 조정을 받고 있는 상태를 의미한다. 따라서 이와 같은 민법상의 공공의 복지와 국가의 공공성에 관한 공법상의 공공의 복지를 구별해야 한다. 민법은 사인간의 이익조정과 사인과 특정 또는 불특정다수인과 관계되는 이익과의 조정이라는 양자의 역할을 행하는 것이고, 후자에 있어 시민적 공공성을 보호하는 것이 민법상의 공공의 복지이며, 그것은 민법 내재적인 것이라는 것이다.

(2) 또한 민법을 사회의 기본질서 내지 구성원리를 정한 것으로 이해하는 견해가 근래 유력하게 주장되고 있다. 예를 들면 星野英一은 광의의 시민사회, 즉 국가로부터 독립한 자율적 사회로부터 시장경제사회 부분을 제외한 협의의 시민사회(=자립한 인간 개인의 자발적 단체가 형성한 사회)의 기본법이 민법(=사회의 헌법)이고, 그것은 자립한 평등한 인간 상호의 비권력적이고 자유로운 관계를 규율하는 기본법이라 한다.[9]

더욱이 河上正二도 민법규범은 기나긴 법의 역사 가운데 개인의 자유로운 인격의 발전을 희구하는 각자에 의하여 지지되고 연마된 법적 지혜의 집적이자 사회의 기본질서 구조를 제공하고 있는 점에서 확실히 헌법

---

8) 宗健明, "日本民法における「公共の福祉」の再檢討", 『北大法學論集』 第52卷 第5号, 2001, 629頁.
9) 星野英一, 『民法のすすめ』, 1998, 122頁.

에 필적한다고 한다.10)

　大村敦志도 星野英一과 같이 민법이 헌법과 나란히 사회의 구성원리로서의 역할을 달성하는 것으로 보고 있다.11) 大村敦志는 민법을 통한 작은 공공성의 형성과 그것으로 인하여 사회의 개조를 지향한다.12) 즉 개인의 자유의 영역인 사적영역과 커다란 공공성 실현을 위한 정치의 영역인 공적영역의 중간에 준공적인 사적영역과 준사적인 공적영역이 있다. 이 중간영역에서 하루하루 개별적 문제해결을 통하여, 조금씩 바람직한 사회를 구성해 나감으로써 작은 공공성에 의하여 사회의 재편성 내지 개조를 추구하게 된다. 그 때 작은 공공성 창조에 있어 민법은 중요한 도구가 된다. 따라서 민법학은 개인의 권리를 출발점으로 삼아 새로운 공공성을 재구성할 수 있는 방법을 강구하여야 한다고 한다.13) 이상과 같이 大村敦志도 사회의 기본적인 편성원리를 규율하는 기본법으로서 민법을 인식하고 민법을 통한 새로운 공공성의 창조, 즉 사회의 개조를 구상하고 있다. 따라서 민법의 외부에서 그것을 제약하는 것으로 공서가 존재한다고 할 수 없고, 시민사회의 공서 그 자체로서 또는 공공성을 창조하고 공서를 작출하는 도구로서 민법을 인식한다.

---

10) 河上正二, "民法によって体現される憲法的価値", 『法學セミナ』 第589号, 2003, 73頁.

11) 大村敦志, "民法と民法典を考える", 『民法研究』 第1卷, 1996, 5頁.

12) 大村敦志, "大きな公共性から小さな公共性へ", 『法律時報』 第76卷 第2号, 2004, 71頁.

13) 大村敦志, 上揭論文, 75頁 以下.

3. 민사법질서와 公·私의 교차

또한 廣中俊雄은 시민사회에 성립하는 기본질서를 재화질서(재화이전과 재화귀속)와 그 외곽질서로서 경쟁질서, 인격질서와 그 외곽질서로서 생활이익질서, 권력질서로 본다.14) 외곽질서에 있어서 공공성의 문제는 민법내재적인 문제이고, 가령 생활질서에 있어서 공공의 복지는 지역주민에게 일정한 생활이익을 제공하는 환경으로부터의 각개의 공공이익향수 중에 출현하게 된다.15)16)

吉田克己는 이에 덧붙여 다음과 같이 주장한다. 즉 외곽질서는 시민총체의 이익에 관한 공공적 공간을 형성하고, 거기에서는 시민총체의 공공적 이익, 즉 시민사회와 동떨어진 국가적 이익을 내용으로 하는 국가적 공공성과는 구별되는 시민적 공공성과 사적·개별적 이익이 오버랩한다.17) 예를 들면 생활환경질서의 유지는 불특정다수의 시민총체의 이익이 될 뿐만 아니라, 거기로부터 개별 시민은 양호한 환경의 향수라고 하는 이익을 취하게 된다. 근대법에서 이 유지는 공공단체의 책임에 속하지만 그것이 충분히 기능하지 않는 경우에는 외곽질서 확보를 위하여 시민의 발의 내지 주도가 필요하게 된다. 그 때 외곽질서가 개개의 시민에게 할당하는 사적 이익에 착안하고, 민사소송을 통한 그 보호의 실현을 도모하게 된다. 그러나 그 향수는 고전적인 의미에서의 권리가 아니고 또한 민사소송도 단순한 사적 이익을 옹호함에 머무르지 않고 공공적 이익, 즉

---

14) 廣中俊雄, 『民法綱要 第1卷 總論 上』, 1989, 3頁 以下.

15) 廣中俊雄, 上揭書, 117頁.

16) 廣中俊雄은 국가를 시민사회의 관리에 따르게 하고, 시민사회를 위하여 기능하여야 하는 것으로 이해하는 관점에서 국가적 공공성과 시민적 공공성의 단순한 대치를 비판한다(廣中俊雄, "12年を振り返す", 『創価法學』第32卷 第1·2号, 22頁).

17) 吉田克己, 『現代市民社會と民法學』, 1999, 267頁 以下.

시민총체의 이익 옹호를 목적으로 한다는 점에서 전통적 민사소송과 동일한 성격을 가지는 것은 아니다.[18]

이상의 논의에서는 외곽질서, 즉 경쟁질서와 생활이익질서에서 공법과 사법의 분리가 극복되고, 시민의 공동이익 내지 시민총체의 공공적 이익의 보호가 민법의 중요한 역할로써 인식하게 된다.

4. 기본권보호의무론

독일의 상황을 참고로 하면서 헌법적인 틀을 사용하여 민법상 공서양속론의 재구성을 이야기 하는 山本敬三의 논의도 민사법질서와 공공성의 문제에 대하여 새로운 시각을 제시한다.[19] 그에 의하면 헌법은 국가에 대하여 기본권 보호의무를 부과한다. 그러므로 국가, 즉 법원은 기본권을 보호하기 위하여 사법을 정립하고 해석하여야 한다. 따라서 민법 또한 국가법인 이상, 국가의 기본법으로서의 헌법에 의한 구속, 즉 헌법과 민법의 계층성 및 전자에 의한 후자의 제어를 받게 된다.

그의 견해는 국가가 헌법상 스스로에게 과하여진 책무를 달성하기 위하여 정한 법으로써 공법과 사법은 상호 지원하고 보완하는 관계에 서게 된다. 즉 사법과 공법은 함께 헌법적 공서를 실현하기 위한 수단이고, 사법도 또한 기본권을 보장하는 헌법 시스템의 일익을 담당함으로써 사법을 통하여 국가가 기본권의 보호를 도모한다. 이 때 이미 공법이 그러한 보호를 의도한 조치를 정하고 있다면 오히려 그것의 적극적 이용이 요청되고, 또한 그 실현을 위하여 사법상의 수단도 필요하다면 오히려 그것을

---

18) 吉田克己, 上揭書, 244頁 以下.

19) 山本敬三, "基本權の保護と私法の役割", 『公法研究』 第65号, 2003, 100頁; 同, "憲法システムにおける私法の役割", 『法律時報』 第76卷 第2号, 2004, 59頁 等.

활용할 것이 요청된다고 한다.[20]

5. 정 리

이상과 같이 근래 일본에서는 공사법 이분론의 재검토와 공공성의 민법 내부로의 흡수, 즉 공공성을 국가가 독점하는 것, 시민의 개별이익에 외재적인 것으로 간주하는 것이 아니라 시민이 그 형성·유지에 적극적으로 관여하는 것으로 보고, 그 때의 수단으로 민법을 파악한다는 것이 공통된 특징으로 보인다.

이러한 이론적 동향의 배경으로 우선 근래의 사회과학분야에 있어서 시민사회론과 공공성론의 새로운 전개의 법 내지 민법 이론에의 반영이라는 측면이 있다. 그리고 동시에 보다 실천적 배경으로써 공사법의 교차영역이 근래 다수 출현하고 있음을 들 수 있다. 가장 전형적인 것이 본고에서 다루고자 하는 경관, 자연환경 등과 같은 주민의 개별이익에 환원될 수 없는 환경이익보호가 문제되지만, 이외에도 명예·프라이버시와 같은 헌법상 기본적 인권과 오버랩 되는 인격적 이익에 관한 민사분쟁의 증가, 생명윤리, 성희롱, 남녀차별 등의 헌법적 가치가 사법상 문제되는 경우 등 무수히 많다.

민법은 시장사회의 기본원칙이며 시민사회의 구성원리이자 규범원리이다. 근래의 동향은 후자, 즉 시민사회의 구성원리이자 규범원리의 측면에서 민법의 역할을 중시하고 있는 듯하다. 이는 시장을 조정하고 시민의 자율적 존립의 공동조건의 형성이 공공성으로 이해되며, 이와 같은 공공성은 민법 외재적인 제약원리가 아니라 민법 내재적인 것으로 공공성의 형성·유지에 의하여 민법은 적극적인 역할을 달성할 수 있게 된다.

20) 山本敬三, 『公序良俗論の再構成』, 2000, 293頁.

Ⅲ. 민법과 환경이익보호

1. 서

공공성은 민법에서 외재적인 것이 아니라 적어도 일정한 경우, 예를 들면 외곽질서인 생활이익질서 영역에는 민법 자체가 그 형성과 유지에 적극적인 역할을 할 수 있다는 것을 Ⅱ에서 확인할 수 있었다.

이와 관련하여 민법은 공공성의 형성과 유지에 어떻게 관계될 수 있는 것인가 또는 그와 같은 역할을 할 수 있기 때문에 민법이론은 어떠한 발전을 하고 있는가와 관련해 이를 구체적으로 규명하기 위하여 환경문제, 그 중에서도 개별 주민의 개별이익에 환원되지 않는 환경이익의 보호에 문제의 초점을 두고 사법 내지 민법의 역할을 검토해 보고자 한다. 본 항에서도 필요한 범위 내에서 일본에서의 논의를 참고하도록 한다.

2. 환경권에 대한 새로운 인식

(1) 환경 내지 생활방해 등과 관련된 소송에서는 결과적으로 방해제거 내지 방해예방청구권 등의 유지청구와 손해배상의 인용여부가 문제되는데, 그 중 유지청구와 관련한 근거로서 우리나라에서는 물권의 침해로서 물권적 청구권에 근거를 두는 물권설, 인격권의 침해로 보는 인격권설, 환경권의 침해로 보는 환경권설, 환경침해로 보호되어야 할 이익이 침해되면 방어청구를 인정할 수 있다는 불법행위설 등이 다양하게 논하여지고 있다.

특히 환경권설과 관련하여서는 국내에서 주목할 만한 몇몇 견해도 엿

볼 수 있지만,21) 통설과 판례는 환경권을 유지의 근거로 인정하고 있지
않다. 심지어 환경권만을 근거로 한 청구는 판례에서 당사자적격도 인정
하고 있지 않음은 주지의 사실이다. 그러한 실정이다 보니 환경권설을 취
하는 학설도 초기논의에서 진전되고 있지 않은 감이 다분하다.

(2) 일본에서는 환경권에 관한 논의 중 주목할 만한 새로운 동향이 있
다. 1970년대 초두에 이루어진 당초의 환경권 주장22)은 수인한도론을 엄
격히 비판하고 무제한적 이익형량의 억제를 실천적인 목적으로 하였다.
따라서 환경공유법리가 주장되고 환경권은 소유권의 유추로 언급되었다.
이와 같은 당초의 환경권론을 사권성의 강조·권리패러다임의 전면화로
특징짓고, 그것은 환경권론이 논쟁의 대상으로 삼은 수인한도론 등의 이
론적 특징에 유래하는 것으로 보는 견해도 있다.23)

환경권론은 첫째, 환경오염에 대한 주민의 방어라인을 전진·확대할
수 있다는 점에서 의의를 가진다. 즉 환경피해의 경우 인간의 생명·건강
이 문제가 되었다는 것은 오히려 때늦은 것이고, 그것에 이르기 전 단계
에서 막아내어야 할 것이지만, 환경권은 인격권의 침해라고도 할 것도 없
는 단계에서도 양호한 환경의 침해를 문제 삼을 수 있으므로 그 수비범위
는 광범위한 것이다. 둘째, 환경권에 있어서는 주민의 생활과 인격에 관한
이익 이외에 자연환경을 포함한 넓은 이익이 보호의 대상에 편입되기 때
문에, 공해문제와 자연환경보전이라는 과제를 연결지을 수 있다는 의의가
있다.

---

21) 최상호, 『환경오염에 대한 민사책임』, 계명대학교 출판부, 1998; 석인선, 『환경권
    론』, 이화여자대학교 출판부, 2007 등 참조.
22) 大阪辯護士會環境權研究會 篇, 『環境權』, 1973 參照.
23) 吉田克己 "環境秩序と民法", シンポジウム·環境秩序への多元的アプロー
    チ(二)·完, 『北大法學論集』 第56卷 第4号, 2005, 1791頁 以下.

환경권의 주장에 대하여는 여러 가지 비판이 있다. 그 첫째는 이 권리의 내용과 주체의 범위가 애매하다고 하는 법기술적인 측면에서이지만, 이론적으로 보다 중요한 비판은 환경권의 성격, 즉 소유권과 인격권과 같은 권리와 성격이 다른 것이고, 그러한 의미에서 민사상의 유지의 근거가 될 수 없다는 비판이다. 즉 환경 그 자체는 누구에게도 귀속되는 것이 아니라는 것이다.

따라서 환경권을 지배권으로서 배타적 성격을 가진 것으로 보고, 그것이 유지의 근거가 된다고 주장하는 것에는 혼란이 있다. 환경침해에 의하여 유지청구권이 발생하는 것은 특정지역의 환경이 주민에게 귀속되기 때문이 아니라 환경파괴에 의하여 피해를 입은 주민의 자발적 참여 하에 환경보전질서·환경이용질서에 관한 법규범의 위반을 검토하자는 것이다.[24)

이와 같은 비판에 대하여 소유권과 인격권과 같은 특정한 이익의 배타적 귀속이 문제되는 것이 아니라 오히려 환경에 관한 질서형성 내지 보전이 문제가 됨을 인정하고, 환경권을 재편성하자는 주장이 등장하고 있다.

그것의 하나로서 환경권을 환경을 공동으로 이용할 수 있는 권리로서 구성하는 견해가 있다.[25) 이 견해에 의하면 환경권은 누군가 어떤 사람에게 환경이익의 향수를 배타적으로 보장하는 것은 아니다. 그러나 동시에 환경에 관한 주민의 주체적 관여를 보장하기 위하여 그것을 민사법상의 권리로서 구성할 필요가 있다. 이와 같은 인식에 입각하여 다른 다수의 사람들에 의한 동일한 이용과 공존할 수 있는 내용을 가지고, 나아가 공존할 수 있는 방법으로 각 개인이 특정의 환경을 이용할 수 있는 권리[26)

---

24) 原島重義, "開發と差止請求", 『法政研究』 第46卷 第2-4合倂号, 1980, 286頁 以下.

25) 中山充, 『環境共同利用權』, 成文堂, 2006, 103頁 以下.

26) 中山充, 上揭書, 111頁.

로서의 환경권, 즉 환경공동이용권으로 재구성한다. 따라서 이 권리는 다른 사람들에 의한 동일 내용의 이용을 배제할 수 없다는 점에서 공공적인 성격을 띠고 있지만 그 권리자는 자기의 권리행사로서 환경을 이용할 수 있기 때문에 그 권리내용인 이용이 방해된 경우에는 환경공동이용권의 침해를 이유로 유지를 청구할 수 있다는 것이다. 이에 따르면 다수에 의한 이용, 즉 환경이익의 공공적 성격에 근거한 환경권의 재구성이 시도되고 있다.

또 하나의 주장으로 환경권에 관한 절차적 접근이라고 하는 견해도 환경권론의 발전으로서 주목된다. 이에 의하면[27] 자연보호와 쾌적함의 파괴의 경우는 분쟁의 쟁점이 개별적 권리·법익의 침해라고는 하기 어렵기 때문에 물권적 청구권과 인격권모델로서 권리를 구성하기는 곤란하고, 오히려 절차적인 측면에서 환경권보호를 고려할 수밖에 없다. 즉 판례와 학설에 있어서 지역주민의 동의를 구하는 절차가 충분히 적절하게 취하여졌는가라는 것이 유지의 인부를 판단함에 있어 중시되지만, 이것은 환경권의 절차면에 있어서의 보호이고 절차가 충분하게 보장되지 않는 경우에는 유지가 인정된다는 의미에서 하나의 권리, 즉 환경자주권으로서 관념할 수 있다는 것이다. 여기에서는 지역환경의 올바른 상태의 정립이라고 하는 공공성, 즉 환경적 공공성의 형성에 대한 참가권으로서 환경권이 인식되게 된다.

양자의 주장은 환경이익이 소유권에서 유추되어지지 않는 공공적 성격을 포함하고 있을지라도, 주민이 그 형성 내지 유지에 주체적으로 관여하는 권리로서 환경권이 구상된다는 점에서는 공통하고 있다. 따라서 환경권이 이와 같이 재구성된 결과, 소유권의 유추에 의하여 관념화 된 종래의 환경권보다도 그 射程이 지역전체의 환경조성이라고 하는 공공적 이

---

27) 淡路剛久, 『環境權の法理と裁判』, 1980, 83頁 以下.

익으로 범위를 넓혀 질 수 있다는 점에 주목할 필요가 있다.

3. 민법과 경관이익보호

1) 서

공공적 성격까지 가진 환경이익의 보호에 사법이 어떻게 관여할 수 있는지가 문제된다. 이와 관련하여 여러 가지 예를 들 수 있지만, 여기에서는 공공적 이익, 즉 공공성과 가장 관련 깊은 경관이익의 법적 보호를 소재로 하여 논의를 전개해 보기로 한다.

우리나라에서는 일반적으로 판례와 학설에서 조망권 내지 조망이익이라 하여 조망과 경관을 모두 포함한 개념으로 이를 논하고 있는 실정이다. 그러나 개별적이고 구체적 이익인 조망이익과 공공적 이익인 경관이익을 구별하여 고찰함이 새로운 생활이익 내지 소유권의 일내용을 확인함에 있어 더욱 명확하게 구별·인식할 수 있으므로 조망권 내지 조망이익과 경관권 내지 경관이익은 구별하여 인식 내지 고찰하는 것이 바람직하다고 본다.[28]

조망이익과 경관이익의 취급 차이[29]는 다음과 같은 특징을 갖고 있기

---

28) 이상욱·배성호, "경관이익의 법적 보호에 관한 연구-일본에서의 학설과 판례를 참조하여-",『비교사법』제13권 제4호, 한국비교사법학회, 2006, 416쪽 참조.

29) 경관이익을 조망이익의 개념구별에 있어 구별하여 살펴볼 실익과 그 구별가능성에 대한 의문을 표하는 견해(전경운, "조망권의 성립여부",『사법의 현대적 과제』, 한국비교사법학회 제43회 학술대회 발표자료, 2005. 2. 18, 60쪽)와 이를 구분하여 논하는 견해(이동원, "일조권 및 조망권 침해에 관한 판례의 경향",『대법원·한국민사법학회 공동주최 학술대회 자료집』, 2004. 12. 21, 한국민사법학회, 111면)로 대별할 수 있다. 이와 관련하여 권리라고 하는 것은 새로운 상황의 전개와 그 상황을 해석하는 의식의 개명에 맞추어 언제든지 새롭게 발견될 수 있는 성질의 것이라고 할 것이므로 어떤 이익이나 보호가 인정되어야 마땅한 경우에 그 법

때문이다. 사전적 의미로 조망이란 전망, 경치를 말하고, 경관이란 풍경외
관, 경치를 말한다. 즉 양자는 유사하지만 조망은 특정 지점으로부터의 경
치를, 경관은 특정 지역의 형상을 가리키는 것으로 사용되고 있다.

조망이 위와 같은 것이라 한다면 조망이익이란 특정 지점으로부터 좋
은 경치와 전망을 향수할 수 있는 이익이라 할 수 있고, 향수주체가 비교
적 명확하고 사인의 이익으로 사법에 의한 보호가 쉽다고 할 수 있다. 물
론 개인의 주거로부터의 조망과 같이 특정개인이 향수할 수 있는 경우와
전망대로부터의 조망이라고 하는 불특정다수가 향수할 수 있는 경우가
있고, 후자는 향수주체가 특정될 수 없기 때문에 사법상의 보호의 대상이
되기 어렵다. 그러나 후자에 대하여도 그와 같은 조망지점을 영업활동 외
의 목적으로 관리하고 있는 주체가 있다면, 그 주체의 이익으로서 보호의
대상이 됨에는 문제가 없다.

이에 대하여 경관이 지역의 형상이라고 하는 객관적인 상태를 말한다
고 한다면 경관이익이란 자연적, 역사적, 문화적 요소로부터 형성된 객관
적 상태 내지 이익이고, 특정의 개인에게 귀속하는 것이 아니라 공공적
성격을 가진 이익 내지 상태라고 할 수 있다. 따라서 특정의 개인에게 귀
속하는 것이 아니라 공공적 이익으로서 경관이익의 보호를 사인이 과연
주장할 수 있을 것인가라는 것이 문제된다.

경관이익의 법적 보호와 관련하여서는 우리나라에서 아직 구체적으로
논하여지는 바가 없기 때문에, 일본에서 경관과 관련된 소송 중 가장 유
명한 소위 국립경관소송을 소재로 논의를 전개해 본다.

률관계가 단지 기지의 권리 중에 쉽게 포섭되지 않는다고 하여 바로 권리의 인식
에 관한 탐색을 단념한 것은 아니다(권성 외 5인 공저, 『가처분의 연구』, 박영사,
2002, 504쪽 주8) 참조).

2) 소위 '국립경관소송'

1) 이를 구체적으로 검토하기에 앞서 일본에서 경관과 조망이라고 하는 이익이 지금까지 어떻게 다루어져 왔는가를 개관해 본다.[30]

아름다운 풍경과 거리는 우리들의 쾌적한 생활을 함에 있어 중요한 요소로 질 높은 환경과 쾌적함에 관한 사람들의 관심이 고조되고, 이를 향수하는 이익의 보호가 중요한 법적 과제가 되고 있다. 통상 이러한 이익은 건축과 도시계획을 조정하는 행정법규와 지방자치단체의 조례에 의하여 보호되지만, 그 보호가 충분하지 않은 경우 소송으로 그러한 이익의 보호가 다투어지게 된다.

이들 중 조망이익에 대하여는 그 침해를 이유로 손해배상이 인정되고, 경우에 따라서는 침해의 원인이 된 건축물의 철거까지 인정되는 사례도 있다. 우선 비교적 오래전부터 인정되었던 것은 여관과 식당을 경영하는 자의 조망이익 침해의 경우이다. 예를 들면 京都地決 1973. 7. 1.[31]은 조망이익침해를 이유로 건물의 4층 이상의 공사중지가처분을 인정하였다. 여기에서는 양호한 조망이 영업에 지대한 영향을 미치고 있었던 경우, 이 양호한 경관의 조망이 저해됨으로써 영업이익과 같은 경제적 이익의 침해가 문제되었다. 영업이익과 관계 없는 일반주민의 조망이익은 이상과 같은 경제적 이익은 인정되지 않지만, 생활상 이익 내지 인격적 이익의 성격을 강하게 띄기 때문에 최근에는 이에 대하여 적어도 손해배상에 의한 보호가 인정되고 있다.

이에 대하여 경관이익의 경우에는 민사소송에서도 그 보호가 정면에서 인정되지 않았다. 예를 들면 도시공원의 남쪽에 고층빌딩의 건축이 계획

---

30) 조망·경관에 관한 일본판례의 상세한 것은 富井利安, "Ⅲ. 眺望·景觀", 判例大系刊行委員會 編著·牛山積 代表『大系 環境·公害判例 第7卷』, 2001, 162頁 이하.

31) 東京地決 昭和 48. 7. 1. 判例時報 第720号, 1973, 81頁.

됨에 따라 그 공원의 역사적·문화적 환경으로서의 가치, 경관, 일조 등을 훼손할 수 있음에 대하여 도민 9명이 건축금지가처분을 신청한 사건에서, 1심법원은 "본건에 있어서 신청인들이 침해되고 있다고 주장하는 권리 내지 이익은 그 자체가 신청인들 개인이 구체적으로 가진 사법상의 권리라고 할 수 없음은 물론이고 법적으로 보호되는 이익이라고도 할 수 없다."라고 하며 신청을 각하하였고,32) 항소심법원도 "도시공원의 관리는 이것을 설치한 지방공공단체가 공원관리자로서 행할 수밖에 없는 것이고, 일반사용자인 개인은 당연히 이상과 같은 경우 유지를 청구할 수 있는 근거가 되는 권리 내지 이익을 가진 것은 아니다."라고 하면서 이를 기각하였다.33)

또한 고층호텔이 고도 京都의 경관을 저해한다고 다툰 사건에서, 법원은 고도의 역사적 풍토의 보전은 "최종적으로는 민주적 절차에 따라 제정된 법률에 의하여 정할 수밖에 없는 문제"라고 하고, "종교적·역사적 문화환경권인 경관권"은 그 내용, 요건 등이 불명확하고, 사법상의 권리로서 인정될 수 없기 때문에 호텔건축금지가처분신청을 각하하였다.34)

2) 이상과 같이 경관이익의 보호를 요구하는 사인의 소에 대하여 그것을 인정하지 않는 것이 지금까지의 판례의 경향이었지만, 이를 정면에서 인정하고 더욱이 건축된 건물의 일부의 철거까지도 인정한 주목할 만한 판결이 등장하였다.

소위 국립경관소송 1심판결이 그것이다. 이 사건에서 문제가 된 것은 오래전부터 형성된 대학로라는 거리의 경관이었는데, 이 지역에 토지를 취득한 피고가 높이 40m가 넘는 고층맨션 건축을 계획하고, 시의 행정지

---

32) 東京地決 昭和 53. 5. 31. 判例時報 第888号, 1978, 71頁.
33) 東京高決 昭和 53. 9. 18. 判例時報 第907号, 1979, 61頁.
34) 京都地決 平成 4. 8. 6. 判例時報 第1432号, 1992, 125頁.

도와 주민들의 반대운동에도 불구하고 공사를 진행하여 건물을 완성함으로써 주변 주민들이 높이 20m를 넘는 건물부분에 대한 철거와 위자료를 청구한 것이다.

이 사건에서 1심법원은 높이 20m를 넘는 부분의 철거와 위자료 지급을 명하는 획기적 판결을 내렸다.[35] 판결은 경관이익에 대하여, "특정지역 내에서 당해지역의 소유자들에 의한 토지이용의 자기규제가 계속됨으로써 상당기간 어떤 특정의 인공적인 경관이 보존되고, 사회통념상으로도 그 특정 경관이 양호한 것으로 인정되어, 소유자들이 자기 토지에 부가가치를 창출한 경우 소유자들은 그 토지소유권으로부터 파생되어 형성된 양호한 경관을 스스로 유지할 의무를 부담함과 동시에 그 유지를 상호적으로 구할 이익을 가졌다라고 볼 수밖에 없으므로, 이 경관이익은 법적 보호할 가치가 있고, 이를 침해하는 행위는 일정한 경우에 불법행위에 해당한다고 볼 수밖에 없다."라고 하였다.

본 판결의 의의는 본건의 경관이 특정지역 내의 소유자가 스스로 자기규제의 계속에 의하여 형성시킨 것이라는 것에 착안하여, 그와 같은 경관이익을 토지의 부가가치로 봄으로써 주민의 권리내용으로 편입하고, 그 침해에 대한 불법행위상의 보호를 인정한 것에서 찾을 수 있다. 이는 비록 하급심판결이긴 하지만 경관이익의 사법상의 보호를 최초로 정면에서 인정한 판결이다.

이에 대하여 항소심판결은 경관이익의 개인귀속성을 전면적으로 부정하면서 양호한 경관의 형성·보전은 행정이 주체가 될 수밖에 없다고 하며, 원고의 주장을 배척하였다.[36]

판결은 다음과 같다.

---

35) 東京地判 平成 14. 12. 18. 判例時報 第1829号, 2002, 36頁.
36) 東京高判 平成 16. 10. 27. 判例時報 第1877号, 2004, 40頁.

"양호한 경관은 적절한 행정시책에 의하여 충분히 보호되지 않으면 아니 된다. 그러나 뒤집어 개개의 국민 또는 개개의 지역주민이 독자적으로 사법상의 개별적 구체적 권리·이익으로서 이와 같은 양호한 경관을 향수한다고 할 수는 없다.", "양호한 경관의 형성은 … 행정이 주체가 되고, 지역의 자연, 역사, 문화 등과 사람들의 생활, 경제활동 등과의 조화를 도모하면서, 조직적으로 정비될 수밖에 없는 것이고, … 특정 경관의 평가에 있어서 의견을 같이하는 일부의 주민에 대하여 경관에 대한 개인으로서의 권리성, 이익성을 승인하는 것은 오히려 사회적으로 조화를 이룬 양호한 환경의 형성 및 보전을 도모함에 방해가 될 수 있는 위험이 있다."

여기에는 공공성의 담당은 행정이고, 주민이 그것에 참가는 할지라도 주체적인 담당은 될 수 없다는 전통적 견해를 엿볼 수 있다.

3) 국립경관소송을 계기로 경관보호에 관한 각양각색의 논의가 일본에서 행하여지고 있다. 그 중 제1심 판결이 기존경관향수형과 경관공동형성형을 구별하고, 후자가 문제가 되는 본건에서, 주민은 자기의 지권을 상호적으로 구속함으로써 자신들이 만들어온 경관을 향수할 이익을 가짐으로써 그 법적 보호를 인정한 것이라고 적극적으로 평가하고, 본 판결이 경관이익의 사인귀속성을 인정함에 매개항을 토지소유권으로 한 것을 경관이익을 전형적인 사적인 권리로 간주한 결과, 경관이익의 공공적 성격을 간과한 것은 아닌가라고 비판하고,[37] 주민이 주체로서 형성하게 된 토지이용에 관한 지역적 룰 위반행위에 대한 위반시정조치, 즉 질서위반에 대한 구제로써 유지라고 하는 구성을 주장하는 견해가 있다.[38]

이에 대하여 경관에 관한 주민의 권리로 구성하여, 이하와 같이 경관권 내지 경관향수권을 사법상의 권리로서 인식하는 견해도 있다.[39] 즉 공공

---

37) 吉田克己, "民法判例レビュー88", 『判例タイムズ』第1173号, 2005, 92頁.
38) 吉田克己, "景観利益の法的保護", 『判例タイムズ』第1120号, 2003, 67頁.
39) 富井利安, "環境權と景観享受權", 『中山古稀記念論文集 環境・公害法の理論

되지도 않은 판사가 원고와 피고만의 주장에 의하여, 일방적 룰을 작출할 수 있는 것은 아니다"라고 하는 견해가 있다.[45]

이러한 경관이익의 사법적 보호에 대한 비판은 공사법 역할분담론에서 보는 바와 같이 공사법이분론이 전제되고 있다. 그러나 경관, 더욱이 환경이익의 사법상 보호를 긍정하는 학설에 있어서는 사법우위의 공해법으로부터 공법의 성비는 거쳐 양자의 관계가 다시금 문제되는 상황에 인거거 이익의 보호로부터 공공적 성격까지도 가진 환경이익보호에의 확대를 배경으로 이 이분론 그 자체가 문제가 되고 있다.

따라서 문제는 결국 공공성에 사법은 어떻게 관계되는가, 공법과 사법의 편세를 어떻게 불 싯인사라고 하는 Ⅱ에서의 검토에 귀설되게 다.[46][47]

----

44) 阿部泰隆, 上揭論文, 7頁.
45) 阿部泰隆, 上揭論文, 17頁.
46) 사법인 민법과 공법인 환경정책기본법은 서로 상이한 보호법익을 가지고 있으므로 결국 그들의 적용범위도 일치하지 아니한다. 즉 『환경정책기본법』 제3조 제4호의 보호객체는 사람은 물론 환경 전반이므로 환경 자체를 침해하는 경우에도 환경침해를 인정할 수 있다. 이와 달리 『민법』 제217조는 상린법의 한 부분으로서 서로 경계를 같이 하고 있는 토지 소유자들 사이에서의 이해관계의 조절을 목적으로 하므로, 환경 그 자체는 사법의 보호대상이 아니다. 따라서 오존층침해, 공기오염, 지하수의 오염 등과 같은 환경침해는 공법상 환경침해에는 해당하나, 개인적 법익의 침해가 인정되는 경우의 사법상 의미에서의 환경침해에는 해당하지 아니한다. 따라서 그 해결책으로 독일과 같이 소유권침해를 수반하지 아니하는 순수한 환경침해 내지 생태침해의 경우에는 사법상 유지청구는 불가하므로, 객관적 쟁송제도를 도입하여 구체적·개인적 이익의 침해가 없는 경우에도 환경보호단체 등이 환경소송을 제기할 수 있도록 해야 한다고 주장하는 견해도 있다. 자세한 것은 안경희, "환경침해에 대한 민사법적 구제", 『환경법연구』 제28권 제3호, 한국환경법학회, 2006, 9·47쪽; 동, "독일법상 환경침해를 이유로 한 공사중지청구", 『판례실무연구Ⅷ』, 비교법실무연구회, 2006, 356쪽 이하 참조.
47) 이와 관련하여 논의의 평면을 달리하지만 참조할 만한 것으로 김현준, "일본의 행정사건소송법 개정과 환경행정소송의 원고적격", 『공법학연구』 제8권 제2호,

4. 정리

경관이익 나아가 환경이익은 사인의 이익으로 해소될 수 없는 공공적 성격을 가지고 있음은 부인의 여지가 없다. 따라서 그것은 소유권 등의 전통적인 사법상의 권리로서 환원될 수 없는 측면을 가지고 있다. 그러나 그것은 이와 같은 공공적 성격까지도 가진 환경이익보호에 대하여 사법이 기능할 수 없다는 것을 의미하는 것은 아니다.

환경이익보호에서 사법의 적극적 의의는 다음과 같이 환경이익의 특성이라고 하는 측면에서 그 근거를 찾을 수 있다. 즉 여기에서 문제가 되고 있는 환경이익은 시민에 의하여 독점적·배타적 지배에 친숙하지 않은 성격, 그러한 의미에서 공공적 성격을 가진다. 따라서 환경은 유한한 것이고 상호의존성을 가지고 있기 때문에 지역의 각 요소의 환경이용 방식의 조정이 불가결하게 된다. 그러나 동시에 그것은 시민의 생활 나아가서는 생존의 기반이고, 양호한 환경 가운데 그곳 시민의 생활과 생존은 확보될 수 있다.[48]

이와 같은 양면성은 환경이익의 형성·유지에 있어서 공법과 사법의 양면에서의 협동을 요청하게 된다. 즉 그곳에는 개별요소의 사적 이해를 뛰어넘는 조정이 필요하지만 동시에 그 조정은 개별 요소의 사적 이해를 무시하고 행할 수 없는 것이고, 개별 요소의 이익의 단순한 총화에는 환원할 수 없지만 개별 요소의 이익에 결부되어 환경이익은 실효적으로 보

한국비교공법학회, 2007, 491면; 동, "독일 환경법상 단체소송의 새로운 전개", 『환경법연구』 제29권 제2호(2), 한국환경법학회, 2007, 62쪽 참조.

48) 廣中俊雄과 吉田克己도 환경문제, 정확하게는 생명·신체 등의 인격질서에 관계되는 이익의 침해까지는 이르지 않지만 생활환경의 침해로서 환경문제를 개별시민의 이익과 시민총체의 이익이 오버랩 되는 생활이익질서의 문제로 인식한다(廣中俊雄, 前揭書, 18頁 以下; 吉田克己, 『現代市民社會と民法學』, 242頁 以下).

호될 수 있기 때문이다.

애당초 환경문제에 있어 공공성이라 것은 주민의 이익에 外在하고 그것과 대치되는 것이 아니라 주민을 포함한 각양각색의 요소 상호 이익의 조정원리 내지 조정결과로 볼 수밖에 없다. 따라서 공공성이란 본래 시민과 주민의 권리에서 이탈되어 그것을 제약하는 것이 아니라 당해 지역의 시민과 주민의 이익의 총체, 즉 그 조정통합원리 혹은 그 결과로서의 질서인 공공을 지향하는 것이라고 한다면 그와 같은 환경질서, 즉 공공성의 형성·유지·향수에 있어 사법은 커다란 역할을 할 수 있다고 본다.

그리고 경관 등의 환경이익을 사인의 권리로 관념할 수 있느냐가 문제된다. 틀림 없이 경관이익과 같은 환경이익은 다시금 지적하는 바와 같이 사인의 이익에 환원되지 않는 공공적 성격을 가지고 있다. 이러한 의미에서 공유법리에 의하여 소유권 유사의 권리로서 환경권을 구성한 초기의 환경권론에는 한계가 있다. 그러나 환경이익은 주민의 권리로 구성할 수 있다고 본다. 따라서 이와 같이 본다면 환경질서, 즉 환경적 공공성의 형성과 유지에 주민이 주체적으로 관여할 수 있게 될 것이다.

이와 같은 환경질서의 형성·유지·향수의 권리로서 환경권이 관념될 수 있다면 그것은 구체적으로 다음의 두 가지를 의미한다. 그 첫째는 환경질서의 형성유지에 참가하는 권리, 즉 참가권, 절차권으로서 환경권이다. 이 측면에서는 절차권으로서 환경권 주장이 주목된다. 둘째는 환경질서를 적정히 타 요소의 향수와 공존할 수 있는 방식으로 향수할 수 있는 권리라고 하는 측면이다. 이 점에서 앞서 살펴본 일본에서 주장되고 있는 환경공동이용권으로서 환경권이라는 견해가 참고가 된다. 이와 같은 환경권이 사법, 즉 민사소송을 통하여 실현되는 것이 환경에 있어서 공공성의 형성·유지와 연결되고, 시민이 양호한 환경 하에서 자기실현을 위한 조건이 되는 것이다.

또한 환경적 공공성의 형성·유지·향수에 관한 권리를 관념함으로써 그 권리의 주체는 누구인지가 문제되는바, 환경적 공공성 이익을 향수하는 주민이 권리주체로서 고려되어질 수 있지만 그 주체를 자연인에 한정할 필요는 없고, 지역의 환경질서의 형성에 단체와 법인까지도 고려될 수 있다. 따라서 주민집단 등의 권리인가 개인의 권리인가라고 하는 점에 있어서는 지역에 있어서 환경질서에 관한 것은 개인과 집단의 양자라고 할 수 있기 때문에, 개인의 권리와 집단의 권리 양자를 고려할 수 있다. 단 집단의 권리로 간주될 지라도 그것은 특정지역의 집단에 한정할 수밖에 없고, 주민·시민 일반은 아니다. 그와 같은 시민·주민 일반의 권리는 공법상의 문제로서 처리하여야만 한다.

이상으로 환경이익보호에 있어 민법의 과제와 관련하여 일본에서 논의되는 바를 구체적으로 살펴보고, 그 논리를 차용하여 재구성해 보았다. 향후 우리나라에서 이와 관련되는 논의에 많은 시사가 되리라 본다.

Ⅳ. 결론에 갈음하여

마지막으로 다음과 같이 몇 가지 과제를 확인하면서 결론에 갈음하고자 한다. 민법에 있어 공공성은 외재적인 것이 아니다. 환경이익이라고 하는 공공적 성격을 가진 이익을 보호하고, 지역의 환경질서라고 하는 공공성을 형성·유지하는 한도에서 공법과 사법이라고 하는 두 채널의 협동이 중요하다. 이 협동은 공적인 채널의 불완전을 보완한다는 의미를 넘어 환경이익의 특질로부터 불가결하다고 할 것이다. 이렇게 형성된 환경적 공공성이 사람들의 생활 혹은 생존의 기반이 된다. 이와 같은 형태의 환경보호에 있어서 사법의 의의를 확인함으로써 검토하여야 할 과제도 다수 남게 된다.

애당초 경관 등의 환경이익을 사법상 보호하려고 하는 경우 두 가지 접근방법이 가능하다. 하나는 환경이익을 주민의 보호법익으로서 인식하고, 그것이 침해됨에 따른 피해자인 주민의 청구를 인정하는 접근방법을 생각할 수 있다. 이에 대하여 또 다른 하나는 환경을 침해하는 자의 권리, 즉 소유권에 착안하여 그 제약 가운데 환경이익보호를 도모하는 접근방법을 생각할 수 있다. 본고는 주로 전자의 측면에 검토의 중점을 둔 것이지만, 그것은 당연히 침해자 측의 소유권 등의 권리행사를 공법적 규제와는 다른 차원에서 제한하는 것이므로, 그 이론적 근거를 심도있게 검토할 필요가 있다.

또한 본고와 같이 환경이익의 보호를 고려할 경우 당연히 그것은 당해 지역에 있어서 토지소유자 그 외의 자의 권리행사에 대한 제약은 공법적 규제뿐만 아니라 그 이상을 의미하게 된다. 소유권은 당해 목적물을 법령의 제한 내에서 자유롭게 사용·수익·처분할 수 있는 권리이지만(「민법」 제211조 참조), 이와 같은 공법적 규제에 의하지 않은 소유권의 제한을 소유권론의 관점에서 어떻게 이해할 수 있는가도 향후 검토 과제가 될 것이다.

제5장

경제법과 공정거래법 및 私法의 관계*

심 재 한**

Ⅰ. 들어가는 말

자유시장경제질서 하에서 사경제주체의 경제행위에는 사적자치의 원리가 지배하며, 사적자치의 원리는 민법의 기본원리이기도 하다. 민법은 계약관계를 기초로 하는바, 산업사회에서 계약의 정의는 시장참가자들의 경쟁에 의해 확보되며 이는 시장의 개방성을 전제로 한다. 다수의 수요와 공급에 의해 이루어지는 경쟁을 통한 시장경제는 국가에 의해 조종되는 중앙집중경제에 비해 훨씬 효율적이기 때문이다.

시장의 개방을 방해하는 것은 경우에 따라시는 예컨대 국가의 법에 의해 보장된 지적재산권과 같은 것도 있으나, 이밖에 경제력의 집중이나 카르텔의 형성 등을 통해 이루어질 수도 있다. 경쟁법은 시장에서의 사적인 힘을 제어하고 실체적인 계약정의의 전제조건을 회복하기 위하여 제정되었다.

* 이 글은 『경제법연구』 제8권 제1호, 2009. 6, 1~26쪽에 게재된 논문을 수정 · 보완한 것이다.
** 영남대학교 법학전문대학원 교수, 법학박사

그리하여 우리나라 독점규제 및 공정거래에 관한 법률(이하 '공정거래법'이라 한다)의 입법취지도 경쟁을 통한 시장의 개방성과 계약정의의 보장이 되는데, 이를 통해 소비자 후생의 극대화와 정치적인 민주주의 그리고 자유로운 경제체제를 추구한다. 따라서 거래의 자유를 보장하는 전제를 형성하는 것과 자유경쟁을 기초로 하는 사적자치의 유지가 공정거래법의 해석에 중요한 의미를 가지게 된다.

공정거래법은 집행이 필요한데 시정조치나 과징금 부과와 같은 행정적 제재가 주로 사용된다. 하지만 이러한 행적제재뿐만 아니라 침해행위를 구성하는 계약의 무효와 같은 소극적인 제재 그리고 침해행위의 중지 및 손해배상청구와 같은 적극적인 私法上의 제재도 가능하다. 이러한 사법상의 제재수단을 제공하는 것은 민법이며, 동시에 민법은 공정거래법의 보호대상이 된다.

따라서 공정거래법과 민법 즉 넓게 보아 私法의 관계에 대한 자세한 고찰이 필요하리라 생각된다. 그런데 우리나라에서 기존의 논의는 경제법과 민법의 관계를 분류하는 것에 중점이 두어졌으므로 본고(Ⅱ)에서는 우선 이를 정리해보기로 한다. 그리고 Ⅲ편에서 공정거래법과 민법의 관계에 대해 고찰하는데, 이 관계에 대해서는 독일과 우리나라의 해석론을 참고하여 논의해 보기로 한다.

Ⅱ. 경제법과 사법

1. 독일에서의 경제법 개념의 태동과 발전

주지하는 바와 같이 경제법이라는 용어는 우리나라와 일본, 그리고 독일 등에서 사용되는 용어이다.[1] 우리나라나 일본에서 사용하는 경제법이라는 용어는 독일의 Wirtschaftsrecht를 번역한 것이라고 볼 수 있는데, 독일에서도 경제법의 개념이 20세기 초반에서야 생성되었고 그 이전에는 판덱텐(Pandekten)법체계에 따른 私法과 헌법 및 행정법이 중심이 된 공법이라는 두가지 분야만을 인식하고 있었을 뿐이다.2)

그런데 1810년에는 프로이센에서, 1869년에는 북독일연방(Norddeutscher Bund)에서 영업령(Gewerbeordnung)을 통해 영업의 자유가 도입3)되어 19세기에 이미 경제생활에는 커다란 변화가 있었다. 그럼에도 불구하고 당시 국가는 원칙적으로 경찰 및 군사상의 이유에 의해서만 경제에 개입했을 뿐이다. 당시에는 경제문제가 개인의 문제였으므로 결과적으로는 일반사법의 영역에서 처리되었다.4) 그러나 이후 산업자본주의의 급격한 발전과 이에 따른 거대기업과 카르텔의 형성, 노사문제 등이 전개되자 이에 대해서는 산업법(Industrierecht)의 범주에서 설명되었다.

경제법(Wirtschaftsrecht)이라는 용어는 제1차 세계대전 이후에 사용되기 시작하였다.5) 즉 제1차 세계대전 당시 전시경제의 수행을 위해 1914년에는 授權法(Ermächtigungsgesetz)이 제정되어 연방참의원(Bundesrat)이 거의 무제한적인 입법권을 부여받았는데, 이에 따라 각종의 법령과 고시가 제정되었다. 전시체제에 대응하기 위한 이러한 각종 법규범은 제1차 세계대전의 종전후 체계화작업이 진행되었고,6) 그 결과로서 경제법에 대한 논의

---

1) 물론 중국에서도 경제법이라는 용어가 사용되기는 했지만 경제체제 자체가 다르므로 우리의 용어와 동일선상에서 평가할 것은 아니다.

2) Rittner/Dreher, Europäisches und deutsches Wirtschaftsrecht, §1 Rn. 2.

3) Roellecke, Vom Privileg zum Eigentum, Der Staat 1991, S. 379ff.

4) Rittner/Dreher, Europäisches und deutsches Wirtschaftsrecht, §1 Rn. 2.

5) Piepenbrock, Der Gedanke eines Wirtschaftsrechts in der neuzeitlichen Literatur bis zum Ersten Weltkrieg, 1964, S. 22; Steindorff, Einführung in das Wirtschaftsrecht der Bundesrepublik Deutschland, 1977. S. 8ff.

6) Kahn, Rechtsbegriffe der Kriegswirtschaft. Ein Versuch der Grundlegung des Kriegswirtschaftsrechts, 1918; Nußbaum, Das neue deutsche Wirtschaftsrecht.

가 발전하게 되었다.[7]

제1차 세계대전이 끝난 1919년 이후 지배한 經濟思潮는 카르텔을 신경제질서에 적합하다고 생각하였다. 왜냐하면 경제는 더 이상 개인적인 문제가 아니라 사회전체의 문제라고 생각했기 때문이다. 카르텔과 독점은 경제질서의 지주가 되었고, 제2차 세계대전을 이끌던 나치정부는 경제장관에게 광범위한 간섭권을 인정한 강제카르텔법(Zwangskartellgesetz)을 1933년에 공포하는가 하면, 경제장관은 일정 분야에 대한 시장통제령을 내리기도 하였다.[8] 그러다가 제2차 세계대전 이후에 경제법은 자유와 구속이 영속적으로 충돌하는 場으로서의 경제행정법으로,[9] 그리고 1970년대부터는 사법에 대한 사회정책적 비판으로 변화하게 되었다.[10]

독일에서는 1957년 경쟁제한방지법(GWB)를 제정하여 경제주체의 경쟁을 유도하는 한편, 1967년에는 경제의 안정과 성장촉진을 위한 법

Eine systematische Übersicht über die Entwicklung des Privatrechts und der benachbarten Rechtsgebiete seit Ausbruch des Weltkrieges, 1920, 2. Aufl., 1922; Heymann, Die Rechtsformen der militärischen Kriegswirtschaft als Grundlage des neuen deutschen Industrierechts. Arbeiten zum Handels-, Gewerbe- und Landwirtschaftsrecht Nr. 34, 1921.

7) Krause, Bericht über Aufgaben und Stand des Wirtschaftsrechts, DRW 1937, 28ff.; Michel, Vom Gewerberecht zum Wirtschaftsrecht, ZakDR 1935, S. 735; Jugel, Zum Begriff des Wirtschaftsrechts in Europa, Eine rechtshistorische und rechtsvergleichende Untersuchung, Diss. Tübingen 1995, S. 31ff.

8) 그에 따라 1933년 11월에는 백열전구의 생산시설설치 및 확장금지, 1934년 1월에는 단추의 생산시설설치 및 확장금지가 내려졌다. 자세한 내용에 대해서는 Kahn, Die Steuerung der Wirtschaft durch Recht im nationalsozialistischen Deutschland, 2006, S. 125ff.(Rittner/Dreher, Europäisches und deutsches Wirtschaftsrecht, §1 Rn. 17에서 재인용).

9) Huber, Wirtschaftsverwaltungsrecht, 2. Aufl., Bd. I, 1954, S. 10.

10) Assmann/Brüggemeier/Hart/Joerges, Wirtschaftsrecht als Kritik des Privatrecht, 1980; Fikentscher, Wirtschaftsrecht I, 1983, S. 17; Wiethölter, Die Position des Wirtschaftsrechts im sozialen Rechtsstaat, FS Böhm, 1965, S. 41ff.

(Stabilitätsgesetz)[11]을 제정하여 전후에 이어진 경제성장의 지속을 추구하였다. 이법에 따라서 "시장경제질서의 틀 속에서 물가수준의 안정과 동시에 지속적이며 적정한 경제성장을 이루면서 높은 고용수준과 대외경제의 균형"에 이바지하도록 연방과 각주들은 그의 경제 및 재정상의 조치를 행사하여야 할 의무를 부담하게 되었다.[12] 이를 위해 기본법 제109조에 헌법상의 근거를 만들었고, 1972년의 경영조직법(Betriebsverfassungegesetz)을 통해 회사의 경영조직개편을 이루었으며, 그 연장선상에서 1976년에는 공동결정법(Mitbestimmungsgesetz)이 제정되었다.

독일에서는 경제법을 경제질서법, 경제정책에 관한 법이며[13] 또한 사법의 경제정책적 전제조건의 표현[14]이라고 파악하고 있다.

2. 우리나라와 독일의 경제법 범위

앞서 본바와 같이 독일에서 경제법개념의 태동은 제1차 세계대전의 수행을 위한 전시경제의 효율적 운영과 관련이 깊고, 전후에는 경제부흥의 지속적인 추진을 위한 각종 법제의 마련에 초점이 맞추어져 있다. 이러한 정부주도 형태의 경제질서구축은 우리나라도 크게 다르지 않으며, 한국전쟁 이후 1960년대부터 이루어진 우리나라의 경제성장에서 정부의 주도적인 역할이 실질적인 측면이나 제도적인 측면에서 강하게 나타났다.

이렇듯 양국에 있어 경제법제의 필요성에 대해서는 차이가 없다고 하더라도, 경제법 연구의 대상은 차이가 있다.

---

11) Das Gesetz zur Förderung der Stabilität und des Wachstums der Wirtschaft vom 8. Juni 1967, BGBl. I. S. 582.

12) Rittner/Dreher, Europäisches und deutsches Wirtschaftsrecht, §1 Rn. 28.

13) Schmidt, Nagelprobe des Zivilrechts, AcP 2006, S. 177.

14) Mertens/Kirchner/Schanze, Wirtschaftsrecht, 1978, S. 17.

우선 독일의 경우 현재 Rittner의 분류에 따르면 경제법의 범위에 포함되는 법률들은 카르텔법(Kartellrecht)이라고도 불리우는 경쟁제한방지법(GWB)이 그 핵심을 이루고 있으며, 이밖에 기업법(Unternehmensrecht)[15]과 일반(경제)조종법(Allgemeine Lenkungsrecht)[16] 그리고 특수경제법(Besonderes Wirtschaftsrecht)[17]이 포함되어 있다. 반면 소비자(보호)법(Verbraucher(schutz)recht)은 경제법의 범주를 넘어서는 분야로 파악되고 있다. 왜냐하면 제조물책임법이나 약관법 그리고 할부거래법, 방문판매법 등과 같은 소비자법제는 정책적인 의도를 표현한 것이지, 법체계적인 범주화를 구성한 것은 아니기 때문이라는 것이 그 이유이다.[18]

---

15) 기업법(Unternehmensrecht) 영역에서는 누구를 기업가로 판단할 것인지, 기업 조직 특히 회사의 조직을 어떻게 할 것인지 또는 국가나 지방자치단체가 어떻게 기업적으로 활동할 수 있는지 등에 대해 파악한다. 따라서 이 분야에서 논의되는 것은 독일 특유의 공동결정제도(Mitbestimmung)는 물론이고, 정부의 기업적인 활동(Die unternehmerische Betätigung der öffentlichen Hand), 기업의 수임인(Unternehmensbeauftragten), 사업자단체(Unternehmensverbände)를 포괄한다. Rittner/Dreher, Europäisches und deutsches Wirtschaftsrecht, §8 내지 §13 참조.

16) 일반(경제)조종법(Allgemeine Lenkungsrecht) 영역에서는 국가에 의해 설정된 목표달성에 이바지하는 고권적인 명령과 기타 정책을 통한 경제조종에 대해 논의한다. 또한 긴급한 경제상황에 대처하기 위한 국가의 직접적인 조정에 대해서도 파악한다. 따라서 이 분야에서는 가격조종(Preislenkung), 보조금 제도(Beihilfe- und Subventionsrecht), 대외무역 및 대외경제법(Außenhandels- und Außenwirtschaftsrecht), 위기관리법(Bewirtschaftungsrecht)이 논의된다. Rittner/Dreher, Europäisches und deutsches Wirtschaftsrecht, §24 내지 §28 참조.

17) 특수경제법(Besonderes Wirtschaftsrecht) 영역에서는 공공계약발주(Vergabe), 보험경제(Versicherungswirtschaft), 신용경제(Kreditwirtschaft), 자본시장(Kapitalmärkte), 에너지경제(Energiewirtschaft), 교통경제(Verkehrswirtschaft), 미디어경제(Medienwirtschaft), 통신경제(Telekommunikationswirtschaft)가 논의된다. Rittner/Dreher, Europäisches und deutsches Wirtschaftsrecht, §29 내지 §37 참조.

18) 따라서 Rittner가 분류한 경제법제 내에서 소비자법제는 경쟁법(Wettbewerbsrecht)이나 개별 특수경제법(Besonderes Wirtschaftsrecht)분야에서 의미를 가질 뿐이며, 전체 경제적인 관점에서 파악되지는 않는다고 한다. Rittner/Dreher,

원래 독일 소비자보호법제의 연혁은 할부거래와 관련된 피해에 대응하여 1894년에 제정된 할부거래법(Gesetz betreffend die Abzahlungsgeschäfte ; AbzG)으로 거슬러 올라간다.[19] 1980년대에 들어서면서 EU에서 소비자보호와 관련된 지침(Richtlinie)이 제정되면서 독일에서도 소비자보호법들이 제정되어 1986년에는 방문판매법, 1996년에는 임시주거법, 2000년에는 통신판매법이 제정되었고, 1986년에는 옛 할부거래법이 소비자신용법으로 그리고 1996년에는 약관규제법이 개정되었다. 더불어 EU에서는 1999년에 소비재매매지침(Verbrauchsgüterkaufrichtlinie), 2000년에 지급지체지침(Zahlungsverzugsrichtlinie) 그리고 2000년에는 전자상거래지침(E-Commerce Richtlinie)이 제정되었는데, 이 지침들을 독일법으로 전환하는 과정에서 전반적인 채권법 개정 작업이 추진되어 2002년 1월 1일부터 새로운 민법[20]이 시행되고 있다. 이로써 그동안 특별법으로 규율되어 오던 각종 소비자보호 관련 법률도 대부분 채권편에 통합되어[21] 약관법(AGBG)[22], 소비자신

Europäisches und deutsches Wirtschaftsrecht, §1 Rn. 79.

19) 독일에서 19세기 중반의 산업혁명을 통해 대량생산 된 제품을 판매하는 방식으로 새롭게 등장한 할부거래는 1870년대 이후 널리 퍼지게 되었다. 특히 재봉틀이나 가구, 자동차 등 고가의 소비재에 대한 매매에 있어 할부거래의 방식이 애용되었다. 그러나 할부거래는 소비뿐만 아니라 사업을 목적으로 하는 경우에도 이루어질 수 있는 것이기 때문에 할부거래법이 완전한 소비자보호법으로서의 성격을 가진다고 볼 수 없다.

20) BGBl. I 3138.

21) 다만 제조물책임법은 EU지침에 따라 국내법화한 중요한 소비자보호입법이지만 계약법이 아니어서 통합되지 않았다.

22) 기존의 약관법(AGBG)은 개정민법 제2편 제2장 [보통거래약관에 의한 법률행위상의 채무관계의 형성] 이라는 표제 하에 계약총론에 편입되었다. 이에 따르면 약관에 의외조항이 있으면 이는 계약의 구성부분으로부터 제외된다(제305조c). 그리고 신의칙에 반하거나, 규정내용이 불명확하거나, 법률의 기본관념에 상치되거나, 계약의 목적달성이 위태로운 경우 소비자는 약관의 무효를 주장할 수 있으며(제307조), 계약조건의 부당성 판단시 소비자를 위하여 계약체결시의 제반사정을

용법(VerbrKrG)[23], 방문판매법(HaustürWG)[24], 통신판매법(FernAbsG)[25], 일시적 주거권법(TzWrG)[26]에 규정된 주요 내용들이 민법전으로 흡수되었다. 또한 전자거래[27]와 소비재매매[28]에 대한 규정도 민법에 포함시켰다.

고려할 수 있다(제310조 제3항 제3호).

23) 1894년에 제정된 할부거래법은 소비자인 매수인이 할부대금지급의무의 이행을 지체하는 경우에 계약해제와 이미 수령한 급부의 반환, 위약금조항, 기한이익상실 조항 등에 관한 규정을 두었다. 할부거래법은 1969년, 1974년에 개정이 이루어졌다가 1990년에 소비자신용법(Verbraucherkreditgesetz; VerbrKrG)이 제정되면서 이에 흡수되었다가 독일 민법 제491조 이하와 제655조a 이하로 수용되었다. 제491조에 따르면 소비자의 소비대차인 貸主가 사업자이며 借主가 소비자인 경우에 해당된다. 그런데 제507조에서는 차주가 제13조의 정의규정에서 말하는 소비자에 속하지 않는 창업자(Existenzgründer)에게도 제491조 내지 제506조가 적용됨을 규정하고 있다. 다만 그 창업자에게 제공된 순소비대차액(Nettodarlehens-betrag)이나 현금가격이 50,000유로를 넘지 않아야 한다.

24) EU의 지침을 따라 1986년에 제정된 방문판매법(HaustürWG)은 독일민법 제312조와 제312조a에 수용되어 14일의 청약철회권 행사기간(제312조 제1항 제1문, 제355조)과 반환권(제312조 제1항 제2문, 제356조)을 규정하고 있다. 그리고 이러한 청약철회권과 반환권의 존재 등에 대해 문서형식으로 소비자에게 고지해야 하는 사업자의 의무는 제312조 제2항에 규정되어 있다.

25) 통신판매는 소비자의 얼굴을 대면하지 않고 편지, 광고지, 전화, 팩스, 이메일, 홈쇼핑 등의 통신수단을 이용하여 거래하는 것이다. 통신판매법(FernAbsG)을 거의 수용한 독일민법 제312조b와 제312조c에 따르면 역시 14일의 청약철회권(제312조b 1항, 제355조, 제356조)과 소비자에게 문서형식에 의한 고지를 할 것을 사업자에게 부과한 제312조c가 적용된다.

26) 일시적 주거권법(TzWrG)은 1996년에 제정되었으며, 이는 거의 그대로 독일민법 제481조 내지 제487조에서 수용되었다. 그리하여 필요사항에 대한 문서에 의한 설명(제482조)과 14일의 청약철회권(제485조 1항) 등이 규정되어 있다.

27) 독일민법 제312조e의 규정은 2000년에 제정된 EU의 전자상거래지침(E-Commerce Richtlinie)을 입법화한 규정으로서 이에 따르면 전자거래에 있어서의 고객이 전자적 방법으로 주문을 발송하기 전에 고객이 주문내용을 기재함에 있어 하자가 있었음을 인식하고 정정할 수 있도록 기술적 수단을 제공해야 하는 등의 내용을 규정하고 있다.

28) 1999년에 제정된 EU의 소비재매매지침(Verbrauchsgüterkaufrichtlinie)은 독일민

그런데 우리나라의 경우 독일과는 달리 경제법에 대한 논의의 범주안에는 사법시험령에 근거하여 소비자관련법제가 포함되어 있다. 이러한 상황하에서 독일 Rittner 교수의 견해에 따라 경제법과 민법의 관계에 대해 "민법의 경우에는 개인 상호간의 법률관계를 정당하게 규율하는 것을 목적으로 하는 반면, 경제법은 국민경제 전체를 정당하게 질서지우는 것을 목적으로 함"29)을 설명하는 논의30)에 대해서는 다시 한번 더 생각해 볼 필요가 있다.

경제법의 기본원리가 국민경제의 안정적인 성장이나 대외무역에서의 균형 그리고 이를 위한 한정된 자원의 효율적 배분 등을 위해 국가가 개입하기위한 법제라면, 소비자보호법제는 기본적으로 일반 민법상의 계약법제와 밀접한 연관성을 가지며31) 따라서 개별 기업과 소비자라는 당사자 상호간의 법률관계가 중심이 될 수밖에 없다.32)

법 제474조 이하에 수용되었다.

29) Rittner/Dreher, Europäisches und deutsches Wirtschaftsrecht, §1 Rn. 66.

30) 권오승, 『경제법』, 18쪽.

31) 이러한 점은 예컨대 특수거래와 관련된 제규정의 주요 내용이 구매계약시 경솔하게 판단한 소비자의 매수의사표시의 철회(할부거래법 제5조, 제7조, 방문판매법 제8조, 제17조, 전자상거래소비자보호법 제17조)와 철회권의 행사에 따른 계약해지 이후의 원상회복, 즉 소비자가 구매했던 물품의 반품 및 물품구입시 결제한 대금에 대한 반환규정(할부거래법 제6조, 제9조, 방문판매법 제9조, 제10조, 제18조, 제19조, 제30조, 전자상거래소비자보호법 제18조, 제19조)에 드러나 있다.

32) 다만 소비자 피해의 특수성(정보의 불충분, 다수의 피해자, 개별 소비자의 피해자체는 소액이라는 점 등)을 고려하여 司法機關에 의한 소송제도 이외에도 각종의 피해구제제도(예컨대 자율분쟁조정제도나 집단분쟁조정제도 등) 및 정부기관에 의한 각종의 감시·감독제도를 마련하고 있는 것이다. 정부기관에 의한 감시·감독제도는 예컨대 방문판매법 제5조(방문판매업자의 신고), 제13조(다단계판매업자의 등록), 제37조(위반행위의 조사), 제41조 이하(위반행위의 시정권고 등); 전자상거래소비자보호법 제12조(통신판매업자의 신고), 제26조(위반행위의 조사), 제31조 이하(위반행위의 시정권고 등)에 규정되어 있다.

경제법과 민법의 관계를 판단할 때 "시장경제를 기본으로 하는 경제질
서에 있어서 민법상의 기본적인 제도인 계약과 소유권도 시장경제질서를
형성하는 기능을 담당하며, 따라서 개별적인 거래관계는 경제법의 대상이
되지 않지만 그것이 전체경제적인 관점에서 고려될 때는 경제법적 의미
를 가지게 된다"[33]고 하는 것은 적절한 지적이다. 국민경제 전체의 관점
에서 고려되어야 한다는 것은 私人간의 거래관계나 계약이 국내의 시장
질서에 영향을 미친다는 의미가 되는바, 카르텔이나 시장지배적 지위남용
행위, 기업결합 등이 직접적으로 시장질서에 영향을 미칠 수 있는 행위가
되므로 공정거래법은 경제법의 주축으로 자리잡게 된다. 반면 소비자보호
법제의 규율 대상이 되는 행위는 기업과 소비자 상호간 계약의 성립여부
와 그와 관련된 의사표시의 해석 그리고 소비자 권리의 침해와 그 회복을
위한 법규정이 중심이 되는 사법관계라고 할 것이다.

따라서 경제법과 민법의 관계에 대해 전술한 견해를 우리나라의 경제
법 체계범위에서 재구성해보면 "우리나라에서 경제법은 공정거래법제와
소비자보호법제로 구성되는데, 공정거래법은 국민경제를 정당하게 질서
지우는 것을 목적으로 하며, 소비자보호법제는 개인 상호간의 법률관계를
정당하게 규율함을 목적으로"한다고 이해된다.

3. 경제법과 근대 시민법 원칙

경제법과 민법의 관계에 대해 우리나라 다수의 견해는 경제법은 고도
자본주의 사회의 모순을 극복하기 위하여 근대 시민법원칙을 수정한 것
이고, 따라서 계약자유의 원칙을 수정하여 계약체결을 강제하거나 과실책
임 원리를 수정하므로 경제법은 민법의 특별법적 성질을 가진다고 평가

---

33) 권오승, 『경제법』, 19~20쪽.

한다.34) 그 예로써 경제법인 약관의 규제에 관한 법률이 계약자유원칙을 수정하여 약관의 어떠한 내용이 무효로 되거나(약관법 제6조 내지 제14조) 혹은 공정거래법에 따라 부당공동행위가 무효로 되는 점(공정거래법 제19조 제4항), 그리고 민법상의 의사표시 효력발생시기의 도달주의 원칙(민법 제111조 제1항)이 할부거래나 방문판매 등의 특수거래법제에서 발신주의 원칙으로 수정된 점(청약철회 의사표시의 효력발생시기-할부거래법 제5조 제3항, 방문판매법 제8조 제4항, 제17조 제1항, 전자상거래소비자보호법 제17조 제4항)을 지적하기도 한다.35)

그런데 사유재산권 존중과 사적자치 및 과실책임의 원칙이 지배하는 근대 시민법원리를 수정하기 위한 개정입법은 이미 민법의 영역에서도 꾸준히 이루어져 왔으므로 이를 특별히 경제법과 민법의 구분기준으로 평가하기에는 적절하지 않다고 생각된다.36)

또한 앞서 본바와 같이 우리나라 경제법의 연구범위가 공정거래법제와 소비자보호법제로 양분된다고 할 때, 소비자보호법제가 민법의 특별법적인 성질을 가지는 점을 인정하더라도 부당공동행위가 무효로 되는 점만을 가지고 공정거래법제가 일반적으로 민법의 특별법적 성질을 가진다고 판단할 수 있는지에 대해서는 의문이 있다.

따라서 이하에서는 공정거래법과 민법 즉 사법과의 관계를 중요 행위유형에 따라 나누어 살펴보기로 한다.

---

34) 이남기·이승우, 『경제법』, 13쪽; 박상룡·엄기섭, 『경제법원론』, 18쪽; 신현윤, 『경제법』, 18~19쪽.

35) 이남기·이승우, 『경제법』, 13쪽; 박상룡·엄기섭, 『경제법원론』, 18쪽.

36) 예컨대 독일민법에 있어서는 2002년의 민법개정을 통해 이러한 현상이 더욱 두드러지게 나타나는데, 특히 개정법 제474조 이하의 소비재매매(Verbrauchsgüter-kauf) 규정에 의하여 특수거래형식이 아닌 일반매매계약에 관해서도 소비자보호의 이념이 관철된 것으로 파악된다. 이는 채권법에서도 가장 핵심적인 매매계약에 있어서 계약자유의 원칙이 사실상 붕괴된 것으로 평가되고 있다.

Ⅲ. 공정거래법과 사법

1. 카르텔과 사법

1) 카르텔에 대한 독일법상의 입법방식

(1) 카르텔과 良俗違反行爲

독일민법 제1초안 작성자들은 동맹의 자유나 영업의 자유를 저해하는 모든 계약은 공공질서를 침해하므로 무효화되어야 한다고 생각하였다.[37] 왜냐하면 근대 시민법원리가 지배하던 시기에는 영업의 자유에서 가장 중요한 요소가 상대방 선택의 자유와 조건선택의 자유라고 판단했기 때문이다. 그러나 이러한 생각은 제2초안 작성자와 의회의 입법절차에서 조정되었다. 제2초안의 작성자들은 제138조에서 공공질서 침해 기준을 배제시켰는데, 영업의 자유를 침해하는 계약은 대개 그 내용상으로 이미 良俗違反(sittenwidrig)에 해당한다고 판단했기 때문이다.[38] 제국의회(Reichstag)에서 조직한 위원회에서도 민법초안에 대해 상세히 토론한 후 절대다수의 견해에 의해 공공질서를 민법에 포함시키는 안을 부결시켰다.[39] 법안 부결의 원인은 우선 공공질서개념의 불명확성에도 기인하지만, 더 중요한 원인은 영업의 자유와 그 제한을 구별하여 규정해야 할 필요성이 제기되었기 때문이다.[40]

---

37) Mot. I, S. 211.

38) Protokolle, Bd. 1, S. 124.

39) 법안의 목적은 예컨대 사적 자유, 동맹의 자유, 영업의 자유, 양심의 자유, 선거의 자유와 같이 가장 중요한 일반적인 법질서원리를 침해하는 법률행위는 무효가 됨을 확고히 나타내기 위함이었다. Bericht der Reichstags-Kommission über den Entwurf eines Bürgerlichen Gesetzbuchs und Einführungsgesetzes, 1896, S. 41f.

독일에서는 1923년에 카르텔규칙(KartVO)[41]이 제정되기 이전까지는 전통적으로 카르텔에 대하여 민법 제138조의 양속위반적 법률행위(sitten-widriges Rechtsgeschäft)[42]의 적용여부를 판단하였다.[43] 그런데 제국법원 (Reichsgericht)은 경쟁제한적 카르텔 계약들을 일반적으로 무효화한 것이 아니라, 양속에 대한 객관적이며 주관적인 위반행위가 있는 경우에만 무효로 판단하였다.[44] 이때 양속에 대한 판단기준은 영업의 자유를 위해 폭넓게 인정되었기 때문에 카르텔의 조직화가 민법 제138조에 의해 규제된 바는 거의 없었다.[45]

(2) 원인금지주의와 폐해규제주의

① 원인금지주의와 폐해규제주의에 대한 논의의 출발

시장질서에 관해서는 앞서 본바와 같이 1923년에 카르텔규칙(KartVO)이 제정되면서 법제화가 이루어졌다. 카르텔규칙의 정식명칭은 사실 "시장에서의 경제적 지위의 남용에 대한 규칙(Verordnung gegen Missbrauch wirtschaftlicher Machtstellungen)"이지만 카르텔을 규제하기 위한 법이 아니었다. 카르텔규칙은 카르텔의 형성을 처음부터 금지하는 규정을 가지고 있던 것이 아니라 예외적으로 제3자의 방해행위 등에 대해서만 제지효력을 가지고 있었으므로 폐해규제(Missbrauchskontrolle)주의를 취하고 있었다. 카르텔 규칙은 카르텔의 일반적인 금지가 아닌 카르텔의 폐해를 제거

---

40) Münchner Kommentar, Kartellrecht, §1 Rn. 7.
41) Verordnung gegen Missbrauch wirtschaftlicher Machtstellungen vom 2. 11. 1923, RGBl. I S. 1067.
42) RGZ 48, 114, 127; RGZ 62, 264, 266; RGZ 161, 76, 81f.; BGHZ 19, 85, 94; BGHZ 65, 284, 289.
43) Münchner Kommentar, Kartellrecht, Einleitung Rn. 1.
44) RGZ 38, 155ff.
45) Münchner Kommentar, Kartellrecht, §1 Rn. 9.

함이 목적이었기 때문이다.[46]

그런데 종전후에 제정된 경쟁제한방지법(GWB) 제1조에서 수평적 카르텔 합의에 대한 당연금지원칙(Verbotsprinzip)으로 전환하게 되었다. 이는 한편으로는 법의 제정과정에서 대표적으로 법학자 프란츠 뵘(Franz Böhm)[47]과 경제학자 발터 오이켄(Walter Eucken)[48]을 대표로 하는 질서자유주의(ORDO-Liberalen)사상에 의해 경쟁의 자유가 관철된 측면이 큰 영향을 발휘하며, 다른 한편으로는 제2차 세계대전 직후 서독지역에 적용된 연합국의 카르텔해체법의 영향도 받은 것으로 보인다. 경쟁제한방지법(GWB)의 시행이전에 적용되었던 카르텔해체법은 이미 전체 경쟁제한적 합의에 대한 광범위한 금지목록과 카르텔해체규정을 포함하고 있었기 때문이다.[49]

② 원인금지주의와 폐해규제주의에 대한 학설 검토

현재 국내의 경제법 교재에서 논의하고 있는 원인금지주의(Verbotsprinzip)와 폐해규제주의(Missbrauchsprinzip)라는 용어구분은 독일에서 경쟁제한방지법(GWB)의 제정시 수평적 카르텔에 대한 입법방식을 어떻게 할 것인가에 대한 논의로부터 출발한다. 즉 경쟁제한방지법(GWB)의 제정논의[50]시에 기존의 카르텔규칙(KartVO)과 같은 폐해규제방식을 계속해서

---

46) 그리하여 카르텔규칙 제4조 제2항에 따르면 카르텔은 서면형식을 필요로 하며 특히 생산 및 판매제한, 가격남용, 차별적 행위 그리고 기타의 자유를 제한하는 부당한 행위에 대한 제국경제장관의 남용감독하에 놓였다. 그리고 카르텔법원만이 제국경제장관의 청구에 의해 계약을 무효로 선언할 수 있었을 뿐이다. Münchner Kommentar, Kartellrecht, Einleitung Rn. 2.

47) Böhm, Wettbewerb und Monopolkampf, 1933, S. 187ff.

48) Eucken, Die Grundlagen der Nationalökonomie, 6. Aufl., 1950.

49) Münchner Kommentar, Kartellrecht, Einleitung Rn. 3.

50) 제1안은 모든 카르텔협정을 근본적으로 금지하되, 시장질서의 통일을 위해 예외를 인정하고 허가해주는 국가관청의 설립을 제안했다. 제2안은 모든 카르텔을 금

취할 것인가, 아니면 이 방식을 폐기하고 원칙적으로 모든 카르텔을 처음부터 금지로 판단한 후 예외적으로 허가하는 방식으로 전환할 것인가에 대한 논의[51]가 있었고, 결국 미국 셔먼법(Sherman Act) 제1조와 같은 원인금지주의원칙을 채택하였다.

그런데 국내의 경제법 교재에서는 예외없이 원인금지주의(Verbotsprinzip)는 미국과 마찬가지로 독점이나 과점의 형성을 원칙적으로 광범위하게 금지하는 입장이고, 폐해규제주의(Missbrauchsprinzip)는 독과점적 지위가 일정한 폐해를 초래하는 경우에만 이를 규제하는 입장으로서 독일의 법제에서 채택하고 있다고 설명하고 있다.[52] 그러나 어떤 국가의 경쟁법 입법방식을 구성요건적 행위유형에 따라 구분하여 파악하지 않고, 법 전체를 상기 둘 중 하나의 원리에 끼워맞추고자 하는 시도는 무의미한 일이다.[53]

앞서 본 바와 같이 독일에서 원인금지주의(Verbotsprinzip)와 폐해규제주의(Missbrauchsprinzip) 구분의 출발점은 수평적 카르텔 규제의 입법방식에 대한 논의에서 출발하며, 굳이 구분을 하자면 제정 당시의 경쟁제한방지법(GWB)은 시장지배적 지위의 남용행위에 대해서만 폐해규제주의를

지하는 것이 아니라, 단지 시장전략과 가격확정의 목적으로 카르텔을 남용할 경우만 통제된다. Fischer, Antikartellgesetzgebung in der Sackgasse?, Der Betrieb 1950, S. 544(최영순, "독일 카르텔의 입법화논쟁 및 그 과정"『경제사학』, 140쪽(주64)에서 재인용).

51) 질서자유주의자들 사이에서도 견해차이가 있었던바, 경제학자들은 경쟁자유에 비중을 두어 원인금지주의를 지지한 반면, 카르텔의 입법화에 회의적이던 법학자들은 계약자유원칙에 반하는 원인금지주의에 반대하였다. 최영순, "독일 카르텔의 입법화논쟁 및 그 과정"『경제사학』, 140쪽(주65).

52) 권오승,『경제법』, 79~80쪽; 이남기·이승우,『경제법』, 96~97쪽; 신현윤,『경제법』, 123쪽; 정호열,『경제법』, 128쪽; 이기수·유진희,『경제법』, 45·73쪽.

53) 同旨 이문지, "경쟁법의 입법주의 구분에 관한 소고"『상사판례연구』, 311쪽 이하.

취하였을 뿐 전체적으로는 원인금지주의 체계를 가지고 있다고 평가하고 있었다. 그런데 이러한 입장은 시간이 흐르고 특히 유럽연합의 경쟁법제의 영향을 받으면서 후술하는 바와 같이 카르텔 규제의 입법방식이나 시장지배적 지위의 규제방식 모두 또다시 변화를 겪게 되었다. 따라서 우리나라의 경제법 교재에서 일률적으로 서술하는 바와 같은 단순한 구분은 다른 나라 경쟁법의 입법방식을 이해하는 데에 전혀 도움을 주지 못한다.

게다가 원인금지주의를 법원의 규제절차가 중심이 되는 사법규제주의와, 그리고 폐해규제주의를 행정처분에 의한 규제절차가 중심이 되는 행정규제주의와 일률적으로 연결시키는 우리나라 경제법 교재의 일반적인 서술도 앞뒤가 맞지 않는 구분이라 할 것이다. 즉 미국이나 일본이 원인금지주의를 취하는 국가라고 분류한다면 기계적으로 이들 국가는 사법규제주의를 취하는 국가로 분류되는데, 미국 연방거래위원회(Federal Trade Commission)나 일본 公正取引委員會의 활발한 규제행위는 무엇이라 판단할 것인가?

이어서 사법규제주의는 당사자주의로, 행정규제주의는 직권규제주의로 연결하는 통상적인 구분이 존재한다. 그런데 이러한 구분 역시 공정거래법 위반행위에 대하여 공정거래위원회의 직권 개입 이외에 위반행위의 신고(공정거래법 제49조 제2항), 손해배상소송에서 공정거래위원회의 시정전치주의 부존재(공정거래법 제56조 이하) 및 한국공정거래조정원에서의 분쟁조정(공정거래법 제48조의2 이하) 등에서 당사자주의를 가미하고 있는 점을 살펴보면 크게 의미있는 구분이라고는 판단되지 않는다.

(3) 경쟁제한방지법상 카르텔금지의 사법적 효과

경쟁제한방지법(GWB) 제1조를 위반하는 카르텔은 금지되고, 카르텔로 인하여 발생한 손해에 대해서는 배상청구가 가능하다(제33조 제3항).

경쟁제한적인 카르텔 계약조항은 무효가 된다(독일민법 제134조, 제138조). 카르텔 계약조항이 계약에 불가결한 조항인 경우 계약전체가 무효가 되지만 경쟁제한조항이 분리가능한 경우 일부무효가 된다. 즉 무효조항을 제외한 계약의 내용은 유효하다. 무효가 된 조항을 대신해서는 무효의 약관조항 처리방법과 마찬가지로 독일민법 제306조 제2항에서 규정된 바와 같이 임의규정(dispositives Gesetzesrecht)이 그 내용을 대체하고, 적절한 대체조항이 없는 경우에는 보충적 해석수단을 동원한다.[54]

앞서 본 바와 같이 경쟁제한방지법(GWB)의 제정이래 카르텔 합의(제1조)는 당연위법으로 판단하고, 특정한 요건하에 제1조의 적용을 면제하는 형식을 취하고 있다. 제1조의 적용을 면제하는 권한은 전통적으로 연방카르텔청[55]과 연방경제장관[56]이 가지고 있었고, 제1조의 적용이 면제되는 카르텔은 인가카르텔(Genehmigungskartell)과 이의카르텔(Widerspruchskartell)로 구분되고 있었다.[57]

그런데 유럽연합(EU)에서 새로운 카르텔 규제규정 실행규칙인 "EU조약 제81조와 제82조의 적용을 위한 실행규칙 1/2003(이하 "규칙 1/2003"이라 한다)[58]"이 2004년 5월 1일부터 시행되면서 기존의 방식과는 커다란 차이

---

54) Münchner Kommentar, Kartellrecht, §1 Rn. 5.

55) 경쟁제한방지법(GWB)의 제6차 개정법에 따르면 제2조에서 규격 및 유형카르텔, 조건카르텔, 제3조에서 전문화카르텔, 제4조에서 중소기업카르텔, 제5조에서 합리화카르텔, 제6조에서 불황카르텔, 제7조에서 기타 카르텔에 대해 금지규정의 적용을 제외할 수 있는 규정을 두었었다.

56) 경쟁제한방지법(GWB)의 제6차 개정법에 따르면 제8조에서는 연방경제장관이 "전체경제 및 공공이익에 관한 중대한 사유로 인하여 경쟁의 제한이 필수적인 경우에 예외적으로 합의 및 결의를 제1조의 금지에서 제외"할 수 있었다.

57) 인가카르텔(Genehmigungskartell)은 행정행위에 의해 유효가 되며, 이의카르텔 (Widerspruchskartell)은 이의제기를 하지 않음으로써 유효가 된다.

58) VO (EG) Nr. 1/2003 des Rates vom 16. 12. 2002 zur Durchführung der in den Artikeln 81 und 82 des Vertrags niedergelegten Wettbewerbsregeln, ABl 2003 Nr.

를 보이는 방식인 당연면제(per-se-Ausnahme)제도가 도입되었다. 그리고 유럽연합(EU)의 규칙 1/2003을 국내법화하기 위하여 2005년에 개정된 새로운 경쟁제한방지법(GWB)[59]에 의해 제2조에도 법정예외(Legalausnahme) 규정이 도입되었다. 제7차 개정법 제2조에 따르면 어떠한 경쟁제한행위가 상품의 생산 또는 유통을 향상시키거나 기술적 또는 경제적 진보에 기여하면서, 소비자에게 그 이익이 적절하게 분배되는 것으로써 관련 사업자에게 이들 목적의 달성에 필수불가결하지 않은 제한을 부과하지 않고, 이러한 사업자에게 당해 상품의 상당 부분에 관하여 경쟁을 제한할 가능성을 부여하지 않는다면 제1조에 의한 금지로부터 당연히 면제가 된다.

그리하여 현재 독일의 경쟁제한방지법(GWB)에는 카르텔에 대하여 제1조의 당연위법과 함께 제2조의 적용을 통한 당연합법이 규정됨으로써 경쟁당국에 의한 면제결정 즉, 사법형성적 행정행위는 더 이상 필요없게 되었다.

어떤 사업자가 다른 사업자와 맺은 합의가 경쟁제한적인 카르텔을 형성하게 되어 제1조가 적용된다면 그 합의는 당연히 금지가 되고 그에 따른 법적책임을 부담하게 된다. 반면 그들의 합의에 제2조가 적용된다면 그들의 합의는 처음부터 합법적이라고 판단되며, 따라서 어떠한 법적책임도 부담하지 않는다. 사업자들의 합의에 제2조가 적용되는지의 여부는 자신의 책임하에 스스로 판단해야 하며, 문제가 발생한 경우에는 법원의 중간심사(Inzidentprüfung)가 따르게 된다.[60] 그리하여 경쟁제한방지법 사례에 민사법원이 개입할 여지가 확대되었다.[61]

L 1/1.

59) BegrRegE 7. GWB-Novelle, BT-Dr. 15/3640, S. 27.

60) Schmidt, Umdenken im Kartellverfahrensrecht!, BB 2003, S. 1237ff.; Weitbrecht, Das neue EG-Kartellverfahrensrecht, EuZW 2003, S. 69ff.

61) Schmidt, Nagelprobe des Zivilrechts, AcP 2006, S. 175.

2) 공정거래법상 부당공동행위의 사법적인 효과

(1) 폐해규제주의에서 원인금지주의로

우리나라 공정거래법은 1980년 제정[62] 당시에는 폐해규제주의로서 등록주의를 채택하였으나, 1986년 개정[63]을 통해 원칙적 금지주의로 전환하였다.[64] 그리하여 현행 공정거래법에서는 제19조 제1항에서 부당한 공동행위를 원칙적으로 금지하고 있으며, 제2항에서는 예외적으로 공정거래위원회의 인가를 받은 카르텔에 대해 제1항의 금지규정 적용이 면제됨을 규정하고 있다. 부당공동행위에 대한 현행 공정거래법의 규정방식은 카르텔에 대한 독일 경쟁제한방지법 제7차 개정 이전의 전통적인 규율방식과 같다.

(2) 공정거래법상의 무효규정

독일의 경쟁제한방지법에서는 앞서 본 바와 같이 카르텔의 사법적인 효력에 대한 규정이 존재하지 않으므로 민법의 규정을 적용하게 되지만, 우리나라 공정거래법 제19조 제4항에서는 부당한 공동행위를 할 것을 약정하는 계약등이 무효라고 명백하게 규정하고 있다.

그런데 경제법과 민법의 관계에 관한 우리나라의 학설 중 하나는 공정거래법상 부당공동행위를 무효로 규정하고 있는 점을 근거로 경제법은 민법의 특별법적 성질을 가진다고 평가[65]한다는 점을 보았다. 하지만 공정거래법 제19조 제4항의 규정이 없더라도 부당한 공동행위는 반사회질서의 법률행위로서 우리나라 민법 제103조의 적용이 가능할 것이다. 따라

---

62) 법률 제3320호, 1980. 12. 31. 제정, 시행 1981. 4. 1.
63) 법률 제3875호, 1986. 12. 31. 일부개정, 시행 1987. 4. 1.
64) 손주찬, 『경제법』, 209쪽.
65) 이남기·이승우, 『경제법』, 13쪽; 박상룡·엄기섭, 『경제법원론』, 18쪽.

서 "원래 법령 기타 사회질서에 반하는 법률행위는 당사자 간에 당연히 무효이기 때문에" 공정거래법 제19조 제4항의 법률적 의미는 크지 않다고 하는 견해[66]가 있다. 그렇다면 공정거래법에서 부당공동행위를 무효로 규정하고 있는 것을 근거로 이법이 민법의 특별법적 성질을 가진다고 판단할 수는 없다.

공정거래법 제19조 제4항은 부당한 공동행위의 사법적 효력의 판단을 민법의 일반규정에 의존하지 않고, 공정거래법 자체내에서 명백하게 규정한 것이라고 할 것이다. 우리나라에서는 공정거래법 제정 이전까지 부당한 공동행위에 대한 司法的 심사를 한 전통이 부족하였으므로 그 행위의 私法的 효력에 대해 명확한 규정이 필요했다고 할 것이다.

(3) 부당한 공동행위 약정의 무효

부당한 공동행위가 무효임은 1980년에 제정된 공정거래법에서부터 규정하고 있었는데, 이는 제정 당시의 공정거래법이 채택하였던 폐해규제주의의 원칙으로 인하여 등록을 하지 아니하고 한 공동행위는 무효로 한다는 규정(제11조 제3항)을 두었던 것이다. 그러다가 1986년에 개정된 공정거래법을 통해 원인금지주의로 전환하면서, 동시에 부당한 공동행위의 "수행을 약정하는" 계약이 무효임을 규정(제11조 제2항)하게 되었다.

그런데 부당한 공동행위의 "수행을 약정하는" 계약뿐만 아니라 그 전에 이미 "부당한 공동행위를 할 것을 약정하는" 계약 자체가 무효이다. 즉 부당한 공동행위를 위한 합의 그 자체가 무효이고, 따라서 그 합의를 근거로 공동행위의 당사자가 다른 당사자에게 이를 이행할 것을 강제하거나 그들의 합의를 준수하지 않는다고 하여 채무불이행의 책임을 물을 수

---

66) 신현윤, 『경제법』, 263쪽. 그런데 이때 반사회질서의 법률행위 무효의 근거로서 민법 제107조를 제시하고 있으나, 이는 민법 제103조의 誤記로 보인다.

없게 되는 것이다.67) 따라서 1990년 개정법68) 제19조 제2항에서 이를 반영한 개정이 이루어졌다.

⑷ 사업자간에 있어서 무효

1986년에 개정된 공정거래법 이래 부당한 공동행위는 당사자인 '사업자간에 있어서 무효'라고 규정되어 있다. 이러한 입법의 취지에 대해서는 예컨대 사업자가 다른 사업자와 공동으로 가격인상협정을 체결한 경우 그 협정의 효력은 무효이지만, 그 협정에 따라 인상된 가격으로 제3자와 체결한 매매계약의 효력에는 영향을 미치지 않음을 분명하게 밝히기 위함이라는 견해가 통설이다.69) 따라서 통설의 견해에 따르면 제3자는 인상 이전의 가격으로 환원시켜달라고 주장할 수 없고, 손해배상청구를 할 수 있을 뿐이라고 한다.

그런데 부당한 공동행위로 인해 피해를 본 제3자에게 손해배상청구만을 인정하는 통설적인 해석이 과연 적절한지에 대해서는 다시 한번 더 생각해 볼 필요가 있을 것이다.

왜냐하면 피해자의 입장에서는 손해배상청구소송을 제기하고 이를 수행하는 것은 부담스러운 일이고 또한 용이하지도 않다. 피해자의 손해배상청구가 활성화되지 않는다면 부당한 공동행위를 한 사업자들은 공정거래위원회의 과징금 부과 등 제재조치에도 불구하고 부당한 공동행위를 통한 경제적인 이익을 취득할 수 있는 가능성이 커지게 되고, 따라서 사

---

67) 대판 1987. 7. 7, 86다카706.

68) 법률 제4198호, 1990. 1. 13. 전부개정, 시행 1990. 4. 1.

69) 권오승, 『경제법』, 273쪽; 정호열, 『경제법』, 343쪽; 이기수 · 유진희, 『경제법』, 198~199쪽; 이남기 · 이승우, 『경제법』, 216쪽; 손주찬, 『경제법』, 207쪽. 반면 "부당공동행위가 제3자에 대하여는 어떤 효력을 미치는가는 법에 규정이 없으며 학설 · 판례에 맡겨져 있다"고 보는 견해(박상룡 · 엄기섭, 『경제법원론』, 255쪽)도 있다.

업자들에게는 부당한 공동행위를 계속 시도할 요인이 상존하게 된다. 만약 역으로 피해자가 제기하는 손해배상청구소송이 활성화 된다면 국가 특히 법원의 입장에서는 이를 처리하기 위한 업무부담의 증가 등의 문제가 발생하며, 사회 전체적으로는 소송비용이 증가하게 된다.

이러한 문제점을 제거하기 위해서는 부당한 공동행위로 피해를 본 제3자에게 그 부당한 공동행위 무효의 효과가 미치도록 하는 것이 필요할 것이다. 그 이유를 다음과 같은 가상의 사례를 통해 살펴본다.

사업자인 A와 B는 시장분할담합을 하였고 그로 인하여 A로부터 甲이 시장분할담합이 일어나기 전보다 비싸게 물품을 구매하는 계약을 맺었다. 혹은 甲이 입찰을 실시하였는데 입찰담합행위에 가담한 A와 B 중에서 낙찰은 A가 받았지만 사실 낙찰가격은 입찰담합이 없었을 경우의 가격보다 높은 가격이다.

이 가상의 사례에서 피해자인 제3자 甲은 통설에 따르면 A와의 계약을 유지하면서 인상되지 않은 가격을 청구할 수도 없으며, 다만 손해배상청구만을 할 수 있다고 한다. 그러나 손해배상청구소송은 앞서 본바와 같이 피해자인 甲이나 국가 입장에서는 큰 부담일 수밖에 없다. 게다가 반대로 지금까지 공정거래법 위반행위로 인한 손해배상 소송사례가 없었으므로 부당공동행위의 가담자인 A에게는 큰 부담이 되지 않을 것이다.

그렇다면 피해자인 제3자 甲에게 이렇게 실효성이 없거나 희박한 손해배상 소송방법만을 인정하기 보다는 오히려 A와 B 사이에 맺어진 부당한 공동행위의 무효효과가 甲에게도 미치도록 하여, 甲은 A와 맺은 구매계약 내지 입찰계약을 해제할 수 있도록 하는 것이 타당하지 않을까? 이렇게 된다면 당사자인 甲과 A는 민법 제548조에 따라 원상회복의무를 지므로 이미 계약의 내용에 따라 이행한 것이 있으면 서로 반환하고, 아직 이행한 것이 없으면 이행의무로부터 벗어나게 된다. 그리하여 피해자인 제3자 甲은 피해로부터 벗어날 수 있고, 가해자인 A에게는 부당한 공동행위

를 통해 남아있는 이익이라는 것은 없게 된다. 그리고 甲과 A의 계약해제
시 그 해제의 원인은 부당한 공동행위를 한 A에게 있으므로 甲은 계약해
제로 인해 발생한 손해가 있다면 이를 배상하라고 A에게 청구할 수도 있
을 것인데(민법 제551조), 계약해제로 인해 손해가 발생하는 경우는 부당
한 공동행위로 인해 손해가 발생하는 경우보다는 그 사례가 적을 것이므
로 법원이 부담하게 되는 업무량의 증가도 낮아질 수 있을 것이다.

2. 시장지배적 사업자의 행위와 사법적 효과

1) 독일의 경쟁제한방지법상 시장지배적 사업자 규제

(1) 폐해규제주의에서 원인금지주의로

독일의 경쟁제한방지법(GWB)은 전체적인 계약의 자유를 확보하기 위
하여 시장지배적지위 내지 우월적지위를 가진 사업자의 행태의 자유를
제한한다.[70] 이를 통해 시장에서 계약정의의 전제를 형성하는 것이다.

시장지배적 지위의 남용행위는 그 구성요건의 불확정성으로 인하여 방
해(Sperre)나 보이코트(Boykott) 혹은 차별행위(Diskriminierung)와 같이 구
체화되어야 하는데, 전통적으로 이는 당연무효가 아니라 경쟁당국에 의해
금지될 수 있었다. 따라서 우리나라의 통설에서 독일의 경쟁제한방지법
전체가 폐해규제주의를 취하고 있다고 분류하고 있음은 앞서 본 바와 같
다. 폐해규제주의하에서 시장지배적 지위의 남용행위는 당연무효가 아니
었으므로 경쟁당국이 금지판단을 하지 않는 한 민사법원은 독일민법 제
138조의 양속위반적 법률행위(sittenwidriges Rechtsgeschäft)나 제826조의

---

70) Biedenkopf, Freiheitliche Grundordnung durch Kartellverbot, in: Aktuelle Grund-
satzfragen des Kartellrechts, 1957, S. 11ff.

고의의 양속위반행위에 의한 침해(sittenwidrige vorsätzliche Schädigung) 규정의 적용여지 밖에 없었다.[71]

시장지배적 지위의 남용행위에 대한 전통적인 폐해규제주의는 1998년에 경쟁제한방지법의 제6차 개정을 통해 제19조 제1항에 당연위법원리가 도입됨으로써 시장지배적 지위의 남용행위에 의한 피해자에게 카르텔청의 개입을 기다릴 필요없이 제33조에 의해 중지청구와 손해배상청구를 할 수 있는 권리가 인정되었다.[72]

(2) 시장지배적 사업자의 행위의 사법적 효과

시장지배적 내지 우월적 사업자의 특정한 차별행위(Diskriminierung)와 부당한 방해(unbillige Behinderung)를 금지하는 경쟁제한방지법 제20조에 대해서도 독일민법 제134조가 적용되므로 그 행위는 무효가 된다. 따라서 예컨대 시장지배적 사업자의 기존의 거래관계를 부당하게 해지한 경우 제20조에 의해 금지되는 일방적 행위가 되며, 독일민법 제134조에 의해 무효가 된다.[73] 이 경우 제20조의 위반의 효과는 시장지배적 사업자의 당해 행위가 무효가 되지 않으면 종료되지 않는다. 따라서 독일민법 제134조를 적용하는 것이다.

그런데 시장지배적 내지 우월적 사업자의 행위에 대해 무효의 효과가 일률적으로 적용되는 것은 아니고 금지법규의 취지와 목적에 따라 무효의 효과가 배제되는 경우도 있다.[74] 예컨대 시장지배적 내지 우월적 사업자가 거래상대방 사업자에 대해서만 유리한 조건을 부여하여 제3자를 차별취급 함으로써 경쟁제한방지법 제20조 위반행위가 되는 경우에는 그

---

71) Schmidt, Nagelprobe des Zivilrechts, AcP 2006, S. 174.

72) BT-Drucks. 13/9720 S. 55.

73) BGH, WuW/BGH 2584, 2587-Lotterievertrieb.

74) MünchKommBGB/Mayer-Maly/Armbrüster, 4. Aufl. 2001, §134 Rn. 103.

계약에 민법 제134조에 의한 무효는 적용되지 않는다.[75] 그리고 법률적인 금지가 계약의 당사자 중 일방에게만 미치는 경우에는 금지규정의 위반이 반드시 독일민법 제134조에 따른 무효로 평가되는 것은 아니다.[76]

2) 공정거래법상 시장지배적 지위남용규제

(1) 폐해규제주의

공정거래법은 제3조의2에서 시장지배적 사업자의 지위남용행위를 금지하고 있으므로 폐해규제주의의 형식을 취하고 있다. 이는 시장지배적 지위의 획득이 외부적 성장뿐만 아니라 효율성 증대를 통한 내부적 성장에 의해서도 가능하므로 시장지배적 지위 그 자체를 일률적으로 비난할 수는 없다는 판단에 근거한다.[77]

그렇다면 역으로 원인금지주의를 채택하게 되면 시장지배적 지위 그 자체를 일률적으로 금지하게 되는가? 즉 통설에서 원인금지주의의 대표적인 국가라고 분류하고 있는 미국이나 일본의 경우에 시장지배적 지위 그 자체가 금지되는가?

공정거래법 제3조의2와 비교되는 미국의 셔먼법 제2조는 독점(monopoly) 그 자체가 아니라 독점화행위(monopolizing) 혹은 독점화의 시도(attempt to monopolize)를 금지한다. 여기서 말하는 독점화행위라 함은 판례에 따르면 경쟁자의 경쟁능력을 불필요하게 손상하고 제한하는 배제적 행위(exclusionary conduct)를 의미하며, 경쟁자의 시장진입을 배제하기 위한 시설확충 및 원료확보 또는 시장약탈을 위한 부당염매 등이 해당된

---

75) Immenga/Mestmäcker, Wettbewerbsrecht, §20 Rn. 229; Münchner Kommentar, Kartellrecht, §20 Rn. 113.

76) BGHZ 118, 142, 145; BGHZ 143, 283, 286.

77) 권오승, 『경제법』, 147쪽.

다.78)

일본의 경우에도 독점금지법(私的獨占の禁止及び公正取引の確保に關する法律) 제3조에서 "사업자는 사적독점 또는 부당한 거래제한을 하여서는 아니된다"고 규정하여 이 규정만 놓고 보면 원인금지주의를 채택하고 있는듯이 보이지만, 사적독점의 개념을 정의한 제2조 제5항에서는 "사적독점이라 함은 사업자가, 단독으로 또는 다른 사업자와 결합하거나 또는 통모하거나 기타 어떤 방법으로든지 다른 사업자의 사업활동을 배제하거나 지배함으로써 공공의 이익에 반하여 일정한 거래분야에 있어서 경쟁을 실질적으로 제한하는 것을 말한다"고 하여 미국법상의 독점화행위(monopolizing)의 내용과 다르지 않다.

이렇게 본다면 시장지배적 지위 그 자체를 일률적으로 비난할 수는 없다는 것이나 독점(monopoly) 그 자체가 문제시되는 것이 아니라는 점은 동일한 의미라고 할 것이다. 즉 용어상의 차이는 있지만 시장지배적 사업자가 있는 시장의 구조나 독점적 사업자가 있는 시장의 구조의 틀이 문제시되는 것은 아니라는 것이다. 다만 그러한 지위를 가진 사업자의 행태에 법위반의 사실이 있는 경우에 이를 금지하는 것이고, 이러한 법률체계는 우리나라나 독일, 미국, 일본 모두 차이가 없다. 따라서 통설의 입장을 따르면서도 미국의 셔먼법이 독점 그 자체를 부인하지 않으며 현실적으로 원인적 금지 자체가 불가능하다고 한다거나,79) 미국이나 일본과 같이 원인금지주의를 채택하고 있는 나라에서도 독과점사업자의 남용행위만을 규제하므로 원인금지주의만을 채택하고 있는 나라는 없다고 하기도 한다.80)

원인금지주의와 폐해규제주의를 구분하는 일반적인 기준으로 기업분할

---

78) 이문지, "경쟁법의 입법주의 구분에 관한 소고"『상사판례연구』, 323쪽.

79) 정호열, 『경제법』, 128쪽.

80) 이남기·이승우, 『경제법』, 96쪽.

명령이나 시장구조개선 등을 통해 독과점시장을 경쟁시장으로 전환할 수 있는가 여부라고 지적하는 견해[81]도 있다. 그러나 기업분할명령이나 시장구조개선 제도를 채택하는 국가에서도 독점이나 시장지배적 지위 그 자체를 원인으로 이러한 조치들이 취해지는 것이 아니라, 독점이나 시장지배적 지위를 가진 사업자의 법위반행위에 대한 제재조치 등의 결과로서 취해지게 된다.[82]

(2) 시장지배적 지위남용행위의 사법상 효과

공정거래법상 시장지배적 사업자의 행위는 폐해규제주의에 따라 일단 유효하지만 시행령상의 남용행위 유형에 해당하고 그 행위의 부당성이 인정된다면 금지가 되며, 금지가 되는 행위는 사법상으로는 무효로 판단될 것이다.

그런데 무효의 효과는 일률적으로 판단할 것이 아니라 독일의 해석에서 볼 수 있는 바와 같이 각 유형의 특징이나 거래관계에 따라서 다르게 판단하여야 할 것이다. 즉 예컨대 다른 사업자의 생산활동에 필요한 원재료 구매를 방해하는 행위(공정거래법 시행령 제5조 제3항 제1호)나 필수

---

81) 이남기 · 이승우, 『경제법』, 96쪽.

82) 그리고 미국에서 법원이 구조적 시정조치로서 기업분할을 명령하는 경우는 극히 드물고, 기업분할을 명령한 경우라도 그 실효성에는 부정적인 결론이 압도적이라고 한다. 이문지, "경쟁법의 입법주의 구분에 관한 소고"『상사판례연구』, 324쪽 참조; 일본의 경우에도 독점금지법이 제정된 이후로 1955년까지 사적독점에 대하여 절차가 개시된 사건은 9건에 불과하고 조치가 내려진 사건은 6건 밖에 없다. 게다가 1972년에 권고심결이 내려진 이후로 24년 동안은 심결이 내려진 사건이 전혀 없다가 1996년과 1997년에 각 1건, 1998년 4월까지는 2건의 사적독점 사건을 다루었던 것으로 알려져 있다. 그 원인으로는 여러 가지가 있겠지만 사적독점의 수단으로 이용가능한 전형적 행위가 불공정한 거래방법으로 제재가 가능하기 때문이라고 한다. 가와하마 노보루(川浜昇), "사적독점의 규제"『일본의 경쟁정책』, 260쪽 이하.

적인 요소의 사용 또는 접근을 거절·중단하거나 제한하는 행위(시행령 제5조 제3항 제3호, 제4항 제3호)에 대해서는 무효의 효과가 적용되어야 한다.

반면 상품 또는 용역을 통상거래가격에 비하여 낮은 대가로 공급하거나 높은 대가로 구입하여 경쟁사업자를 배제시킬 우려가 있는 행위(시행령 제5조 제5항 제1호)나 부당한 출고조절행위(시행령 제5조 제2항)를 무효로 판단하는 것은 적절하지 않은 결과를 발생시킬 수 있다. 왜냐하면 전자의 경우에는 이 행위를 무효로 판단했을 때 통상거래가격에 비하여 낮은 대가로 구매하거나 높은 대가로 판매한 거래상대방의 이익을 해할 수 있고, 후자의 경우에는 출고조절행위를 무효로 판단하더라도 특별한 실익이 없기 때문이다.

3. 불공정거래행위의 사법상 효과

1) 불공정거래행위의 성격

우리나라는 공정거래법 제23조에서 공정한 거래를 저해할 우려가 있는 행위를 불공정거래행위로 규정해 놓고 그 규정에 포함된 행위를 금지하고 있다. 우리나라의 열거주의와는 달리 미국은 연방거래위원회(FTC)법 제5조에 의해 그리고 독일은 개정전의 부정경쟁방지법(UWG) 제1조[83])에 따라 불공정거래행위를 일반적으로 금지하는 방식을 취하고 있다고 설명하는 것이 우리나라에서 다수의 견해이다.[84]

그런데 미국의 반트러스트법 체계에서 연방거래위원회(FTC)법 제5조

---

83) 2004년의 법개정 후에는 제3조.
84) 권오승, 『경제법』, 330쪽; 정호열, 『경제법』, 349쪽; 이기수·유진희, 『경제법』, 204쪽.

규정상의 불공정거래행위는 셔먼법이나 클레이턴법 위반행위를 모두 아우르고, 더불어 기만적인 행위까지 규제하기 위한 개념을 구성하고 있다.85) 따라서 미국의 반트러스트법 체계상 불공정거래행위의 범위를 우리나라의 공정거래법에 대입한다면 법 전체를 포괄하는 개념으로 이해된다.86)

독일에서 말하는 (넓은 의미의) 경쟁법(Wettbewerbsrecht) 체계는 경쟁제한방지법(GWB 혹은 카르텔법 Kartellrecht)과 부정경쟁방지법(UWG 혹은 좁은 의미의 경쟁법)으로 나뉘는데,87) 이 중 부정경쟁방지법제는 자유로운 경쟁이 시장에서 이루어지고는 있으나 그러한 자유로운 경쟁활동이 지나쳐 그 경쟁의 수단이 일반 거래계에서 용인하는 수준을 넘어서는 부정하고 야비한 경우에 이를 규제하고자 한다. 따라서 부정경쟁방지법제는 일반 私法上의 불법행위와 밀접한 연관성을 가질 수밖에 없다. 독일의 경우 19세기 후반에 일반적인 영업의 자유가 인정되면서 인간의 경제활동에 대한 해방이 이루어지자 공정한 경쟁방법 이외에 각종의 부정한 방법이 동원되기 시작하였는데, 그럼에도 불구하고 독일 제국법원은 부정경쟁의 개념을 인정하지 않는다고 판시88)하였다. 그러다가 오인유발, 신용훼손 및 악의의 비방, 영업상의 표지남용, 비밀누설 등에 대한 열거규정을 가진 부정경쟁방지법을 1896년에 제정하게 되었는데, 이는 불완전한 입법이었고, 따라서 1900년에 제정된 민법(BGB) 제826조의 적용도 함께 이루어지게 되었다. 하지만 고의의 양속위반행위에 의한 침해(sittenwidrige

---

85) 역사적으로는 맹아제거이론(incipiency doctrine)이 도입되어 매우 광범위한 적용 범위를 가진 적도 있으나 현재는 그 적용기준을 다소 엄격하게 해석하는 것으로 파악된다.

86) 자세한 내용에 대해서는 심재한, "공정거래법상 불공정거래행위에 대한 연구" 『안암법학』, 544쪽 이하.

87) Rittner, Wettbewerbs- und Kartellrecht, S. 1.

88) RGZ 3, 67, 69; RGZ 18, 93, 99ff.; RGZ 20, 71, 75f.

vorsätzliche Schädigung)를 규정한 민법 제826조도 그 적용기준이 너무 까다롭기 때문에 부정한 경쟁수단에 대한 법적조치로서 적절하지 않다는 점이 곧 드러나게 되었다. 이러한 상황하에서 1909년의 법개정에 의해 선량한 풍속에 위반하는 일체의 부정한 경쟁행위를 금지하는 일반조항이 도입되면서 판례법이 획기적으로 발전하게 되었다. 이후 수차례의 개정이 있었으며, 2001년 가격할인법(Rabattgesetz) 및 경품법(Zugabeverordnung)의 폐지와 함께 부정경쟁방지법제의 현대화 작업이 진행되었고 현재는 2004년 7월부터 시행된 부정경쟁방지법[89])이 적용되고 있다.[90])

우리나라와 미국 그리고 독일의 법제를 비교하여 보면 우리나라의 불공정거래행위 개념과 미국 연방거래위원회(FTC)법 제5조 규정 그리고 독일의 부정경쟁방지법(UWG)이 서로 다른 개념과 취지를 가지고 입법되었음을 알 수 있다. 즉 미국 연방거래위원회(FTC)법 제5조나 독일의 부정경

---

89) BGBl. 2004 I, Nr. 32, 7. 7. 2004, 1414~1421. 독일에서 2004년에 개정된 부정경쟁방지법(UWG)에 대해서는 심재한, "독일의 개정 부정경쟁방지법 고찰" 『경영법률』, 675쪽 이하 참조.

90) 현행 부정경쟁방지법에서는 구법 제1조를 이어받아 제3조에서 일반조항을 두면서도, 제4조에서는 예시적으로 열거된 부정경쟁행위를 규정하고 있다. 제4조에 열거된 사례들을 살펴보면 제1호는 부당한 영향력의 행사; 제2호는 거래상의 미숙함을 악용한 경우; 제3호는 광고에서 사실의 은폐; 제4호는 가격할인이나 경품 등의 제공시 불충분한 정보의 제시; 제5호는 현상이나 당첨을 통한 판촉활동시 참가정보의 불충분한 제공; 제6호는 현상이나 추첨과 상품 및 용역의 구입을 결합한 경우; 제7호는 경쟁자의 비방; 제8호는 경쟁자의 영업에 해가 되는 사실의 전파; 제9호는 출처지 오인야기행위; 제10호는 경쟁자의 방해; 제11호는 시장에서의 행동규범에 대한 위반을 규정하고 있다. 그리고 제5조에서는 오인유발적인 광고(Irreführende Werbung)를, 제6조에서는 비교광고(Vergleichende Werbung)를, 제7조에서는 성가시게 하는 행위(Unzumutbare Belästigungen)를 규정하고 있다. 이밖에도 제16조 제2항에서는 다단계판매(Schneeballsystem)와 관련된 벌칙을, 제17조와 제19조에서는 영업비밀의 누설과 그 유인행위에 대한 벌칙, 그리고 제18조에서는 타인의 本(틀이나 쯸)을 무단이용하는 행위(Verwertung von Vorlagen)에 대한 벌칙규정을 포함하고 있다.

쟁방지법(UWG)에 대한 설명이 우리나라의 불공정거래행위 규제법리에 정확히 일치하는 것은 아니라는 것이다.

그렇다면 우리나라의 공정거래법상 불공정거래행위는 어떠한 성격을 가지고 있다고 할 것인가? 공정거래법 시행령 별표상의 불공정거래행위 유형은 거의 대부분 공정거래법 시행령 제5조 및 시장지배적지위 남용행위 심사기준상의 시장지배적지위 남용행위유형과 일치한다.91) 그렇다면 불공정거래행위는 시장지배적지위 남용행위의 보충적인 행위유형으로 볼 수 있을 것이며, 시장지배적 지위에 이르지 않았지만 거래상대방에 대하여는 우월적 지위를 가지고 있는 사업자에 대한 규제장치라고 할 것이다. 따라서 이 행위에 대해서는 우리나라에서는 남용행위규제 즉 폐해규제주의의 입장에서 파악하여야 할 것이다.

불공정거래행위 유형 중 시장지배적지위 남용행위와 관련을 가지지 않는 행위유형은 시행령 별표 제4호의 부당한 고객유인과 제8호의 사업활동방해행위 중 인력의 부당한 유인·채용 그리고 제10호의 부당한 지원행위이다.92)

이 중 부당한 이익이나 위계 등에 의하여 타인의 고객을 유인하는 행위 및 인력의 부당한 유인·채용행위는 능률경쟁수단이 아닌 기만적인 수단이 개입된 행위로서, 시장지배적 내지 우월적 지위와는 관련이 없는 행위이다.93) 그리고 시행령 별표 제1호의 거래거절행위 중에서 공동의 거래거

---

91) 심재한, "공정거래법상 불공정거래행위에 대한 연구"『안암법학』, 561쪽 <표> 참조.

92) 제10호의 부당한 지원행위는 우리나라에서 정책적인 이유에 의해서 불공정거래 행위로서 규율하고 있는 독특한 유형이므로 이에 대해서 자세한 논의는 다른 기회로 넘기기로 한다.

93) 따라서 독일에서는 이러한 행위로 인해 피해를 입은 사업자 및 유인당한 고객을 보호하기 위한 부정경쟁행위로서 규정(부정경쟁방지법 제3조, 제4조 제10호)하고 있다.

절행위는 경우에 따라서는 거래거절을 위한 집단적 행위로서 부당한 공동행위를 구성할 수도 있고, 따라서 이때에는 원인금지주의에 따라서 금지될 수 있다.

2) 사법상의 효과

이렇게 본다면 불공정거래행위 유형에 해당하는 행위에 대해서는 앞서의 몇 가지 예외를 제외하면 시장지배적지위의 남용행위와 마찬가지의 사법상 효과가 나타나게 된다.

따라서 예컨대 공정거래법 시행령 별표 제6호의 거래상지위의 남용행위로서 구입강제나 이익제공강요행위 등은 무효로 판단하여야 할 것이다. 그러나 예컨대 제7호의 구속조건부거래 중 배타조건부거래의 경우 재판매가격유지행위가 포함되지 않았다면 그 거래자체가 무효가 되지는 않는다. 왜냐하면 제3자를 배제시키기 위해 어떤 사업자가 다른 사업자와 배타조건부거래를 맺은 경우 그 거래를 무효로 판단하면, 배제되었던 제3자가 거래관계에 편입되는 효과없이 단지 기존의 거래관계가 종료하는 효과만이 나타나 결국 기존에 거래관계를 맺고 있던 사업자의 이익만 희생시키기 때문이다.94)

---

94) 같은 취지에서 권오승·이민호, "경쟁질서와 사법상의 법률관계"『비교사법』, 89쪽에서는 "그 행위를 무효로 하는 경우 거래관계에 상당한 혼란을 초래할 우려가 있는 경우이거나, 위반의 정도가 미약하여 그 법률행위를 무효로 하는 것이 일방당사자에게 지나치게 가혹한 경우, 규범의 성질상 그 위반행위를 무효로 하는 것이 부적절한 경우"에는 비록 법률위반행위가 있다고 하더라도 이를 유효로 보는 것이 타당하다고 하고 있다.

IV. 결 어

경제법의 영역 중에서 중요한 하나의 축을 담당하고 있는 공정거래법
은 기본적으로 사적경제주체 사이의 경제행위에 대한 일정한 룰을 정하
기 위한 법이라고 할 것이다.

독일에서 경제법(Wirtschaftsrecht)의 개념은 제1차 세계대전 이후 생성
되었다. 이는 19세기부터 발전되어온 사법과 형법 그리고 공법의 완성된
체계를 바탕으로 새로운 국민경제적 통찰과 결합하여 경제질서를 규율하
는 법체계를 모색한 것이라 할 수 있다. 산업사회시대의 법정책을 기반으
로 경제법은 특히 전시에는 사경제활동에 대한 국가의 조종으로 확대되
기에 이르렀다. 그러다가 제2차 세계대전 이후 경쟁제한방지법(GWB)이
제정되어 시장경제질서에 경쟁이 법제화되었고, 경제법의 중심으로 자리
잡게 되었다.

우리나라에서는 같은 취지로 공정거래법이 제정되어 시행되고 있다. 공
정거래법에 의한 자유로운 경쟁의 보호는 독립된 경제주체들간의 협력을
통해서 혹은 어떠한 경제주체가 사경제의 일정한 부분을 지배·조종하는
것을 통해 사적자치를 왜곡하는 현상을 방지하고자 하는 것이다. 즉 독립
적이며 자유롭게 경쟁해야 하는 각 사경제 주체가 시장분할적 혹은 가격
고정적인 부당공동행위를 통하여 그들 사이의 경쟁을 제거하거나, 어떤
거대한 힘을 가진 사업자가 그러한 힘이 없는 사업자를 지배하고 조정하
여 사업자의 영업활동의 자유를 제거하거나 혹은 시장에서의 지배력을
취득하기 위하여 합병 등의 기업결합을 하여 시장경제가 붕괴하는 것을
방지하기 위한 취지로 공정거래법이 형성되어 시행되고 있다.

그런데 공정거래법상의 경쟁제한행위는 대부분 사적자치의 원리가 지
배하는 영역에서 즉, 사법의 형태로 실행된다. 따라서 공정거래법에 있어

서 그 구성요건적 행위와 사법의 관계에 대해 논의할 필요성이 있고, 그 점에 관하여 본문에서 독일법제와 우리나라의 법제를 비교하며 살펴보았다.

경쟁법제와 사법의 관계에 대해 논의의 전통이 부족하고 공정거래법의 시행역사가 외국에 비해 길지 않은 우리나라에서는 독일법상의 해석이 하나의 모델이 될 수 있을 것으로 생각한다. 다만 독일의 법제와 우리의 법제가 완전히 일치하지 않고, 더욱이 사회의 구성이나 경제질서의 모습도 다르므로 구체적인 내용은 앞으로 계속적인 연구를 통해 보완해 나가야 할 것이다.

제6장

사법(私法)에 대한 기본권의 영향 *
-독일의 법이론을 중심으로-

이 부 하**

Ⅰ. 서 론

사법(私法)에 기본권이 어떻게 영향을 미치고 어느 정도 개입할 수 있는지를 논증하고 설명하는 것은 그리 쉬운 일이 아니다.[1] 사법, 특히 민법은 시민법(civic law)으로서 생활세계에서 성장하여 그 규범이 헌법을 구체화하고, 다시 헌법 규범으로 편입되기도 한다. 이 경우 사법의 인식상 우위를 고려해야 한다.[2] 헌법의 내용은 역사적으로 형성된 사법(私法)상 법제도 및 보호체제에 의존한다.[3] 헌법의 효력상 우위로 인하여 기본권은

---

* 이 글은 『법과 정책연구』 제9집 제1호, 2009. 6, 459~479쪽에 게재된 논문을 수정·보완한 것이다.

** 영남대학교 법학전문대학원 교수, 법학박사

1) C.-W. Canaris, Verfassungs-und europarechtliche Aspekte der Vertragsfreiheit in der Privatrechtsgesellschaft, FS für Lerche, 1993, S. 873 (874).

2) P. J. Tettinger, Verfassungsrecht und Wirtschaftsordnung-Gedanken zur Freiheitsentfaltung am Wirtschaftsstandort Deutschland-, DVBl. 1999, S. 679 (686).

3) U. Diederichsen, Die Rangverhältnisse zwischen den Grundrechten und dem

그 효력을 확장하였고, 사적 자치는 헌법질서 속에 편입되었다. 문제는 법 적용자가 실제 재판에서 기본권을 인식하고 어떠한 방식으로 사법을 해석하고 적용할 수 있는지가 문제된다. 기본권은 모든 사인에게 직접 적용되는지 아니면, 사법(私法)의 일반조항 등을 통해 간접적으로 적용되는지를 명확히 해야 한다. 이 경우 사적 자치는 어떠한 기능을 하며, 헌법적으로 어떻게 인식해야 하는지도 논의되어야 한다. 또한 기본권이 사법에 영향을 미치는 경우에, 기본권의 제3자적 효력과 기본권보호의무간의 상호관계를 알아보고, 특정한 경우에 양자 중 어느 것을 적용할지가 실무적으로 중요한 문제이다.

본 연구에서는 먼저 공법과 사법이 상호 어떠한 관계에 있으며, 이 경우 사적 자치의 개념, 그 내용, 헌법적 근거 및 사적 자치에 대한 국가의 개입을 개관해 보고(이하 Ⅱ), 이를 바탕으로 기본권이 사법에 어떻게 영향을 미치는지에 관한 학설 및 그에 대한 평가를 해 보도록 한다(이하 Ⅲ). 마지막으로 기본권의 제3자적 효력과 기본권보호의무는 어떠한 관계에 있는지에 관해 여러 견해를 살펴본 후(이하 Ⅳ) 결론짓기로 한다.

Ⅱ. 구별되는 법질서와 사적 자치

법규범은 수많은 그리고 매우 다양한 상황을 해결해야만 한다. 따라서 이에 상응하게 적절한 법규범을 제정함으로써 분쟁시 해결책을 제시할 수 있는 수많은 규율 메커니즘을 준비해 놓고 있어야 한다. 이러한 법규범은 본질적으로 사법과 공법의 2가지 영역으로 구별될 수 있다. 이러한 체제하에서 사회 생활관계에 개인의 의사에 의한 자기결정의 원칙이 구

Privatrecht, in: Starck (Hrsg.), Rangordnung der Gesetze, 1995, S. 39 (89).

현되는 '사적 자치'를 헌법상 어떻게 수용하고 이해하며, 어떠한 경우에 사적 자치에 국가가 개입할 수 있는지 여부를 살펴본다.

1. 구별되는 법질서

1) 사법

사법(私法)은 사인간의 관계를 규율한다. 예를 들면, 시민, 시민단체 또는 기업 상호간의 관계이다. 이러한 사법에는 예를 들면, 채권법, 가족법, 상속법, 상법, 경제법 등이 있다. 사법의 특징은 법주체의 동등성에 있다. 계약을 강제하는 다른 어떠한 것도 법상 존재하지 않는다. 다만, 합의한 가격에 대하여 또는 매매하는 상품의 하자에 대하여 분쟁이 발생하면 민사법원을 통해 해결할 수 있다.

2) 공법

공법(公法)은 국가기관 상호간의 관계 및 국가와 국민간의 관계를 규율한다. 이에는 헌법, 행정법, 형법, 소송법 등이 속한다. 또한 국제법도 국가간 형성된 질서이기에 공법에 속하게 된다. 공법이 다루는 국가와 국민의 관계는 중요한 의미를 지닌다. 국가와 국민의 관계는 통치·종속 관계 하에 있다. 국가는 통치권을 행사하고, 국민은 강제력을 통해 실현되는 통치권에 복종하게 된다. 그러나 국민뿐만 아니라, 공권력 자체도 국가법질서에 기속되며 복종해야 한다. 국민의 국가에 대한 종속은 법질서 안에서의 복종이기 때문이다.

국가기관 상호간의 관계는 헌법이 규정하고 있다. 이 영역에서는 일반적으로 평등이나 종속이 적용되지 않는다. 여기서는 특정 국가기관에 어떠한 권한이 부여되는지 및 다른 국가기관이 특정 국가기관의 권한을 침해했는지 여부가 중요한 문제가 된다.

2. 사적 자치

1) 사법과 헌법

사법(私法)은 국가적 문제해결에 기여하는 것이 아니라, 사인간의 법적 관계에 대한 자기책임적 규율을 한다. 사법(私法)의 우위는 인식적 우위로서 뿐만 아니라, 사적 자치 형성의 우위로서도 이해해야 한다.4) 사적 자치를 헌법상 편입시키는 것은 그리 간단하지 않다. 사적 자치를 헌법상 편입시키기 어려운 근본적인 이유는 한편으로는 개별적인 문제에 있어서 사적 자치의 보장을 고려해야 하고, 다른 한편으로는 전체법 질서에 있어서 사적 자치를 포함시켜야 하기 때문이다.5) 법질서와 헌법질서가 사적 자치를 보장하면, 사적 자치는 법주체에게 상호간 법적 관계를 자기책임 하에 형성케 한다. 사적 영역에 있어서 경제적 및 사회적 생활은 특정한 방식으로 체계화되는데, 이는 자기체계화에 맡겨지게 된다.6) 즉, 사적 자치는 자유로운 사회시스템을 전제로 한다.7)

개개의 사적 자치로 인한 형성의 자유의 결과는 국가와 사회간의 관계

---

4) F. Rittner, Über den Vorrang des Privatrechts, FS für W. Müller-Freienfels, 1986, S. 509 (515); P. Badura, FS für W. Odersky, 1996, S. 159 (173 f.).

5) Vgl. C.-W. Canaris, Verfassungs-und europarechtliche Aspekte der Vertragsfreiheit in der Privatrechtsgesellschaft, FS für Lerche, 1993, S. 873 (874).

6) W. Flume, Rechtsgeschäft und Privatautonomie, FS zum hundertjährigen Bestehen des Deutschen Juristentages, 1860-1960, Bd. I, 1960, S. 135 (136).

7) L. Raiser, Vertragsfunktion und Vertragsfreiheit, FS zum hundertjährigen Bestehen des Deutschen Juristentages, 1860-1960, Bd. I, 1960, S. 101 (105).

에 영향을 미친다.8) 여기에는 일정한 사회적 자유영역을 위한 헌법적 보장이나 사회적 영역의 자치를 위한 헌법적 보장은 결여되어 있다. 여기서 법치국가적 배분원칙(Verteilungsprinzip)은 사적 자치의 개별적 보장에 기초하고 있다. 국가와 사회간의 추상적인 관계의 표명으로부터 어떠한 헌법원칙도 도출할 수 없다. 국가와 사회와의 관계에 관한 사고는 이러한 점에서 선규범적이다.9) 국가와 사회와의 관계의 원칙적인 방향성은 사법적(私法的) 규율을 통한 사회적 자기규율에 두는 "사법적(私法的) 사회" 관념이 적용된다.10) 그러나 이는 헌법적 또는 사법적 개별문제에 대한 해결책으로는 원용할 수 없다. 사법적(私法的) 사회를 묘사하는 사실적 현실은 종국적으로 사적 자치의 개별적 보장의 방식과 범위에 달려있다.

2) 사적 자치의 개념과 그 내용

(1) 사적 자치의 개념

사적 자치(Privatautonomie)란 법질서에 의해 인정된 생활관계의 규율을 스스로 결정하고 실행하는 자유를 말한다. 사적 자치는 법률행위를 하는 인간 행위로 형성된다.11) 사적 자치는 개별적인 부분적 자유들로 세분화할 수 있다.12) 즉, 자유롭게 선택한 당사자와 실행가능한 객체에 대해 자유로운 방법으로 법률행위적 합의를 할 수 있는 '계약의 자유'13)가 있는

---

8) P. Badura, Mitbestimmung und Gemeinschaftsrecht, FS für Fritz Rittner, S. 1 (2 f.); J. Taupitz, Die Standesordnungen der freien Berufe, S. 689.

9) Vgl. E.-W. Böckenförde, in: ders., Recht, Staat, Freiheit, S. 209.

10) F. Böhm, Privatrechtsgesellschaft und Marktwirtschaft, ORDO 17 (1966), S. 75; F. Bydlinski, Das Privatrecht im Rechtssystem einer Privatrechtsgesellschaft, S. 62 ff.; J. Isensee, FS für Großfeld, S. 485 (492 f.); W. Zöllner, JuS 1988, S. 329 (330); C.-W. Canaris, FS für Lerche, 1993, S. 873 (874).

11) D. Medicus, Allgemeiner Teil des BGB, 7. Aufl., 1997, Rn. 174.

12) G. Hönn, JuS 1990, S. 953.

데, 이는 사적 자치에서 상당한 비중을 차지한다.[14] 이러한 계약의 자유는 사법의 개별적인 영역에서 다시 회사법, 가족법, 상속법 등으로 특성을 지니며 구체화된다. 반면, 사법상 계약의 자유는 세부적 영역으로 구분된다.[15] 즉, 계약체결의 자유, 내용형성의 자유, 해지의 자유와 변경의 자유 등이다.

(2) 사적 자치의 내용

① 자기결정 및 자기책임의 원칙

사적 자치는 개인의 자기결정에 의해 법생활을 영위하도록 허용하는 것이다. 이는 특히 사법(私法)을 통한 형성을 필요로 한다. 사적 자치에 의해 "자신의 의지에 의해 개별적으로 법관계를 하는 자기형성원칙"[16] 내지 "법생활에서 개개인의 자기결정원칙"[17]이 실현된다. 또한 사적 자치는 자기의사나 행위에 의한 자기결정을 통한 법률관계의 형성을 자기책임으로 인정하는 "자기책임의 원칙"이 적용된다.

② 개인 생활관계형성에 국가의 보충적 개입

사적 자치는 개인의 자율적 결정의 조건들이 사실상으로도 존재할 것을 전제로 한다.[18] 즉, 사적 자치는 사인간에 존재하는 경제적·사회적

---

13) Vgl. H. Huber, Die verfassugsrechtliche Bedeutung der Vertragsfreiheit, S. 11.

14) H. Huber, Die verfassugsrechtliche Bedeutung der Vertragsfreiheit, S. 12; C.-W. Canaris, FS für Lerche, 1993, S. 873 (875).

15) F. Rittner, Die Ausschließlichkeitsbindungen in dogmatischer und rechtspolitischer Betrachtung, S. 63; W. Höfling, Vertragsfreiheit, 1991, S. 3.

16) W. Flume, FS zum hundertjährigen Bestehen des Deutschen Juristentages, 1860-1960, Bd. I, 1960, S. 135 (136). 유사하게 BVerfGE 72, 155 (170).

17) K. Larenz, Allgemeiner Teil des deutschen Bürgerlichen Rechts, 7. Aufl., 1989, §2 Ⅱ e; BVerfGE 89, 214 (231).

18) Vgl. BVerfGE 81, 242 (254 f.).

생활관계에 국가적 개입없이 사적 자치적 규율이 적용되는 것을 가능하게 한다. 사적 자치는 자신의 법익, 이익, 이해를 보호하기 위한 효과적인 수단을 개개인에게 부여한 것이다.[19] 계약은 시장조건하에서 합의되고 성립된다. 사적 자치적 규율의 메커니즘이 실패할 경우에만 법적 규율이 개입하여 적용된다. 이렇게 함으로써 국가의 부담은 경감된다.[20] 따라서 사적 자치는 보충성의 원칙에 따라 운영된다.[21]

3) 사적 자치의 기능

(1) 법익으로서 사적 자치

사적 자치는 헌법적 시각에서 보면 개인적 법익이다. 따라서 기본권의 성격별 문제 내지 기본권보장의 문제로 이어진다. 이는 사법(私法) 영역에서 개별적 기본권 효력 여하에 따라 개별적으로 판단해야 한다.

(2) 헌법의 전제조건인 사적 자치

사적 자치는 헌법의 전제조건이다.[22] 사적 자치를 인정하지 않고 헌법규범이 효과적으로 효력을 발휘할 수 없기 때문에, 사적 자치는 헌법의 규범적·실제적 환경으로 이해된다.[23] 따라서 헌법의 전제조건의 실현은

---

19) F. Rittner, Über den Vorrang des Privatrechts, FS für Müller-Freienfels, 1986, S. 509 (514).

20) F. Rittner, Über den Vorrang des Privatrechts, FS für Müller-Freienfels, 1986, S. 509 (520).

21) F. Bydlinski, Das Privatrecht im Rechtssystem einer Privatrechtsgesellschaft, S. 70.

22) 이에 대한 암시적 논문으로는 J. Isensee, Grundrechtsvoraussetzungen und Verfassungserwartungen an die Grundrechtsausübung, in: ders./P. Kirchhof (Hrsg.), HdbStR V, 2000, § 115 Rn. 20, 40.

23) H. Krüger, FS für Scheuner, S. 285 (286 ff.).

국가의 이상을 포기하지 않고 사적 자치의 영역에서 국가행위를 통일화하고, 효과적으로 헌법적 효력을 발휘하기 위한 실제적 기반으로 이해해야 한다.24)

　사적 자치적 규율을 통해 법적 효력이 관철될 가능성은 사적 계약이 "법형성의 민주적 방법"으로서 인정될 경우 개개 국민에게 부여된다.25) 민주주의와 사적 자치는 사회공동체의 개방성을 함께 보장하게 된다.26) 민주주의에서는 사적 자치에 의해 규율되는 시장경제가 필수적이고, 사적 자치적 시장경제에서는 민주주의가 필수적이라는 것은 헌법논증적 차원을 넘어서 역사적이고 현실적인 사례들이 보여주고 있다.27) 사적 자치는 명확히 "자유주의적 사회질서의 구조적 요소"이다.28) 이러한 한도에서 사적 자치는 효과적으로 기본권효력을 발휘하기 위한 법적이며 사실적인 조건이라는 의미에서 헌법의 전제조건이다.

4) 사적 자치의 헌법적 근거

(1) 학 설

　사적 자치를 자기의사에 의한 자기결정을 통하여 자신과 관련한 법률관계를 자기책임 하에서 결정할 수 있는 자기지배의 원칙 내지 당위로 이해하고, 이로부터 법률행위자유의 원칙, 소유권절대의 원칙 및 자기행위책임의 원칙(또는 과실책임의 원칙)이 도출된다고 하면서 사적 자치의 원칙이 사법에서의 최고의 원칙이라고 한다. 즉, 사적 자치라는 최고의 이념

---

24) J. Isensee, HdbStR V, 2000, § 115 Rn. 9.
25) H. Kelsen, Reine Rechtslehre, 2. Aufl., 1960, S. 285.
26) C.-W. Canaris, FS für Lerche, 1993, S. 873 (875) 카나리스는 사적 자치를 "다원주의의 발원지"로 기능한다고 한다.
27) J. Schmidt-Salzer, Vertragsfreiheit und Verfassungsrecht, NJW 1970, S. 8 f.
28) BVerfGE 81, 242 (254).

으로부터 민법의 3대원칙이 하위원칙으로서 존재한다고 한다.29) 특히 법률행위는 사적 자치를 실현하는 수단이므로 사적 자치의 원칙으로부터 법률행위자유의 원칙이 도출된다고 한다. 또한 법률행위자유의 원칙에는 계약의 자유·유언의 자유·단체설립의 자유가 포함되고, 그 내용으로는 어떠한 법률행위를 할 것인가 또는 하지 않을 것인가(체결의 자유), 누구와 법률행위를 할 것인가(상대방선택의 자유), 어떤 내용의 법률행위를 할 것인가(내용결정의 자유), 법률행위를 어떤 방식에 의하여 할 것인가(방식의 자유)에 대한 자유 등으로 구성된다고 한다.30) 또한, 사법의 기본을 이루는 것은 개인의 존엄이라는 이념으로부터 도출되는 사적 자치의 원칙이라고 하면서, 각인은 자신의 인간성을 자신의 의지에 따라 전개·형성해 나갈 수 있는 자유, 즉 '일반적 행동의 자유'를 가지며, 이러한 이념이 사법에 투시된 것이 사적 자치의 원칙으로서, 동 원칙으로부터 인격존중의 원칙, 계약자유의 원칙, 소유권존중의 원칙, 유책성의 원칙, 양성평등의 원칙이 도출된다고 한다.31)

반면, 우리 헌법은 정치적·경제적·사회적 민주주의를 선언하면서 다시 이들의 합리적 조정 및 조화를 근본이념으로 한다는 견해가 있다. 그 근거로서 헌법 제10조, 제23조, 제34조, 제119조 및 제37조를 들면서 '자유'를 공공복리의 원리로 조절함으로써 자유는 물론이고 실질적·구체적 평등도 함께 달성하려는 것이 우리 헌법의 이념인 바, 이에 터 잡아 우리의 사법분야에서도 모든 사람에게 법인격을 인정하고(민법 제3조), 사유재산제를 보장하며(민법 제21조), 사적 자치를 인정함과(민법 제103조, 제105조) 아울러 과실책임(민법 제750조)을 원칙으로 하나, 3대 원칙(계약자유, 소유권절대, 과실책임)의 제한원리 또는 수정원리로서의 신의성실의

---

29) 이영준, 『한국민법론』(총칙편), 박영사, 2003, 11쪽 이하.
30) 이영준, 앞의 책, 95쪽.
31) 양창수, 『민법입문』(신수판), 박영사 2003, 344~345쪽.

원칙과 권리남용금지의 원칙을 행동원리로 하는 '공공복리'를 사법에서의 최고원리로 하고 있다고 한다.32) 이 견해에서도 우리 헌법 제10조에서 '일반적 행동의 자유'를 추출할 수 있으며, 이러한 행동의 자유 중에서 법률관계에 관한 행동의 자유가 사적 자치인 바, 사적 자치를 실현하는 법률적 수단이 법률행위이기 때문에 사적 자치의 원칙을 법률행위자유의 원칙이라고도 부른다.33) 공공복리는 사적 자치를 제한하는 적극적인 것이며, 사적 자치는 공공복리의 제한내에서 승인된다고 한다.34) 따라서 사법학계(私法學界)에서의 대체적 견해는 사적 자치의 원칙에 대한 헌법적 근거를 헌법 제10조에서 도출되는 '일반적 행동의 자유'에서 구하는 것으로 볼 수 있다. 다만, 사법의 최고원리를 사적 자치로 보느냐, 아니면 공공복리로 보느냐의 차이가 존재한다.35)

사견으로는 사적 자치의 헌법적 근거는 헌법 제10조의 인간의 존엄으로부터 나오는 '자기결정권'에서 찾는 것이 타당하다고 본다. 우리나라 헌법재판소는 계약의 자유의 헌법적 근거를 행복추구권에서 도출되는 '일반적 행동자유권'에서 찾고 있다. 그러나 행복추구권으로부터의 개별기본권 도출의 문제점 및 행복추구권의 개념 및 보호영역의 확정 어려움 등을 감안하면 이러한 입장은 문제가 있다. 또한 사적 자치는 일반적 행동의 자유 이상의 법익을 추구하고 있으므로, 단순히 일반적 행동의 자유로만은 충족되기 어렵다.

---

32) 곽윤직, 『민법총칙』(제7판), 박영사 2002, 37쪽.

33) 곽윤직, 앞의 책, 192쪽.

34) 곽윤직, 앞의 책, 37쪽 이하.

35) 사적 자치에 관한 자세한 설명과 헌법재판소의 태도에 대한 평가는 박수곤, "헌법상 재산권질서와 사적 자치"『법과 정책연구』제8집 제2호, 2008. 12, 433쪽 이하 참조.

(2) 우리나라 헌법재판소의 판결

우리나라 헌법재판소는 '사적자치의 원칙과 그 본질'에 관하여 다음과 같이 판시하고 있다.

"헌법 제119조 제1항은 사유재산제도와 사적자치의 원칙 및 과실책임의 원칙을 기초로 하는 자유시장경제질서를 기본으로 하고 있음을 선언하고, 헌법 제10조는 국민의 행복추구권과 여기서 파생된 일반적 행동자유권 및 사적자치권을 보장하고 있는바,36) 사적자치의 원칙이란 인간의 자기결정 및 자기책임의 원칙에서 유래된 기본원칙으로서, 법률관계의 형성은 고권적인 명령에 의해서가 아니라 법인격자 자신들의 의사나 행위를 통해서 이루어진다는 원칙이다."37)

"사적자치는 계약의 자유·소유권의 자유·결사의 자유·유언의 자유 및 영업의 자유를 그 구성요소로 하고 있으며, 그 중 계약의 자유는 사적자치가 실현되는 가장 중요한 수단으로서, 이는 계약체결의 자유·상대방 선택의 자유·방식의 자유·계약의 변경 또는 해소의 자유를 포함하므로,38) 명의신탁약정에 있어서 그러한 계약을 체결할지, 누구와 체결할지, 그 내용과 효력은 어떻게 할지, 어떤 방식으로 계약할지, 그리고 약정된 명의신탁을 변경하거나 해소할지 등의 여부를 결정할 수 있는 자유는 기본적으로 사적자치의 영역에 속한다고 할 것이다."39)

5) 사적 자치에 대한 국가의 개입

국가가 사적 자치에 개입해야 할 경우는 언제인지 그리고 그 요건은 무

---

36) 헌재 1998. 8. 27. 96헌가22등, 판례집 제10권 2집, 339, 355쪽.

37) 헌재 2001. 5. 31. 99헌가18, 판례집 제13권 1집, 1017, 1083~1085쪽.

38) 헌재 1991. 6. 3. 89헌마204, 275~276쪽; 헌재 1998. 10. 29. 97헌마345, 633; 헌재 2001. 5. 31. 99헌가18 등, 1083~1085쪽.

39) 헌재 2001. 5. 31. 99헌가18, 판례집 제13권 1집, 1017, 1083~1085쪽.

엇인지에 관하여 독일 연방헌법재판소는 "사적 자치의 한계는 사적 자치가 자기결정의 원칙에 근거하고 있으며, 자유로운 자기결정의 전제조건들도 사실상 존재할 것을 전제로 하기 때문에 불가피하다. 당사자간의 힘의 균형이 결여되어 있는 곳에는 계약법상 수단만으로는 이해관계의 적정한 조정이 보장될 수 없다. 만일 그러한 상황에서 기본권적으로 보장된 지위들이 처분되는 경우에는 기본권을 보장하기 위해서 국가적 규율이 개입해야 한다."40) 즉, 사적 자치가 제대로 기능을 발휘하지 못할 정도로 계약 당사자간의 사실상의 힘의 균형이 파괴되어 있는 곳에서는 국가가 개입할 수밖에 없고, 진정한 사적 자치가 실현될 수 있도록 노력해야 할 과제를 갖는다.41)

우리나라 헌법재판소는 사적 자치에 대한 국가의 개입을 다음과 같이 설명하고 있다.

"개인들은 사적·자치적 형성의 자유가 인정되는 범위 내에서 자신들의 이익추구만을 위하여 노력할 것이기 때문에, 이러한 사적자치의 원칙 내지는 사적자치권이라도 공동체의 전체질서와의 관계에서 제약을 받을 수밖에 없다."42) "따라서, 그 본질적 부분이 훼손되지 않고 헌법상의 경제적 기본질서를 깨뜨리지 않는 한, 헌법 제37조 제2항에 규정된 국가안전보장, 질서유지 또는 공공복리를 위하여, 또한 헌법 제119조 제2항의 경제에 대한 규제와 조정의 기본원칙, 즉 '국가는 균형있는 국민경제의 성장 및 안정과 적정한 소득의 분배를 유지하고, 시장의 지배와 경제력의 남용을 방지하며, 경제주체간의 조화를 통한 경제의 민주화를 위하여 경제에 관한 규제와 조정을 할 수 있다'는 규정에 의하여 제한받을 수도 있

---

40) BVerfGE 81, 242 (255); 89, 214 (232); 103, 89 (101).
41) 방승주, "사법질서에 있어서 국가의 기본권보호의무" 『공법학연구』 제7권 제5호, 2006. 12, 71쪽.
42) 헌재 2001. 5. 31. 99헌가18, 판례집 제13권 1집, 1017, 1083~1085쪽.

으며, 다만 그 제한이 계약의 자유나 소유의 자유 등을 전면적으로 부인하는 결과를 초래한다면, 이는 곧 사적자치의 본질적 내용 침해가 되어 헌법에 위반된다고 할 것이다."43)

또한 "이러한 계약의 자유 내지 경제상의 자유는 절대적인 것이 아니라 약자 보호, 독점 방지, 실질적 평등, 경제정의 등의 관점에서 법률상 제한될 수 있을 뿐 아니라 국가의 과세작용과 관련하여서도 적지 않은 제약을 받지 않을 수 없다 할 것이므로, 국가는 조세법률주의 기타 헌법적 한계를 준수하는 한, 재정수입, 사회적·경제적 규제와 조정을 위하여 위와 같은 사적 자치에 개입하거나 사법상 법률행위의 내용 및 효력에 간섭할 수 있는 것이고, 그러한 개입과 간섭의 수단 및 정도의 선택은 일차적으로 과세입법자의 정책 판단·형성에 맡겨져 있다고 할 수 있으며, 다만 이와 같이 계약의 자유를 제한하더라도 헌법 제37조 제2항에 규정된 기본권 제한 입법의 한계를 준수하여야 함은 물론이므로,44) 그 본질적인 내용이 침해되거나 비례의 원칙 내지 과잉금지의 원칙에 위배되는 입법은 할 수 없는 것이다."45)

Ⅲ. 기본권의 사법에의 효력

기본권이 사법에 효력을 미친다는 이론에는 기본권의 제3자적 효력 이론, 기본권의 원칙규범설, 국가에 대한 권리를 통해 매개된 효력설, 헌법의 내재적 구조설 등이 있다.

---

43) 헌재 2001. 5. 31. 99헌가18, 판례집 제13권 1집, 1017, 1083~1085쪽.
44) 헌재 1999. 5. 27. 97헌바66 등, 판례집 11-1, 589, 602~603쪽.
45) 헌재 2002. 1. 31. 2000헌바35, 판례집 제14권 1집, 14, 22~23쪽.

1. 기본권의 제3자적 효력 이론

　기본권은 과거에는 전통적으로 국가권력에 대한 국민의 방어권이었기에, 기본권의 효력은 사인간에는 인정되지 않았다. 그러나 오늘날에는 '사적 자치'에 맡겨져 왔던 사인간의 관계에 있어서도 기본권의 효력이 미쳐야 한다는 "기본권의 제3자적 효력(기본권의 대사인적 효력)"문제46)는 헌법실현의 측면에서 중요한 의미를 가진다. 독일 연방헌법재판소는 기본권에는 객관적인 가치질서가 체화되어 있고, 이는 헌법상 근본결정으로서 사법(私法)을 포함하여 모든 법분야에 타당하다는 것을 전제하고, 민사재판의 법관은 사법(私法) 해석에 있어서 기본권의 효력을 오인하여 판결하게 되면, 그 판결은 기본권을 침해한 것이 된다고 판시하였다.47) 사적 자치원칙을 기초로 하여 '사법(私法)질서'와 '헌법질서'의 2원성 구조를 취하면서 기본권의 대사인효에 있어서는 '간접효력설'을 취하고 있다.48)

　기본권의 제3자효설에서는 기본권의 가치질서를 방사효(Ausstrahlungs-wirkung)49)와 연결시켜 설명한다. 기본권의 가치내용은 방사되듯이 기본

---

46) 이에 관한 기본적인 논문으로는 W. Leisner, Grundrechte und Privatrecht, 1960, S. 306 ff.; C. W. Canaris, Grundrechte und Privatrecht, AcP 1994, S. 201 ff.; W. Rüfner, Drittwirkung der Grundrechte, in: Gedächtnisschrift für Wolfgang Martens, 1987, S. 215 ff.; G. Hermes, Grundrechtsschutz durch Privatrecht auf neuer Grundlage?, NJW 1990, S. 1764 ff.

47) BVerfGE 7, 198 (205); 28, 243 (261); 35, 79 (114 ff.).

48) C. D. Classen, Die Drittwirkung der Grundrechte in der Rechtsprechung des Bundesverfassungs-gerichts, AöR 122, 1997, S. 65 ff.

49) BVerfGE 7, 198 (207); 73, 261 (269); 76, 143 (161). 독일의 법학자 뒤리히(G. Dürig)는 인간의 존엄성 규정에 의거하여 방사효를 통한 기본권의 간접적 제3자효를 주장하였다. 뒤리히(G. Dürig)는 기본권의 양면성을 인정하지 않으면서, 기본권의 객관적 원칙효력을 인정하는 입장에서 간접적 효력설을 전개하였다. 뒤리히에 있어서 독일 기본법 제1조 제1항의 인간의 존엄성 존중규정은 방사효과를

권에 근거하여 나오며, 법률이하의 규범에 스며든다. 이러한 방사효는 사법권(司法權)이 기본권에 특유하게 기속됨으로써 발생한다. 객관적인 질서로서의 기본권은 사법(司法)행위를 위한 지침 및 동인(動因)이 된다. 이 입장에서는 사인간 기본권의 직접적인 제3자효를 인정하게 되면 사적 자치의 수인불가능한 제한을 유발할 수 있다는 이유로, 헌법상 명문으로 규정하고 있는 경우가 아니면 기본권의 직접적인 효력을 인정하지 않는다. 간접적인 제3자효설에서는 기본권 규정을 직접 사법관계에 적용하지 않고, 기본권규정이 신의성실, 권리남용금지, 공서양속, 공정성 등 사법의 일반원칙조항50)을 통하여 간접적으로 헌법의 취지를 사법관계에도 적용하려는 입장이다. 예를 들면, 사인간의 기본권을 침해하는 계약 등 법률행위를 민법의 공서양속 위반 등으로 무효화하는 것이다. 기본권은 국가지향적인 동시에 제3자 지향적이고, 모든 국가권력은 사인에 의한 기본권침해를 방지할 의무가 있으며 사적 자치의 보장을 전제로 한다는 것이다.

　이러한 통설적 입장에 대해, 기본권의 객관법적 내용을 헌법적 지위로 보장하는 경우, 객관법적 내용의 실현이 사법질서에 속하는 법률의 형성에만 의존할 수 없다는 입장이 있다. 사법의 일반조항 등을 통해 객관법적 내용의 전개가 가능하다고 보는 한, 기본권의 객관법적 내용은 사법의

　　지닌 핵심적인 가치규범이었다. 이러한 인간의 존엄성 존중규정은 한편으로는 국가에 대한 개인의 주관적 자유권으로서의 기본권이 개인의 자유와 자치를 보장하기 위해서 보장하고 구체화하며, 다른 한편으로는 보편적이면서 간접적으로 인간의 존엄성 존중규정으로부터 개별기본권의 내용이 구체화되는 한도에서 방사효과를 위한 관계에 있다(G. Dürig, Grundrechte und Zivilrechtsprechung, in: Th. Maunz (Hrsg.), Vom Bonner Grundgesetz zur gesammtdeutschen Verfassung, FS für Hans Nawiasky, München 1956, S. 157-190).

50) 독일에서의 사법의 일반원칙은 민법 제138조(반도덕적 행위의 무효), 제242조(신의성실에 의한 의무의 이행), 제823조 1항(고의·과실에 의한 자유침해의 경우의 손해배상의무), 제826조(고의의 반도덕적 행위로 손해를 야기한 경우의 배상의무).

일반조항의 해석과 적용에 의해 간접적인 제3자적 효력을 발휘하게 된다. 그러나 그러한 연결점이 존재하지 않는 경우에는 기본권의 효력은 직접적으로 효력을 발휘해야 한다고 한다.[51] 기본권 자체가 제3자의 작위의무 또는 부작위의무 및 사법질서 내지 그 밖의 법질서에서 독자적인 권리를 발생시키는 연결점이 된다.[52]

2. 기본권의 원칙규범설

기본권규범은 객관적인 가치질서를 구성하는 객관적인 원칙규범으로서 모든 법 영역에 효력을 미치는 헌법의 근본결단이다. 기본권규범이 입법·집행·사법을 구속하는 직접적인 효력규범으로서, 사법(私法)에도 기본권의 효력이 미치는 것은 당연하다. 따라서 기본권은 원칙규범으로서 국가권력은 물론 모든 사인도 준수해야 한다.[53] 본래의 권리로서의 특성으로서 기본권에 대한 객관적 가치성의 발견은 2가지 측면에서 실현된다. 하나는 기본권은 전체가 객관적인 가치질서와 모든 법분야에서 효력이 있는 가치체계로서 나타나고, 다른 하나는 개별적 기본권들은 그 자체가 객관적인 법적 가치결단적인 원칙규범으로 해석된다.[54] 따라서 첫째, 기본권은 국가지향적인 동시에 제3자 지향적인 성격을 갖고 있으며, 둘째, 모든 국가권력에게는 기본권을 존중할 의무가 부과되는 동시에 제3자인 사인의 침해에 대해서도 사인을 보호할 의무가 부과된다. 셋째, 기본권은

---

51) Hans-Heinrich Rupp, Vom Wandel der Grundrechte, AöR 101 (1976), S. 161-170; W. Rüfner, Drittwirkung der Grundrechte, in: FS für Martens, 1987, S. 215 (225 f.).

52) E.-W. Böckenförde, Zur Lage der Grundrechtsdogmatik nach 40 Jahren Grundgesetz, Carl Friedrich Siemens-Stiftung, THEMEN Heft 47. 1990, S. 26.

53) E.-W. Böckenförde, Grundrechte als Grundsatznormen, Der Staat 1990, S. 1.

54) E.-W. Böckenförde, Grundrechte als Grundsatznormen, S. 4.

절대적 가치로서의 도덕적 가치를 전제로 하기 때문에, 이러한 절대적 가치는 누가 침해자이냐를 불문하고 실정법질서에서는 법과 도덕의 통일성을 강조한다.[55]

반면, 알렉시(R. Alexy)는 원칙규범으로서의 기본권으로 이해하면서,[56] 기본권의 제3자효와 관련하여 종래의 직접효력설과 간접효력설의 이분법을 지양하고 있다. 기본권의 제3자효에 있어서 민사법을 해석하고 적용할 때 기본권적 가치질서를 존중해야 하는 의무를 지고 있는 법관이 이를 위반한 경우 주관적인 기본권을 침해한 것이 아니라, 객관적 헌법을 위반한 것이다.[57] 국가가 아닌 사인인 국민에 의한 기본권 침해에서 국가의 책임을 인정하면서도 그 범위를 합리적으로 제한하려 한다.

3. 국가에 대한 권리를 통해 매개된 효력설

슈바베(J. Schwabe)의 이론에 의하면, 국민 대 국민의 관계에 미치는 효력은 주관적 공권으로서의 기본권에 대해 국가의 기속을 가져오는 결과가 된다. 슈바베는 국가가 생명이나 건강과 같은 기본권 보호법익에 대한 사인의 침입을 금지하지 않음으로써 결국 국가는 이러한 침입을 허용하게 된다는 것이다.[58] 이러한 국가의 부작위의무에 대해서는 기본권 존중의무가 상응하게 된다고 한다. 국가가 "법적 규율과 법원의 판결 그리고 강제집행을 통하여" 사인의 침해과정에 참여하게 될 때, 국가의 기본권 존중의무와 관련된다.[59] 결국 사인으로부터의 침해에 대한 보호문제는 사

---

55) E.-W. Böckenförde, Grundrechte als Grundsatznormen, S. 10.
56) 로베르트 알렉시(이준일 옮김), 『기본권이론』, 한길사, 2007, 111쪽.
57) 로베르트 알렉시(이준일 옮김), 앞의 책, 620~621쪽.
58) J. Schwabe, Probleme der Grundrechtsdogmatik, S. 291.
59) J. Schwabe, Probleme der Grundrechtsdogmatik, S. 213.

실상 사인이 야기한 가해이지만, 결국에는 국가의 침해로부터 방어하는 문제가 된다.[60]

4. 헌법의 내재적 구조설

헌법은 실질적으로 법질서의 내재적인 구조이지, 분리되어 상위에 위치한, 즉 다른 법과 분리된 관계영역에 위치한 것이 아니다. 오동잎을 예로 들면, 법질서는 총체적으로 잎맥 중 주맥에 해당하는 '헌법'과 그물맥에 해당하는 법률 및 잎사귀에 해당하는 명령·규칙 등으로 구성되어 있다. 주맥과 그물맥은 잎사귀를 보살피고 또한 함께 지탱하며, 만약 양자간의 연결이 중단되면 오동잎은 시들게 된다. 법질서도 이와 동일하다.[61]

5. 평 가

먼저 슈바베의 국가에 대한 권리를 통해 매개된 효력설은 알렉시가 적절히 비판했듯이 사인의 행위가 금지되지 않고 허용된다는 사실 때문에 그 행위에 대해 국가가 참여하는 것이고 이러한 행위의 책임을 국가에게 귀속시키는 것은 논리적 문제가 있다. 모든 금지되지 않는 행위를 국가가 참여한 것으로 보고 국가책임을 묻는 것은 불합리하다.

기본권의 제3자효설 중 기본권의 '방사효'에 의해 법원을 통해 법률이하의 규범에 해석을 위한 지침을 제공한다고 한다. 이러한 전제에서는 사법(私法)의 해석시 기본권에 입각하여 해석하고 적용해야 하는 의무가 판

---

60) J. Schwabe, Die sogenannte Drittwirkung der Grundrechte, S. 149

61) G. Robbers, Für ein neues Verhältnis zwischen Bundesverfassungsgericht und Fachgerichtsbarkeit, NJW 1998, S. 935 (938).

사에게 부과된다. 판사의 입장에서 사법(私法)조항의 여러 가지 해석가능
성들이 존재할 경우, 그 해석가능성 중에 기본권에 위반되는 해석들을 제
외시켜야 한다. 이러한 관점에서 보면, 기본권의 방사효는 합헌적 법률해
석의 기능과 다르지 않다.[62] 따라서 '방사효'는 헌법의 해석지침의 일부
로서 독자적인 의미를 지니기 어렵게 된다. 또한 기본권의 방사효를 매개
로 하는 입장에서는 방사효를 통해 기본권적 가치가 사법(私法)의 일반조
항을 통해 구체화되어진다는데 중요한 비중을 두고 있다. 독일 연방헌법
재판소 판례에서는 사법상 일반조항의 기본권지향적인 해석 및 구체화를
통해 해결되는 사건구조를 상정한다.[63] 그런데 실제로 법률이하의 규범에
서 법관의 법형성에 의해 그 흠결의 보충을 위한 과정은 불분명하게 된
다.[64] 이러한 상황에서 구체적인 사건의 판단을 위해 해석되는 사법(私
法) 규정을 보충하거나 구체화하는 기본권적 원칙을 도출할 내용적 규정
이 없게 되는 문제가 발생한다.[65]

반면, 원칙규범으로서의 기본권으로 이해하게 되면, 모든 국가권력이
기본권을 존중할 의무가 부과됨과 동시에 사인의 침해에 대해서도 국가
는 침해받은 사인을 보호할 의무가 직접적으로 부과된다. 이는 모든 사인
의 권리침해에 대해 국가의 개입 및 간섭을 정당화할 수 있다는 문제점이
발생한다.

사견으로는 사인간 생활관계에는 원칙적으로 사적 자치가 우선적으로
적용되어야 하기에 기본권의 제3자적 효력이론 중 간접효력설에 입각하

---

62) M. Ruffert, Vorrang der Verfassung und Eigenständigkeit des Privatrechts, 2001,
   S. 65.
63) Vgl. BVerGE 35, 202 (219); 61, 1 (10 f.); 81, 242 (256); 89, 214 (229); 90.
   27 (33 ff.); 97, 169 (175).
64) M. Ruffert, Vorrang der Verfassung und Eigenständigkeit des Privatrechts, 2001,
   S. 65.
65) B. Rüthers, Reform der Reform des Kündigungsschutzes?, NJW 1998, S. 1433.

여 기본권이 사법관계에 효력을 미치는 것이 타당하다고 본다. 그러나 전통적인 입장처럼 기본권의 방사효가 사인에게 미치는 것이 아니라, 기본권이 사법(私法)을 통해 효력을 미친다고 보는 것이 타당하다. 기본권의 수범자는 국가이지 개개 사인이 아니라는 것을 인식해야 한다. 자력구제를 원칙적으로 금지하는 법치국가에서 기본권의 제3자적 효력을 실효성 있게 실현하는 방법은 사인이 법원에 청구하여 기본권적 가치를 구현하는 재판을 통해 구제받을 수밖에 없다. 그런데 우리나라와 같이 헌법재판소법에 의해 법원의 재판에 대해 헌법소원이 금지되는 법질서에서는 기본권의 제3자적 효력이론을 재판상 활용함에 있어서 제약이 크다.

IV. 기본권의 제3자적 효력과 기본권보호의무와의 관계

기본권의 제3자적 효력이나 기본권보호의무는 양자 모두 사법이나 사적 영역에 기본권의 효력을 개입 내지 확장하려는 취지의 이론들이다. 기본권의 제3자적 효력이나 기본권보호의무가 사적 영역에서 서로 어떠한 관계에 있는지를 규명하는 것이 필요하다.

1. 기본권의 제3자적 효력과 기본권보호의무와의 차이점과 공통점

기본권보호의무는 헌법상 보호되는 기본권을 제3자인 사인에 의한 위법한 가해나 가해의 위험으로부터 국가가 보호해야 하는 의무를 말하고 있다.66) 이처럼 기본권보호의무는 국가와 가해자 및 피해자라는 3각 관계

---

66) J. Isensee, Das Grundrecht als Abwehrrecht und als staatliche Schutzpflicht, in:

를 중심으로 논의되는 특성을 지닌다. 그에 반해 기본권의 제3자적 효력
은 기본권이 사인 상호간의 관계에 작용하는 효력을 말한다. 또한 기본권
의 제3자효는 사법(私法)분야에서 주로 발생하지만, 기본권보호의무는 모
든 법률에 있어서 입법자에게 요구된다. 그리고 기본권의 제3자효는 사법
부(司法府)에 있어서 중요한 책임을 부과하지만, 기본권보호의무는 일차
적으로 입법자에게 의무를 부과하고 있다.

그러나 양자는 사인이 다른 사인의 기본권을 침해하는 문제로서 발생
하고, 기본권의 객관법적 내용으로부터 도출된다는 공통점이 있다. 기본
권의 제3자효는 사인 대(對) 사인의 관계에서 기본권의 효력을 다투는 문
제이며, 기본권보호의무는 기본권가해자가 기본권피해자의 기본권적 법
익을 침해한다는 면에서 사인과 사인의 문제로 이해된다. 따라서 양자는
표면적으로는 국가 대 사인의 관계이지만, 실제로는 사인 대(對) 사인의
문제라는 점에서 공통점이 있다.[67]

2. 기본권의 제3자적 효력과
기본권보호의무의 상관관계

기본권보호의무와 기본권의 제3자효간의 밀접한 관계로 인해 양자의
관계를 긍정하는 견해와 양자의 관계를 구별하는 견해가 존재한다.[68]

---

ders./P. Kirchhof (Hrsg.), HdbStR V, 2000, § 111 Rn. 151. 또한 이에 관한 논문
으로는 이부하, "헌법영역에서 기본권보호의무"『공법학연구』제8권 제3호,
2007. 8, 121쪽 이하.

67) J. Isensee, Das Grundrecht als Abwehrrecht und als staatliche Schutzpflicht, §
111 Rn. 134 f.

68) 이에 관한 선행연구로는 장영철, "기본권의 제3자적 효력과 기본권보호의무"『공
법연구』제29집 제2호, 2001. 2, 164쪽 이하 참조.

1) 기본권의 제3자적 효력과 기본권보호의무의 구별설

사법(司法)절차를 통하여 사인간의 법률관계가 사인과 법관간의 법률관계로 변경되므로, 기본권보호의무와 기본권의 제3자효는 구별할 수 있다고 한다.[69] 기본권의 제3자적 효력과 관련하여 법관이 사인들간의 법률관계에 대한 판결을 할 때, 기본권을 고려할 수 있을지 또한 고려한다면 어느 범위까지 고려할 수 있을지가 실질적으로 문제되고, 이 문제는 기본권의 국가관련성을 통해 해결되지 않는다고 한다. 사인의 기본권 행사가 다른 사인의 기본권을 침해하지 않게 할 의무를 지는 법관이 기본권을 잘못 적용하면, 국가의 보호의무를 위반하게 된다. 그러므로 국가의 보호의무는 사인간의 관계에서 기본권이 어떠한 방어권을 도출하지 못할지라도 적어도 이들 법률관계에 대한 판결기준을 형성한다는 것을 전제로 한다고 한다. 따라서 국가의 보호의무의 내용은 사인간의 관계에 기본권을 적용함으로써 확정되고, 이러한 범위에서 사인간의 법률관계와 법관과 사인간의 법률관계는 엄격하게 구별된다고 한다.

기본권의 제3자적 효력은 사법관계 내부에서 기본권의 효력의 문제이지만, 기본권보호의무는 기본권가해자와 기본권피해자의 사인들의 대국가적 효력 문제이므로 구별할 수 있다고 한다.[70] 기본권보호의무와 관련된 기본권보호관계나 기본권침해관계는 기본권의 제3자적 효력이론과 전혀 다르다. 기본권의 제3자적 효력문제는 직접적이건 간접적이건 사인간의 기본권효력에 관한 문제라는 점이다. 즉, 기본권의 제3자적 효력 문제는 사인상호간의 관계에서도 기본권의 효력이 미칠 수 있는지 그리고 있다면 어떻게 효력을 가지는지에 관한 문제이다. 이에 반해 기본권보호의

---

69) A. Bleckmann, Neue Aspekte der Drittwirkung der Grundrechte, DVBl. 1988, S. 939 f.

70) J. Isensee, Das Grundrecht als Abwehrrecht und als staatliche Schutzpflicht, in: ders./P. Kirchhof (Hrsg.), HdbStR V, 2000, § 135.

무나 그에 상응하는 권리로서 나타나는 보호청구권은 국가를 수신인으로
하는 국가와 국민 사이의 관계를 의미한다.[71]

기본권보호의무는 기본권의 제3자효와 관련된 판례에서 중요한 역할을
담당하지 못했다. 기본권보호의무는 간접적인 기본권의 제3자효의 구조에
있어서 양자가 경합하는 경우는 발생하지 않는다. 기본권보호의무는 간접
적인 기본권의 제3자효의 메커니즘, 즉 사법상 일반조항의 구체화 및 적
용시 사법의 기본권기속성에 있어서 관련이 있다. 그러나 기본권보호의무
는 간접적인 기본권기속을 대체하거나 간접적인 기본권기속의 지위를 설
명하는 근거로서 사용될 수 없다. 오히려 기본권보호의무는 간접적인 기
본권기속을 통해 그 지위가 박탈될 수도 있다.[72] 기본권보호의무는 국가
에게 의무를 부과하는 것이다.[73] 기본권보호의무는 기본권주체가 기본권
규범에 기속된다는 의미에서 기본권의 제3자효와 동일하지 않다. 기본권
보호의무는 사인에게 다른 사인의 기본권을 보호하라고 요구하지 않는다.
오히려 국가는 민사법원을 통해 사회적 권력에게 다른 사인을 보호하도
록 한다. 기본권보호의무는 기본권의 제3자효의 특징을 지니지 않고, 기
본권과 사법의 관계라는 특징을 지니고 있지도 않다. 기본권의 제3자효와
는 달리, 기본권보호의무는 집행권자뿐만 아니라 특히 입법권자와 밀접한
관련이 있다. 기본권의 제3자효와 기본권보호의무의 관계에 있어서, 기본
권의 제3자효를 적용함에 있어서 기본권보호의무를 사용하는 것이 아니
라, 양자는 조화로운 공존상태에 있다고 할 수 있다.[74]

---

71) 이승우, "국가의 기본권보호의무"『현대공법과 개인의 권익보호』(균재 양승두교
    수 화갑기념논문집 [I]), 홍문사, 1994, 1164~1166쪽(그러나 기본권보호의무는 기
    본권이 모든 사람에 대해 기본권적 법익을 침해하는 것을 금지한다는 의미에서
    기본권의 제3자적 효력을 전제한다고 한다).
72) R. Poscher, Grundrechte als Abwehrrechte, S. 267.
73) H. H. Klein, Die grundrechtliche Schutzpflicht, DVBl. 1994, S. 490 f.
74) R. Poscher, Grundrechte als Abwehrrechte, S. 267 f.

2) 기본권의 제3자적 효력과 기본권보호의무의 상관관계 긍정설

기본권의 제3자효에 의하면, 국가의 침해에 대한 방어권으로는 사인의 기본권침해를 대처할 수 없게 된다. 따라서 기본권의 방사효로서 이 문제를 확장하여 해결하려는 것이다. 그런데 이런 경우에 기본권보호의무에 의하면 사인에 의한 기본권적 법익의 침해에 대해서 기본권의 방어권으로서 주장할 필요없이 국가의 기본권보호의무로서 당연히 기본권의 보호를 받을 수 있게 된다. 즉, 이 경우 기본권피해자인 사인은 국가에 대하여 기본권적 법익에 대한 침해에 대해 보호청구권을 행사할 수 있다. 특히 입법자는 기본권보호입법을 효과적으로 제정함으로써 사적 자치상 발생하는 기본권적 법익에 대한 위험에 대처해야 할 의무가 있다.75) 카나리스 (Canaris)는 기본권보호의무를 "사법주체의 활동에 대한 기본권의 간접적 영향을 해명하고 방사효라는 불확실한 개념보다는 확고한 이론적 토대를 제공하는 잃어버렸던 연결고리"라고 주장하였다.76)

또한 사인간의 사법관계에서 기본권의 침해가 발생하면, 기본권보호의무는 기본권의 제3자적 효력으로 나타난다고 한다. 기본권보호의무는 기본권주체의 지위를 제3자인 사인이 침해시에도 국가가 보호해야 하는 의무로 이해하고, 기본권보호의무는 모든 법영역에서 실현되므로 당연히 사적 주체 상호간에도 적용되어야 한다고 한다. 즉, 기본권보호의무를 지는 법관이 사법의 일반조항을 통해 기본권을 적용하므로, 기본권이 사인 상호간에도 간접적으로 효력이 미친다고 한다.77)

기본권보호의무와 기본권의 제3자적 효력을 결부시킴으로써 간접적 효

---

75) C.-W. Canaris, Grundrechte und Privatrecht, AcP 184, S. 201 (227).

76) C.-W. Canaris, Grundrechtswirkungen und Verhältnismäßigkeitsprinzip in der richterlichen Anwendung und Fortbildung des Privatrechts, JuS 1989, S. 161 (163).

77) K. Stern, Das Staatsrecht, Bd. Ⅲ/1, 1988, S. 1572.

력설의 약점을 제거할 수 있는 동시에 사법관계에서 기본권보호의무의
내용과 범위를 명확히 할 수 있다고 한다.[78] 사법관계에서 일차적으로 기
본권보호의무를 이행하여야 하는 자는 입법자이고, 법원은 사법(私法)적
보호입법을 해석하고 적용할 때에 사법관계에 미치는 기본권의 영향을
반영함으로써 보호의무를 이행하여야 한다. 기본권의 제3자적 효력 문제
는 사법(私法)을 해석·적용하는 법원이 보호의무를 준수하는 문제이다.
사법의 입법자가 일반조항이나 불확정개념을 사용한 경우에는 법원은 구
체적인 사법적 분쟁의 해결과정에서 이 조항을 해석하고 적용하는 것을
통하여, 그리고 보호입법을 불완전하게 제정한 경우에는 동 법률을 헌법
재판소에 위헌법률심판을 제청하여 그 결정을 받아, 그리고 그 성질상 법
률유보원칙을 적용할 수 없거나 보호규정이 전혀 없는 경우에는 직접 기
본권에 의거하여 기본권의 의미를 반영함으로써 관련 기본권적 법익을
위한 보호기능을 반영하여야 한다.[79] 이 경우 기본권은 원칙적으로 입법
자가 제정한 사법(私法)을 매개로 하여 기본권보호의무의 형태로 사인 상
호간의 관계에 영향을 미치므로, 기본권이 사인들의 사법관계에 제3자적
효력을 미치는 것으로 볼 수 있다.[80]

구체적 헌법규범과 구체적 생활상황에 따라 개별적으로 특정되는 개인
간의 기본권의 효력방식과 별개로 기본권의 제3자효는 기본권 내용의 일
부와 관련되므로, 기본권의 제3자효는 국가에게 기본권이 규정된 절차법
과 조직법을 포함한 의무상황을 불완전하게 지시할 수 있다고 한다. 이러
한 제한적일 수 있는 기본권의 제3자적 효력은 기본권적 법익의 불가침을
존중하여야 하는 의무와 관련이 있고, 기본권의 제3자적 효력은 다른 기
본권주체의 기본권적 법익과 비례하여 존재하므로 기본권적 법익의 형량

---

78) 정태호, "기본권보호의무"『인권과 정의』제252호, 1997. 8, 107쪽.
79) 정태호, 앞의 논문, 108쪽.
80) 정태호, 앞의 논문, 108쪽.

과 귀속이 필요하다. 이러한 귀속은 국가에 대한 관계뿐만 아니라 사인간의 관계에서도 발생하며, 입법자나 법관의 규율 여부와 관계없이 법적으로 체계화되므로 이미 기본권은 사인간에도 효력을 미친다. 법관을 비롯한 국가기관이 사인의 법관계를 규율하면 이는 기본권보호의무와 관련이 있게 되고, 사인이 국가에 대해 기본권보호를 청구하는 보호청구권이 있다는 것은 기본권의 제3자적 효력을 부정할 수 없는 간접적 증거라고 한다.[81]

3) 사 견

기본권보호의무는 사인에 의한 다른 사인에 대한 위법한 침해를 요건으로 하며, 피해자인 사인의 기본권을 보호할 의무는 국가의 몫이 된다. 그리고 기본권보호의무는 생명이나 신체 등의 중요한 기본권적 법익을 그 보호법익으로 하고, 사법관계뿐만 아니라 공법관계(생명 침해의 범죄행위)나 전문법 영역(환경침해)에서도 실현되어야 한다. 반면, 기본권의 제3자효에 의하면, 특히 사법관계에서 힘의 균형이 파괴되는 경우 국가의 개입이 요구되고, 국가는 진정한 사적 자치가 실현될 수 있도록 노력해야 할 의무를 진다. 사법(私法) 영역에서는 사법(私法)조항을 통해 국가가 기본권보호의무를 이행하므로, 기본권의 제3자효는 국가의 기본권보호의무와 협력하여 기본권의 효력이 실현될 수 있는 경우가 있으나, 그 밖의 법영역에서는 양자는 각자의 역할을 담당한다고 본다.

---

81) G. Robbers, Sicherheit als Menschenrecht, 1987, S. 201 ff.

V. 결 론

기본권에 의해 보장되는 권리와 이의 실현을 위한 사법상의 형성들의 총체는 다시금 전체로서의 기본권으로 통합될 수 있다.[82] 기본권은 직접적인 효력규범으로서 모든 국가권력은 기본권을 존중할 의무가 있다. 또한 기본권은 직접적으로 사인(私人)에게 효력을 미치는 것이 아니라, 사법(私法)을 통해 효력을 미친다. 따라서 기본권의 효력은 사법을 매개로 하여 간접적으로 사인에게 영향을 미친다. 기본권효력을 발휘하기 위한 법적이며 사실적인 조건인 사적 자치는 헌법의 효력을 발휘하기 위한 전제조건이기 때문이다. 따라서 기본권이 사인에게 직접적으로 효력을 미치는 것이 아니라, 기본권은 사법을 통해 효력을 미치는 것으로 이해하는 타당하다. 따라서 기본권의 제3자적 효력을 실효성있게 실현하는 방법은 사인이 법원에 청구하여 기본권적 가치를 구현하는 재판을 통해 구제받을 수 있어야 한다. 결국 입법정책적 방안으로 우리나라의 경우 헌법재판소법을 개정하여 법원의 재판에 대해 헌법소원을 허용하여야 기본권의 제3자적 효력이론이 재판상 활용될 수 있다.

헌법학 이론에서는 전통적으로 기본권의 가치질서가 방사(放射)되어 사법에도 기본권의 효력이 미친다고 봄으로써 기본권의 제3자효를 설명하였다. 이러한 전통적인 관점에서 보면, 기본권의 방사효는 합헌적 법률해석과 차별성이 없게 된다. 더욱이 사인의 자율과 자기결정을 내용으로 하는 사적 자치원칙이 지배하는 사법관계에서 기본권의 제3자효는 국가가 제3자의 침해행위를 방어해야 할 책임의 근거를 명확하게 설명하지 못한다. 이 경우 기본권보호의무이론에 의하면, 기본권의 제3자효의 적용에

---

82) R. Alexy, Theorie der Grundrechte, S. 224 ff.

있어서 국가가 개입할 수 있는 근거를 실효성있게 제시해 줄 수 있게 된다. 그러나 기본권보호의무는 무제한적으로 모든 법익에 전면 적용할 수는 없다. 모든 법익에 있어서 사회적 규율을 무시하고 국가가 개입하는 것은 기본권침해의 가능성을 유발하고, 불필요한 일이기 때문이다.

제7장

사법(私法)에 있어서 헌법합치적 재산권질서*

이 부 하**

I. 서 론

국가작용의 확대는 국민들의 재산권에 대한 제약을 계속적으로 야기하고 있다.[1] 이와 관련하여 재산권과 관련한 사법(私法) 규정이 기본권에 의해 어느 정도 영향을 받고 있으며, 재산권 관련입법이 헌법적 통제를 제대로 받고 있는지를 논증하는 것은 그리 쉬운 일이 아니다.[2] 특히 민법은 시민법(civic law)으로서 생활세계에서 성장하여 그 규범이 헌법을 구체화하고, 다시 헌법규범으로 편입되기도 한다. 재산권과 관련하여 헌법의 효력상 우위로 인하여 기본권은 그 효력을 확장하였고, 재산권에 있어서 사적 규율은 헌법질서 속에 편입되었다. 재산권의 보호대상은 다양하

---

* 이 글은 "사법(私法)에 있어서 헌법합치적 재산권질서"『토지공법연구』제48집, 2010. 2, 551~568쪽에 게재된 논문을 수정·보완한 것이다.

** 영남대학교 법학전문대학원 교수, 법학박사

1) 류지태, "보상없는 재산권제한의 한계와 국가기관과 지방자치단체간의 권한쟁의"『헌법재판연구』제9권, 1997. 11.

2) C.-W. Canaris, Verfassungs-und europarechtliche Aspekte der Vertragsfreiheit in der Privatrechtsgesellschaft, FS für Lerche, 1993, S. 873 (874).

나, 그 중 사법상 임차권과 지적 재산권은 중요한 논의대상임에도 불구하고 우리 공법학에서 그리 활발한 논의가 없었다. 이에 재산권과 관련하여 독일 연방헌법재판소의 판결과 학설들을 분석하여 우리의 법논증에 유용한 자료로 삼고자 한다.

본고에서는 먼저 헌법과 사법에 있어서 재산권보장에 관한 내용과 재산권의 내용으로서 제도보장에 대해 개관해 보고(이하 Ⅱ), 이를 바탕으로 재산권보장의 보호법익, 헌법상 지적 재산권 및 임차인의 점유권을 살펴보도록 한다(이하 Ⅲ). 마지막으로 독일 기본법과 연방헌법재판소 판례에서 제시하는 사법(私法)에 있어서 임대차관계와 관련한 헌법상 재산권보호의 기능을 고찰해 본 후(이하 Ⅳ) 결론짓기로 한다.

Ⅱ. 헌법상 재산권과 사법(私法)

1. 헌법과 사법(私法)상 재산권보장

헌법과 사법질서에서 재산권은 중요한 지위를 차지하고 있다. 경제헌법상 개인적 권리로서 규정된 핵심적 보장이자 경제관련적 기본권의 중심으로서 그리고 특별히 중요한 기본권적 법익이자 중심적 제도로서 재산권보장은 그 범위와 강도가 결정된다. "헌법상 재산권보장 조항이 민법이나 상법의 구체적 윤곽을 형성하듯이"[3] 헌법상 재산권조항은 헌법상 재산권을 보장하고 있다. 사법적 재산권 법질서는 헌법적 보장 규정없이는

---

3) BVerfGE 1, 264 (278); W. Böhmer, Grundfragen der verfassungsrechtlichen Gewährleistung des Eigentums in der Rechtsprechung des Bundesverfassungsgerichts, NJW 1988, S. 2561 (2567); O. Depenheuer, in: von Mangoldt/Klein/Starck, GG, Art. 14, Rn. 32.

불가능하며,4) 헌법은 다시금 재산권보장의 내용을 사법(私法)으로부터 차용해온다. 이를 요약정리하면, 헌법은 재산권의 효력상 우위를 가지는 반면, 사법(私法)은 재산권의 인식상 우위를 가진다고 할 수 있다. 이러한 배경적 인식하에서 헌법과 사법(私法)의 오해가 풀리고, 헌법상 재산권개념과 사법(私法)상 재산권개념은 동일시된다.5)

우리나라 헌법 제23조의 규정과 헌법 제120조 내지 제126조의 규정간에는 갈등관계에 있다고 할 수 있다.6) 우리 헌법 제119조 제2항에 의한 일반적 목적을 위한 규제 이외에 제120조 이하에서는 규제의 대상을 특정하여 개별적으로 국가규제를 규정하고 있다. 즉 ① 자연자원의 특허(이는 國有를 전제로 한다)(제120조 제1항), ② 국토와 자원의 국가적 보호와 개발·이용을 위한 계획(제120조 제2항), ③ 농지의 소작금지(제121조 제1항), ④ 국토에 대한 제한과 의무의 부과(제122조), ⑤ 농업과 어업의 보호·육성을 위한 계획(제123조 제1항), ⑥ 지역경제의 육성과 중소기업의 보호·육성(제123조 제2항, 제3항), ⑦ 대외무역의 육성·규제·조정(제125조), ⑧ 사영기업의 예외적인 국공유화·경영통제(제126조) 등이다.7)

헌법 제119조 제2항은 "국가는 균형있는 국민경제의 성장 및 안정과 적정한 소득의 분배를 유지하고, …경제의 민주화를 위하여 경제에 관한 규제와 조정을 할 수 있다"라고 하여, 우리나라의 경제질서가 경제의 민주화를 지향하고 있음을 강조하고 있다.8) 따라서 헌법 제119조의 구조는

---

4) O. Depenheuer, in: von Mangoldt/Klein/Starck, GG, Art. 14, Rn. 17, 22.

5) 이와 같은 입장으로는 W. Böhmer, NJW 1988, S. 2561 (2563 Fn. 8).

6) 독일에서도 독일기본법 제14조와 제15조간의 갈등관계에 대해 설명하는 문헌으로는 O. Depenheuer, in: von Mangoldt/Klein/Starck, GG, Art. 14, Rn. 2 ff.; O. Depenheuer, FS für Leisner, S. 277.

7) 이부하, "헌법상 경제질서와 재산권보장"『공법학연구』제7권 제3호, 2006. 8, 38쪽.

8) 권영성, 『헌법학원론』, 172쪽.

제1항에서 경제적 '자유'를 기본으로 경제영역에서의 사회적·인위적 규제 그 중에서도 국가에 의한 규제를 배제하여 개인의 선택의 자유를 보장하고 있다. 그리고 제2항에서는 '평등'과 '효율'을 위한 국가의 규제와 조정을 허용하고 있다. 여기서 '평등'은 경제생활조건의 평등을 의미하고, '효율'은 장기간에 걸친 자원배분의 효율과 경제재뿐만 아니라 자유재도 효율의 대상으로 본 균형있는 국민경제의 발전으로 이해한다.9) 이렇게 볼때 현행 헌법은 자유의 가치를 가장 기본적인 가치로 설정하고 이에 평등과 효율의 가치를 부가한 것이라고 할 수 있다.10)

이와 관련하여 일반적 법률유보조항이 제9장의 경제에 규정되고 있는 법률에도 적용될 수 있는지에 대해 학설상 이론이 존재한다. 이에 관해 일반적 법률유보와 다르게 해석해야 한다는 견해11)와 경제조항의 법률유보에 근거한 기본권제한도 헌법 제37조 제2항의 적용대상이 된다고 보는 견해12)로 나뉜다.

전자(前者)는 첫째, 헌법 제37조 제2항에 규정된 국가안전보장·질서유지·공공복리의 개념과 경제조항의 유보 목적이 반드시 일치하지 않을 뿐만 아니라, 경제정책은 복리증진이나 새로운 질서를 적극적으로 형성해 나간다는 점, 둘째, 사회적 시장경제질서에 의한 기본권제한의 경우에 헌법 제37조 제2항의 비례성원칙이 적용될 여지가 없고 당해 경제관련입법이 헌법규정상 정하는 여러 목적을 실현하기 위한 수단으로서의 적합성 여부만 문제된다는 점,13) 셋째, 본질적 내용의 침해금지와의 관계에서 헌

---

9) 정순훈, 『경제헌법』, 225쪽.

10) 김기범, "신헌법상의 경제질서" 『고시계』, 1963. 9, 49쪽 이하; 서주실, "헌법상 경제질서의 기본원칙" 『고시계』, 1967. 9, 79쪽 이하 참조.

11) 장석권, "우리 헌법상 경제질서의 기본원칙과 그 법적 성격" 『월간고시』, 1984. 9, 91쪽.

12) 김형성, "헌법상의 경제질서와 독점규제" 『헌법학연구』 제3집, 한국헌법학회, 1997. 10, 63쪽.

법 제120조의 천연자원 등의 사회화나 헌법 제126조의 사기업의 국·공
유화를 가능케 한 헌법의 취지로 보아 본질적 내용침해금지의 원칙이 경
제조항에는 타당하지 않다는 점을 그 근거로 든다.

반면 후자(後者)는 첫째, 헌법의 통일적 해석이라는 측면에서 경제조항
과 관련한 기본권침해법률이 헌법 제37조 제2항에 근거하여 위헌적 침해
여부가 가려지는 것이 아니고, 단지 경제조항과 무관한 기본권침해법률이
헌법 제37조 제2항의 적용을 받게 되고, 둘째, 모든 기본권침해를 전제로
한 헌법상 일반적 법률유보의 취지에 어긋난다는 점, 셋째, 경제적 목적에
만 부합되면 관련된 기본권의 본질적 침해까지도 가능하게 되는데, 이는
헌법의 통일적 해석과는 거리가 멀 뿐만 아니라 오늘날 경제적 자유와 경
제적 능력이 다른 기본권을 실현시키는 결정적 전제가 된다는 점을 고려
할 때 경제규제조항을 통해서 기본권보장의 공동화(空洞化) 현상이 초래
될 위험이 있다[14]는 것을 그 근거로 든다.

법률에 의하지 않고 헌법적 수권을 통해 행정부에 의해 직접 행해질 수
있는 경제규제의 경우나 대외무역을 규제할 경우에도 법률에 의한 제한
을 전제로 해서 규정된 본질적 내용침해금지의 원칙이 적용될 수 있는가
라는 문제와 관련된다. 헌법의 조문해석에 충실하게 되면 법률적 제한이
아닌 경우에는 이 원칙이 적용되지 않는다고 할 것이나, 이렇게 되면 경
제적 영역에서의 기본권은 심각한 침해위협을 받게 될 것이다. 반대로 조
문과는 달리 경제규제에 있어 헌법적 수권을 무시하게 되면 헌법해석의
한계를 넘는 결과를 초래하게 된다. 생각건대 입법에 의한 기본권제한의

---

13) 정지승, "경제법과 헌법" 『경제법의 제문제』(판례자료집 제87집), 법원도서관,
    2000, 185쪽; 정극원, "현정부의 부동산정책에 대한 헌법적 검토", 한국공법학회
    제126회 학술발표회, 2005. 12. 10, 12쪽.
14) 김형성, "경제헌법과 경제정책의 헌법적 한계" 『헌법과 경제정책』(심포지엄),
    2004. 6. 15, 한국법학원, 16쪽.

경우에는 본질적 내용침해금지의 원칙을 적용하면서 행정에 의한 침해의 경우에는 이 원칙의 적용을 부인하게 되면, 헌법의 체계적 해석이나 기본권보장의 측면에서 바람직하지 못한 결과를 유발하기에 헌법 제37조 제2항의 일반적 법률유보조항이 제9장의 경제조항에 규정되어 있는 법률에도 적용된다고 보아야 한다.[15)

2. 재산권의 내용과 사법(私法)

사법상의 물권과 그 밖의 재산적 가치있는 권리로의 확장으로부터 헌법상 재산권개념을 도출하려면, 재산적 가치있는 권리들에 대한 국가적 침해, 특히 입법자의 침해를 제한하는 것이 선행되어야 한다.[16) 즉, 헌법상 재산권보장의 방어권적 측면을 활용해야 한다.[17) 특히 재산권을 중심으로 발전되었던 제도보장론이 이러한 논리방향과 유사하다. 이러한 방어권적 관점, 그리고 경우에 따라서는 강화된 제도보장적 관점에서 재산권개념을 광범위하게 이해하는 것은 의미가 있다. 헌법상 재산권보장조항으로부터 기본권보호의무를 도출하고 헌법상 재산권보장조항에 부합하는 기본권 도출은 기본권내용의 법규정으로 인하여 불가능하지 않다.[18) 재산권개념의 확장은 재산권의 법적 지위의 편입에 중요한 문제이자, 재산권개념의 확장은 다른 사람의 기본권제한을 가져오기에 기본권충돌의 해결에 있어서 중요한 기능을 한다.[19) 또한 재산권의 제도보장은 방어적 기능

---

15) 이부하, "헌법상 경제질서와 재산권보장" 『공법학연구』 제7권 제3호, 2006. 8, 40쪽.

16) Vgl. J. Wieland, in: Dreier (Hrsg.), GG, Art. 14, Rn. 4.

17) Vgl. B. Rüthers, Ein Grundrecht auf Wohnung durch die Hintertür?, NJW 1993, S. 2587.

18) 이에 관해 상세한 설명은 O. Depenheuer, in: von Mangoldt/Klein/Starck, GG, Art. 14, Rn. 96.

뿐만 아니라, 기본권보호기능과도 특별한 방법으로 관련된다. 즉, 사법(私法)상 재산권의 불충분한 보호는 헌법상 과소보호금지원칙과 밀접한 관계가 있다. 재산권의 제도보장이 이루어지지 않으면, 개개의 기본권주체에 의해 재산권보장이 이루어진다.[20)]

Ⅲ. 재산권보장의 보호법익과 사법(私法)

1. 개별 재산권의 보호대상

우리나라 헌법재판소 판결에서 ㉠ 약사의 한약조제권(97헌바10), ㉡ 강제집행권(96헌마44, 2008헌마733, 2007헌바139, 2006헌바5),[21)] ㉢ 직장의 료보험조합의 적립금(99헌마289), ㉣ 고엽제후유증환자의 유족보상수급권(99헌마516)[22)], ㉤ 농조총회에서의 의결권(99헌마190), ㉥ 교원의 정년단축으로 기존 교원이 입는 경제적 불이익(99헌마112), ㉦ 치과전문의제도를 실시하지 않아 급료를 정함에 있어서 불이익을 받는 것(96헌마246), ㉧ 신고제에서 허가제로의 전환에 따른 재생처리업자의 영업권 침해(99헌마452), ㉨ 자신의 토지를 장래에 건축이나 개발목적으로 사용할 수 있

19) Vgl. K.-H. Friauf, FS-Hämmerlein, S. 207 (223); B. Rüthers, NJW 1993, S. 2587 (2588).

20) H. de Wall, Der Staat 38 (1999), S. 377 (S. 397 Fn. 80).

21) "강제집행권은 국가가 보유하는 통치권의 한 작용으로서 민사법권에 속하는 것이고, 채권자인 청구인들은 국가에 대하여 강제집행권의 발동을 구하는 공법상의 권능인 강제집행청구권만을 보유하고 있을 따름"

22) "보상수급권은 법률에 의하여 비로소 인정되는 권리로서 재산권적 성질을 갖는 것이긴 하지만, 그 발생에 필요한 요건이 법정되어 있는 이상 이러한 요건을 갖추기 전에는 헌법이 보장하는 재산권이라고 할 수 없다"(헌재 2001. 6. 28. 99헌마516).

으리라는 기대가능성이나 신뢰 및 이에 따른 지가상승의 기회(89헌마
214), ㉛ 자신이 받은 교육이 장래에 경제적 결실을 맺으리라는 기대나
시설투자가 이윤을 가져오리라는 예상(99헌바76), ㉠ 시혜적 입법의 시혜
대상이 될 경우 얻을 수 있는 재산상 이익(98헌바14, 2001헌바55, 2003헌
바2, 2007헌가9, 2007헌마206, 2008헌마239), ㉡ 개발이익(2008헌바7, 98
헌바19, 99헌바41, 2002헌가25, 2005헌마222, 2007헌바104, 96헌바22), ㉣
폐기물재생처리업자들의 영업권(99헌마452) 등을 재산권보장의 대상에서
제외하고 있다.

반면, 우리 헌법재판소 판결에서 ㉠ 관행어업권(97헌바76), ㉡ 환매권
(92헌가15, 95헌바22, 2004헌가10), ㉢ 상속권(96헌가22), ㉣ 진료비청구
권(2002헌바97), ㉤ 의료보험수급권 (2002헌바1), ㉥ 수용청구권(2004헌
바57), ㉦ 실용신안권(2001헌마200), ㉧ 퇴직연금 수급권(92헌가9, 2005헌
바68) 등은 재산권보장의 대상으로 보았다.

사법(私法)상 인정되는 재산권개념은 대부분의 사건에 있어서 문제가
발생하지 않지만, 세밀히 관찰하면 헌법상 재산권의 사법상 효과가 문제
되는 것이 아니라, 오히려 공법상 입법자의 침입(제한)에 대한 개별적 법
적 지위의 방어권적 보장이 문제된다. 독일의 문헌과 판례에서는 재산권
보장의 대상으로서 저당권,[23] 토지채무,[24] 지상권[25] 등 물권, 대금청구
권,[26] 선매권[27] 등 채권법상 청구권, 광산권,[28] 수렵권[29] 등 특수한 권리
를 언급하고 있다. 헌법상 재산권규정에 의거한 사법(私法)상의 형성효는

---

23) R. Wendt, in: Sachs (Hrsg.), GG, Art. 14, Rn. 24.
24) R. Wendt, in: Sachs (Hrsg.), GG, Art. 14, Rn. 24.
25) BVerfGE 79, 174 (191).
26) BVerfGE 45, 142 (179).
27) BVerfGE 83, 201 (209 ff.).
28) BVerfGE 77, 130 (136).
29) BGHZ 84, 261 (264).

연방헌법재판소 판례와 이와 동반자 관계인 학설이라는 2가지 영역에서 발현되고 있다. 독일 연방헌법재판소는 지적 재산권이라는 특별한 경우를 제외하고, 사법(私法)상 임차권을 독일 기본법 제14조 제1항과 관련하여 판례를 통해 양적으로 충분히 확장했을 뿐만 아니라, 질적으로 집중하여 판시하고 있다.

2. 지적 재산권

독일 연방헌법재판소는 사법상 특수영역에서 보장되는 '지적 재산권'을 기본법 제14조 제1항의 헌법상 보호법익으로 인정하였다.[30] 지적 재산권은 한편으로는 민법상 물권적 재산권과 동일시되지 못하고,[31] 다른 한편으로는 정신적 창작물의 보호에 있어서 일반적 인격권(독일 기본법 제2조 제1항) 또는 예술의 자유와 학문의 자유(독일 기본법 제5조 제3항) 등 다른 기본권이 유용하게 활용될 수 있다.[32] 연방헌법재판소 판례와 학설은 창작된 성과의 재산적 가치결과 보장에 중점을 두고 있다.[33] 지적 재산권을 독일 기본법 제14조 제1항에 편입시키는 중요한 이유는 시간이 경과함에 따라 작품에 대한 영향력이 감소하지만,[34] 개별적 창작자의 고유한

---

30) Vgl. F. Fechner, Geistiges Eigentum und Vefassung, S. 152 ff.; P. Krause, JZ 1984, S. 711 (715); G. Krüger-Nieland, FS-H. Simon, S. 695.

31) 이러한 경향의 판례는 BVerfGE 79, 29 (41 f.).

32) F. Fechner, Geistiges Eigentum und Vefassung, S. 256 ff., 288 ff.; Th. Maunz, GRUR 1973, S. 107 (107, 114).

33) BVerfGE 31, 229 (239); st. Rspr. Vgl. P. Badura, FS-Maunz, S. 1 (9); H.-J. Papier, in: Maunz/Dürig/Herzog/Scholz, GG, Art. 14, Rn. 195; M. Rehbinder, Urheberrecht, Rn. 108 ff.

34) O. Depenheuer, in: von Mangoldt/Klein/Starck, GG, Art. 14, Rn. 151; J. Wieland, in: Dreier (Hrsg.), GG, Art. 14, Rn. 51; P. Kirchhof, FS-Zeidler, S. 1639 (1659 ff.).

성과인 지적 재산권이 그 원천이기 때문이다.35) 이러한 기초하에서 저작권,36) 일반적인 실용신안권(實用新案權),37) 상표권38) 등을 헌법상 재산권으로 인정하는 데는 논란이 없다.

　지적 재산권의 기본권기능적 단서를 독일 기본법 제14조 제1항에 내재된 제도보장에서 찾을 수 있다.39) 입법자는 창작된 성과의 재산권적 가치로의 편입을 통해 행사될 수 있는 헌법상 보호되는 저작권의 핵심을 고려하여 법률을 제정해야 한다.40) 이러한 제도보장의 핵심적 보호효력과 관련하여, 각각의 지적 재산권의 사용가능성이 모두 헌법적 보호를 받는 것은 아니다.41) 제도보장은 우선적으로 입법자에게 향하여 있는 것이고, 헌법재판소의 심사기준은 특히 저작권법 규정에 적용된다. 구체적인 사건에서 상충관계가 확인되지 않을 경우, 제도보장의 의미에서 저작권법 규정은 헌법합치적으로 해석되어야 할 의무가 사법부에 부여된다.42)

　지적 재산권의 제도보장은 주관적 공권으로서 방어권적 기본권기능과 결합하여 발현되고, 입법자에게 절대적인 한계를 부여한다.43) 이러한 지적 재산권의 제도보장적 핵심을 넘어서서,44) 입법자는 지적 재산권의 사법(私法)적 형성을 위해 비례성에 맞는 광범위한 형성여지를 부여받고 있

35) BVerfGE 49, 382 (394); F. Fechner, Geistiges Eigentum und Vefassung, S. 207.
36) BVerfGE 31, 275 (283); 81, 12 (16); 81, 208 (219 f.).
37) BVerfGE 36, 281 (290 f.).
38) BVerfGE 51, 193 (217 f.); J. Wieland, in: Dreier (Hrsg.), GG, Art. 14, Rn. 52; P. Krause, JZ 1984, S. 711 (715).
39) Vgl. P. Badura, FS-Maunz, S. 1 (13 ff.).
40) BVerfGE 31, 229 (243); 77, 263 (270 f.); 79, 29 (40).
41) BVerfGE 31, 229 (241); 31, 275 (286 f.); 77, 263 (271); 79, 1 (25); 79, 29 (46); 81, 208 (220).
42) BVerfGE 77, 263 (271 ff.); 81, 208 (226).
43) BVerfGE 31, 229 (240).
44) 제도보장의 핵심영역보호에 대해서는 BVerfGE 79, 29 (46).

다.[45) 형성여지의 범위내에서 입법자는 기본권적 법익의 형성시 완전히 자유롭지 않다는 것을 인식하면서 비례성의 원칙을 고려해야 한다.[46) 지적 재산권의 제한을 위해 고려되며 이익형량에서 원용되어지는 공공복리라는 관점이 기본권적 관점과 연관되어질 때, 방어권으로서 기본권의 효력이 사법에 일반적으로 작용한다. 공공복리라는 목적이 헌법적으로 보호되는 지적 재산권의 제한을 위한 근거와 한계로 설명되려면,[47) 입법자는 일반적 법률에 의해 특정한 이익을 보호하고 특정한 이익에 공공복리적 성격을 부여할 수 있어야 한다. 연방헌법재판소는 재산권의 '처분권'과 '사용권'간 구별을 하여 적용하고 있다. 이 중 사용권에 있어서는 고양된 공익에 의해 제한될 수 있다.[48)

지적 재산권보호를 위해 기본법 제14조 제1항의 기본권 보호의무의 적용은 위험하지 않은 것으로 판례는 보았다. 제3자인 사인의 가해에 대한 지적 재산권의 보호는 제도보장으로 인식된다. 따라서 지적 재산권보호에 있어서도 기본권 보호의무의 활용은 가능하다.

3. 임차인의 점유권

점유권과 소유권의 구분은 민법상 물권법의 근본적인 기본원리가 되었다. 민법의 시각에서 보면 주목을 받았고 의아하게 보였던 1993년 5월 26일 독일 연방헌법재판소의 판결(임차인-소유권자-판결)의 주문 1에는 "임차한 주택에 대한 임차인의 점유권은 기본법 제14조 제1항 제1문의 의미

---

45) BVerfGE 49, 382 (392); 79, 1 (25); 79, 29 (40).
46) Vgl. A. Söllner, FS-Traub, S. 367 (370).
47) BVerfGE 31, 229 (243 f.); 49, 382 (400); 79, 29 (40 f.); 81, 208 (220).
48) BVerfGE 79, 29 (41). F. Fechner, Geistiges Eigentum und Verfassung, S. 165; P. Kirchhof, FS-Zeidler, S. 1639 (1647).

에서 재산권이다."라고 판시하고 있다.49) 주택의 점유권자인 임차인은 주택의 재산권자가 되어야 하며, 소유권자는 소유권자로 남아있다.50) 이러한 민법의 근간을 와해시키는 연방헌법재판소의 판결은 격렬한 비판을 받게 되었다.51) 이러한 비판은 계속된 판례에서 일관되게 재산권으로서 임차인의 지위에 대한 헌법적 보장이 미결인 채로 남았기 때문에 더욱 더 수긍이 가는 것이다.52) 주택건축지원자로서 공적인 관리자인 국가와 함께 임차인은 소유권자에게 주택의 건축 또는 구입을 위한 자본을 마련해주기에, 주택은 재산의 재분배 및 임차인의 일반적인 사회적 지위를 상징하는 것이다.53) 사법상 임차권에 있어서 재산권의 재분배기능은 헌법의 급부능력을 넘어서서 더 세밀한 관찰을 하면, 사법(私法)에 의한 사회적 조절기능이 항상 기본권에 적합하게 일반화되지는 않는다. 따라서 구체적인 연방헌법재판소 판결에서 임차인의 헌법상 재산권은 직접적인 재판의 전제성이 없다고 판시되고 있다.54)

임차인-소유권자-판결에 대한 근본적인 비판은 가라앉는 듯 보이는 반면, 이 판결의 실제적 효과가 경미하다는 것에 그 비판이 있다.55) 즉, 이 판결은 재산권의 재분배적 사고의 명확한 원용도 포기했을 뿐만 아니라, 임차인보호에 대한 기본권적 확인도 포기한 것이다.56)

---

49) BVerfGE 89, 1.

50) 임대인이자 소유권자의 헌법적 재산권보장에 관해서는 G. Roellecke, NJW 1992, S. 1649 (1652).

51) Vgl. V. Emmerich, FS-Gitter, S. 241 (243 f.); O. Depenheuer, NJW 1993, S. 2561; U. Diederichsen, Jura 1997, S. 57 (62); G. Roellecke, JZ 1995, S. 74; B. Rüthers, NJW 1993, S. 2587; H. Sendler, NJW 1994, S. 709.

52) BVerfGE 10, 221 (228); 18, 121 (131); 83, 82 (88).

53) P. Derleder, in: AK-BGB, vor § 535 ff., Rn. 55 f.; ders., WuM 1993, S. 514 (518).

54) O. Depenheuer, NJW 1993, S. 2561; C. Möller, AcP 197 (1997), S. 537 (555 f.).

55) K.-H. Friauf, FS-Hämmerlein, S. 207 (208); H. Jäde, UPR 1993, S. 330.

독일 연방헌법재판소는 임차인-소유권자-판결에서 헌법적 및 민사법적 관점에서 체계불일치로서 점유와 소유를 동일시함으로써 법해석학적 모순을 유발하였다.[57] 또한 연방헌법재판소의 판결[58]이 인식했어야 할 것은 임차인의 점유권은 임대인과의 계약에 좌우된다는 것이다.[59] 임차인은 임대인으로부터 자신의 법적 지위를 도출할 수 있고, 임차인은 자신의 법적 지위의 해소를 위해서 임대차계약을 해지할 수 있다.[60]

IV. 사법에 있어서 헌법상 재산권보호의 기능

1. 독일 기본법 제14조 제1항에 의한 임차권 입법형성시 한계

독일 연방헌법재판소는 판례상 일관되게 기본법 제14조를 임차권적 규범인 민법이나 그 밖의 부속법령의 판단시에 그 심사기준으로 사용하였다. 연방헌법재판소는 예외적인 사건에 있어서 심사시에 해당 법률의 위헌성을 확인했을 때, 임대차에 관한 재산권의 내용과 한계를 형성할 때 입법자는 광범위한 형성여지를 지니고 있다고 판시하고 있다.[61] 주관적

---

56) BVerfGE 89, 1 (5); K.-H. Friauf, FS-Hämmerlein, S. 207 (211 f.).

57) Vgl. J. P. Meincke, FS-Hämmerlein, S. 131 (139).

58) BVerfGE 89, 1 (7과 8).

59) O. Depenheuer, NJW 1993, S. 2561 (2563); ders., in: von Mangoldt/Klein/Starck, GG, Art. 14, Rn. 158 ff.; K.-H. Friauf, FS-Hämmerlein, S. 207 (214); G. Glos, Der Schutz obligatorischer Rechte durch die Eigentumsgarantie, S. 139; B. Rüthers, NJW 1993, S. 2587 (2588).

60) O. Depenheuer, NJW 1993, S. 2561 (2563); G. Roellecke, JZ 1995, S. 74 (75); M. Schmidt-Preuß, AG 1996, S. 1 (2 f.); V. Emmerich, FS-Gitter, S. 241 (246 f.).

공권으로서 방어권이 부수적으로 연관된 재산권의 제도보장은 재산권 형성의 한계로서 설정된다. 소유권자에게서 주택에 대한 사용권을 완전히 또는 중대한 정도로 박탈하게 되면 비로소 재산권 형성의 한계를 넘는 것이다.62)

또한 임대차에 관한 재산권의 내용 형성시 입법자는 기본법 제14조 제1항 제2문의 합헌적 내용규정 및 한계규정의 요청을 준수해야 한다. 입법자의 형성여지의 정도는 제일 먼저 재산권 보호법익의 규정에 근거한다. 입법자는 재산권에 실제로 규정된 보호법익을 발견하는 것이 아니라, 내용규정 및 한계규정적 입법자의 활동에 의해서 재산권의 보호법익을 형성하는 것이다. 입법자의 형성영역에 있어서 입법자의 활동에 대한 비례성 원칙의 적용은 상대화된다.63) 독일 연방헌법재판소 판례에 의하면, 입법자의 기속은 제도보장과 밀접하게 관련되며, 주택이란 임대인의 개인적인 생활양식에 속하는 것이기에 고도의 인격 관련성을 지니는 기본법 제14조 제1항 제1문의 원칙적인 존속보장에 기인한다.64) 다른 측면에서는 입법자의 기속은 임차주택에 대한 재산권의 사회적 관련성에 있다.65) 재산권의 사회적 기속성은 주거자의 상당한 부분이 임차주택에 의존하여 도출된다.66) 또한 이러한 사회적 기속성은 기본법 제14조 제1항 제2문과 기본법 제14조 제2항에 근거하여 임차인 보호적 법규정을 입법화할 수

---

61) J. Hager, Verkehrsschutz durch redlichen Erwerb, S. 44; M. Ibler, AcP 197 (1997), S. 565 (587).

62) BVerfGE 52, 1 (29 ff.).

63) M. Ruffert, Vorrang der Verfassung und Eigenständigkeit des Privatrechts, 2001, S. 117 f.

64) BVerfGE 79, 292 (304); 81, 29 (33). Vgl. J. Isensee, JZ 1996, S. 1084 (1089 Fn. 29).

65) BVerfGE 68, 361 (367 f.); 71, 230 (246 f.).

66) BVerfGE 38, 348 (370); 68, 361 (370); 79, 292 (302).

있다. 이러한 점에서 기본권의 방어권적 기능과 비례성 원칙은 사법(私法) 규정에 대한 통제를 통해 많은 성과를 낳았다는 것이 명백해진다. 공익상 임차인의 이익은 임차인보호라는 것으로 인식되고,67) 기본법 제14조 제2항의 사회국가적 관점은 임대인의 이익에 반하는 반면, 임대인의 이익은 기본권에 있어서 재산권보장으로 대표된다. 따라서 개별적인 임대인과 임차인간의 이익형량은 법률적 차원에서 이루어진다.

2. 임차권에 있어서 민사법원을 위한 방어권적 한계

임대차법과 관련하여 자주 연방헌법재판소는 위헌 판결을 한다. 따라서 종종 "연방헌법재판소를 위한 임대차법"이라고 말해지곤 한다.68) 여러 가지 상반되는 견해에도 불구하고 연방헌법재판소는 임대차에 있어서 초상고심으로 변화하였고,69) "연방임대차재판소"70)가 되었다. 1993년 통계에 의하면, 연방헌법재판소는 임대차에 관하여 85개의 판결을 하였으며 이 중 대다수가 재판소원에 관한 것이었다.71) 특히 임대차에 관한 판결은 기본법 제14조 제1항의 주관적 공권으로서 방어권적 내용으로서 발현되었고, 사법에 기본권의 객관법적 방사효의 발현은 사용하지 않았다.72)

연방헌법재판소가 "연방임대차재판소"73)로서 역할을 담당함으로써 일

---

67) BVerfGE 25, 112 (118): "공공복리는 지향점이지만, 소유권자의 제한을 위한 한계이기도 하다"; BVerfGE 37, 132 (141).

68) G. Roellecke, NJW 1992, S. 1649.

69) Vgl. J. Sonnenschein, NJW 1993, S. 161.

70) B. Rüthers, NJW 1993, S. 2587; R. Voelskow, in: MünchKomm, BGB, § 546b, Rn. 50; F. Weyreuther, DVBl. 1997, S. 925.

71) J. Sonnenschein, NJW 1993, S. 161; J. F. Henschel, NJW 1989, S. 937 (939).

72) Vgl. BVerfGE 68, 361 (372).

73) U. Diederichsen, AcP 198 (1998), S. 171 (218 ff.); V. Schmidt, Konstitutiona-

반법원의 업무를 연방헌법재판소가 인수받는 것은 헌법재판소의 업무부담의 관점에서 불쾌한 것이다. "특수한 헌법"(spezifisches Verfassungsrecht)[74]이라는 기준으로 연방헌법재판소의 통제를 축소하는 공식은 임대차에 있어서 법원에 과도한 제소를 억제시킬 수 없었다.[75] 연방헌법재판소와 일반법원간 사법업무의 기능적 배분이 이루어져야 한다는 것이 대세이다. 연방헌법재판소가 설명한 의도와는 달리, 연방헌법재판소는 일반법률의 해석을 더 심도있게 간섭하고 있고, 특히 임대차법의 세밀한 규정까지 간섭하고 있다.[76]

연방헌법재판소의 잘못된 행위의 전개 원인은 일반법원의 개별 재판에 대한 연방헌법재판소의 통제행위의 방식에 있다.[77] 연방헌법재판소는 각각의 임대차법규범이 기본법 제14조에 부합하는지를 확인하는 것에 만족하지 않는다. 오히려 연방헌법재판소는 일반법원들이 임대차법규범의 해석과 적용시 기본법 제14조 제1항과 기본법 제14조 제2항의 한계를 준수하는지를, 즉 재산권의 내용과 한계를 합헌적으로 준수하는지를 통제하였다.[78] 다른 기본권에서와 같이 기본법 제14조에의 민사법원의 기속은 민사법원의 법형성행위의 근거를 제시해 주기 때문에, 방어권의 법해석학적 관점에서 재산권의 내용과 한계의 원칙적인 준수의무는 아무것도 이행되지 않은 것이다.[79]

---

lisierung des Zivilrechts?, S. 45 ff.

74) Vgl. BVerfGE 68, 361 (372).

75) J. Berkemann, DVBl. 1996, S. 1028 (1031).

76) 이에 관한 극단적인 사례로는 BVerfG, NJW 1995, S. 1480 (1481); BVerfG, NJW 1994, S. 995 (996).

77) Vgl. S. Oeter, AöR 119 (1994), S. 529 (554); J. P. Meincke, FS-Hämmerlein, S. 131 (142); M. Ibler, AcP 197 (1997), S. 565 (588).

78) BVerfGE 68, 361 (372).

79) M. Ruffert, Vorrang der Verfassung und Eigenständigkeit des Privatrechts, S. 124 ff.

일반 법원들에게 법률상 상충에 대한 판단이라는 추가적인 과제가 요구됨으로써, 기본권의 상충 상황의 독자적인 해결을 해야 한다.[80] 일반법원들이 이러한 과제를 수행할 경우 당해 법률은 더 이상 판단기준으로서 역할을 담당하지 못한다. 그런데 일반법원들은 이러한 법률로 해결할 수 없는 상충해결의 과제를 해결할 권한이 없다. 일반법원들이 법률상 이익형량을 실행하는 경우에는 직접적으로 기본법 제14조가 아닌 당해 법률을 적용해야 한다. 일반법원들이 재판의 오류를 범하면 일반법원들은 항상 헌법에 위반하는 것이 아니라, 원칙적으로 법률에 위반하는 것이며, 일반법원들의 권한 범위내에서 법위반 상황을 제거해야 한다. 일반법원들이 헌법에 의거하여 권한을 행사하게 되면, 이는 기본권의 방어권적 규정을 위반하는 것이 된다. 또한 헌법과 법률인 사법(私法)간의 관계는 다시 불분명한 방사효로 돌아오게 된다.

3. 사법(私法)상 재산권제약과 헌법적 재산권보장

방어권의 문제는 채권법상 임차권과 관련된 것이 아니라, 물권법상에서 발생하는 것이다. 사법상 물권의 형성과 제한에 관한 문제는 기본법 제14조 제1항의 보호법익에 해당되기에, 임차권에서와는 달리, 보호법익의 영역과 기본권적 주제를 편입하는 것에는 전혀 문제가 발생하지 않는다.[81]

민법상 문제되는 규범으로 동산의 선의취득(§ 932 ff. BGB)과 부동산의 선의취득(§ 892 f. BGB)이 있다. 정당한 권원자의 사법상 소유권을 상실시키는 것은 헌법상 난관에 부딪힐 수 있지만, 물권법 학설의 대다수는 잠재적으로 동산과 부동산의 선의취득을 긍정하고 있다.[82] 소유권의 상실

---

80) 예시적으로 BVerfG, NJW 1988, S. 1075 (1076); BVerfG, NJW 1988, S. 2233.
81) Vgl. F. Peters, Der Entzug des Eigentums an beweglichen Sachen durch gutgläubigen Erwerb, S. 19.

을 기본법 제14조의 방어권적 기능으로 편입시키는 것은 입법자의 책무이고 따라서 통치권의 책무이다. 문제의 핵심은 무권원자 또는 선의취득자에 대한 정당한 권원자를 보호하는 것이 아니고, 기본법 제14조상 기본권보호의무의 기능이 아니며 오히려 정당한 권원자의 동의없이 소유권 양도의 승인을 통해 사법상 거래에서 국가적·입법적 위험상태의 야기에 대한 방어문제이다.[83]

다수의 논문에서 선의취득 규정이 기본법상 재산권에 부합하는지 여부에 관해 언급하고 있다.[84] 기존의 여러 논문의 견해들은 개별적 사건에서 헌법의 수용개념을 사용하는 것이 아니라, 권원자의 측면에서 소유권상실의 과정으로 이해하는 수용개념을 사용하기에 동산의 선의취득(§ 932 ff. BGB)과 부동산의 선의취득(§ 892 f. BGB)에 수용적 효과를 부여하고 있다.[85] 선의취득을 수용으로 특징짓고 민법상 법규범에 기본법 제14조 제3항의 엄격한 전제조건을 충족하여 수용으로 인정하려면, "공공복리"(기본법 제14조 제3항 제1문) 및 공용침해의 근거법률과 이에 대한 손실보상의 근거법률이 하나의 법률속에 동시에 규정되어야 한다는 요청인 "불가분조항"(Junktimklausel)(기본법 제14조 제3항 제2문)이라는 결정적인 요건 충족이 되어야 한다. 더욱이 법에 근거한 수용은 더욱 엄격한 전제조건을

---

82) 이에 대한 개관에 관해서는 J. Hager, Verkehrsschutz durch redlichen Erwerb, S. 9.

83) F. Peters, Der Entzug des Eigentums an beweglichen Sachen durch gutgläubigen Erwerb, S. 18.

84) J. Hager, Verkehrsschutz durch redlichen Erwerb, S. 9 ff.; F. Peters, Der Entzug des Eigentums an beweglichen Sachen durch gutgläubigen Erwerb, S. 17 ff.; C. Wolf, JZ 1997, S. 1087 (1089 ff.).

85) Vgl. C.-W. Canaris, AcP 188 (1988), S. 201 (229, Fn. 69a); B. von Hoffmann, Das Recht des Grundstückskaufs, S. 37; H. Hübner, Der Rechtsverlust im Mobiliarsachenrecht, S. 13 Fn. 7; D. Medicus, FS-Hübner, S. 611 (612); H. Ostendorf, NJW 1974, S. 117 (220); E. Picker, AcP 188 (1988), S. 511 (513, 521, 522, 543).

충족해야 한다.86)

　기본법 제14조에 부합하는 법체계의 구조와 기능에 의하면, 수용은 공적 과제의 이행을 위한 구체적인 재산권상 공용침해의 '특별한 법제도'87)이다.88) 사적 소유권의 상실에 관한 사법상의 법규율은 공권의 구체적이고 직접적인 침입(제한)이 나타나지 않으며,89) 오히려 사적 주체간의 분쟁에 대한 국가의 해결책으로서 기여한다.90) 입법자가 그렇게 의도되지 않는 한, 법률상의 규율이 손실보상의 의무가 발생하는 법적 수용으로 전환되지 않는다.91) 오히려 민법상 선의취득규정은 재산권의 내용과 한계규정(기본법 제14조 제1항 제2문)으로 이해할 수 있다.92) 민법상 선의취득규정은 별도의 공공복리라는 목적을 도출함 없이도 사법 주체간의 추상적·일반적으로 소유권의 상실과 취득을 위한 구성요건과 법적 효과를 규정해 놓고 있다.93) 정당한 권원자는 사적 재산을 상실할 수 있지만, 사법을 형성하는 입법자가 선의취득에 관한 입법형성시 지침적 규정인 기본법 제14조 제1항에 의해 정당한 권원자는 헌법상 방어권을 상실하지 않는다.

---

86) Vgl. J. Hager, Verkehrsschutz durch redlichen Erwerb, S. 56 ff.
87) R. Wendt, in: Sachs (Hrsg.), GG, Art. 14, Rn. 77.
88) BVerfGE 70, 191 (199 f.).
89) BVerfGE 14, 263 (277); R. Wendt, Eigentum und Gesetzgebung, S. 335.
90) F. Peters, Der Entzug des Eigentums an beweglichen Sachen durch gutgläubigen Erwerb, S. 33.
91) R. Wendt, in: Sachs (Hrsg.), GG, Art. 14, Rn. 76.
92) F. Peters, Der Entzug des Eigentums an beweglichen Sachen durch gutgläubigen Erwerb, S. 39.
93) Vgl. P. Krause, JZ 1984, S. 711 (715).

4. 임차인을 보호하는 기본권기능으로서 기본권보호의무

방어권적 관점에서 해지보호조항이 임차인을 기존의 임대차계약에 과도하게 기속시키는 것이 아닌지 여부가 논란이 될 수 있다.[94] 주택의 점유자를 위한 책무적인 법이라는 관점에서 임차인의 헌법적 재산으로 인정함과 동시에, 국가공권력에 대한 방어권으로서 활용할 수 있다.[95] 독일 연방헌법재판소는 임차인의 재산권에 관한 판결에 있어서 이러한 방법을 회피하지만, 이는 사법관계에 기본권 적용시 올바른 방법이 아니다.[96] 이에 관하여 원칙적으로 임차인은 국가 공권력에 대한 보호가 필요한 것이 아니라, 입법자의 조치 내지 보충적으로 사법적 조치를 통해 임대인에 대한 보호에 관심이 집중되어 있다.

특히 방어권으로서 기본법 제14조 제1항의 구조는 임차인과 임대인간의 기본권상충에 있어서 기본권해석에 맞는 일관된 해결책을 만들어내기에는 부적합하다. 임차권은 기본권의 내용을 형성하는 영역(기본법 제14조 제1항 제2문)에 머물러 있고, 수용에 의한 기본권의 침입(제한)의 문제(기본법 제14조 제3항)가 아니다. 임차인의 재산은 임대인을 위해서 사회적 의무를 진다는 것은 큰 의미가 없다. 임대인에 대한 임차인의 사회적 의무는 민법상 사회적 임차권에 대한 규율에 의거하는 것이 아니라, 연방헌법재판소의 방어권적 구성에 의하여 사회적 의무라는 재산권지위에 위치하기 때문이다. 또한 임차인과 임대인간에 사회적 의무를 지는지 아니면 양자가 함께 일반 공공(公共)에 대해 의무를 지는지 여부가 불분명하며, 임차인의 재산이 사회집단에 대해 어떠한 의무를 지는지도 불분명

---

94) D. Looschelders/W. Roth, JZ 1995, S. 1034 (1035).
95) H.-J. Papier, in: Maunz/Dürig/Herzog/Scholz, GG, Art. 14, Rn. 200.
96) J. P. Meincke, FS-Friauf, S. 427 (431).

하다.97)

독일 연방헌법재판소 판결은 기본권기능적 접근을 간과하였고, 임차인에게 유리한 기본법 제14조 제1항에서 도출되는 기본권보호의무의 발생여부와 기본권보호의무의 발생을 위한 전제조건이 무엇인지에 대한 문제제기 및 해답을 주지 못하고 있다. 연방헌법재판소는 임차인의 이익을 고려하여 임대인의 재산권과 임차인의 재산권의 헌법적 동등취급을 하는 수많은 판결을 하였다. 연방헌법재판소는 기본법 제14조 제1항 제2문 및 기본법 제14조 제2항의 입법자의 형성여지에 입각하여 기본법 제14조 제1항 제1문의 방어권을 적용하지 않음으로써, 임대인의 이익과 임차인의 이익간 비전문적인 이익형량을 하였다. 임차인에게 사회적 기속의 반사효가 적용되었어야 한다.98) 임차인의 헌법상 재산권적 지위 인정과 이러한 지위에서 기본권 보호의무의 도출을 동등하게 헌법적 위상에서 인정하였어야 했다.

기본법 제14조 제1항에서 도출되는 임차인을 위한 기본권보호의무의 내용과 한계를 고찰해야 한다. 기본권보호의무의 보호법익은 임차인의 점유권과 함께, 임대차관계의 존속과 주택에 대한 사용가능성에 대한 이익이다. 기본권보호의무의 기초로서 기본법 제14조를 이해하는 전제하에서 기본권보호의무의 대상이 인정된다. 기본권보호의무는 실현가능하고 임차인에 의해 예상되는 법적 보호의 '전체'가 아니라, 헌법적 보호의 '최소한' 이상만을 보장하려는 것이다. 따라서 전체적인 임차인보호는 헌법에 의하여 고정불변한 것이 아니다.99) 기본권보호의무를 실행할 경우 준수해야 하는 과소보호금지의 원칙은 기본권보호의무를 수행하는 국가공권력

---

97) O. Depenheuer, NJW 1993, S. 2561 (2564).

98) G. Roellecke, NJW 1992, S. 1649; P. Finger, ZMR 1993, S. 545 (548); A. Kühl, VBlBW 1993, S. 416 (417).

99) G. Roellecke, JZ 1995, S. 74 (75).

에게 자유여지를 부여해 준다. 임차권에 있어서 과잉금지의 원칙과 과소
보호금지의 원칙이 요구하는 것은 최적의 하나의 해답이 아니라, 임차인
에게 유리한 과소보호금지로서 필수불가결한 수준이자 임대인의 지위를
제한하는데 필수적이고 적절한 수준 사이에 존재한다.

V. 결 론

독일 민법상 선의취득 규정과 관련하여 기존의 여러 논문들은 권원자
의 측면에서 소유권상실의 과정을 설명하는 수용개념을 사용하며 동산의
선의취득(§ 932 ff. BGB)과 부동산의 선의취득(§ 892 f. BGB)에 수용적
효과를 부여하고 있다. 그러나 민법상 선의취득에 기본법 제14조 제3항의
엄격한 전제조건을 적용하여 수용으로 적용하려면, "공공복리"(기본법 제
14조 제3항 제1문) 및 "불가분조항"(Junktimklausel)(기본법 제14조 제3항
제2문)이라는 엄격한 요건을 충족해야 한다. 기본법 제14조에 부합하는
법체계의 구조와 기능에 의하면, 수용은 공적 과제의 이행을 위한 재산권
상 공용침해의 '특별한 법제도'이다. 따라서 민법상 선의취득규정은 재산
권의 내용과 한계규정(기본법 제14조 제1항 제2문)으로 이해해야 한다.
그러면 민법상 선의취득규정은 별도의 공공복리라는 목적을 도출함 없이
도 사법 주체간의 추상적·일반적으로 소유권의 상실과 취득을 위한 구
성요건과 법적 효과를 창출할 수 있다.

방어권으로서 기본법 제14조 제1항은 임차인과 임대인간의 기본권상충
에 있어서 기본권해석에 맞는 일관된 해결책을 제시해주지 못한다. 따라
서 임차인에게 유리한 기본법 제14조 제1항에서 도출되는 기본권보호의
무에 대한 논거와 전제조건을 충족하는지를 살펴보아야 한다. 기본권보호
의무를 실행할 경우 준수해야 하는 과소보호금지의 원칙은 기본권보호의

무를 수행하는 국가공권력에게 헌법적 보호의 '최소한' 이상을 보호하라
고 요구한다.

찾아보기

■ **양천수**(법학박사)

현 영남대학교 법학전문대학원 기초법 전임교수

주요논저 : 『부동산 명의신탁』(저서), "민주적 법치국가에서 본 법규범의 효력근
　　　　　거"(논문), "초국가적 법다원주의"(논문) 외 다수

■ **배성호**(법학박사)

현 영남대학교 법학전문대학원 민법 전임교수

주요논저 : "장래채권양도의 효력"(논문), "제3자의 채권침해의 성립요건: 자유경
　　　　　쟁과 채권침해"(논문), "저당권에 기한 방해배제청구권의 허용범위"
　　　　　(논문) 외 다수

■ **심재한**(법학박사)

현 영남대학교 법학전문대학원 상법-경제법 전임교수

주요논저 : "혼합형 기업결합 규제의 판단기준"(논문), "공정거래법상 과징금 부
　　　　　과기준의 제문제"(논문), "공정거래법상 불공정거래행위에 대한 연
　　　　　구"(논문) 외 다수

■ **이부하**(법학박사)

현 영남대학교 법학전문대학원 헌법 전임교수

주요논저 : 『헌법학원론』(저서), 『표현의 자유와 미국헌법』(역서), 『헌법학』(저서)

현대사회와 민사법의 구조변동

초판 인쇄 ‖ 2011년 4월 1일
초판 발행 ‖ 2011년 4월 11일

지은이 ‖ 양천수·배성호·심재한·이부하
펴낸이 ‖ 한정희
펴낸곳 ‖ 경인문화사
출판등록 ‖ 1973년 11월 8일 제10-18호

주소 ‖ 서울특별시 마포구 마포동 324-3
전화 ‖ 718-4832　　팩스 ‖ 703-9711
홈페이지 ‖ www.kyunginp.co.kr / 한국학서적.kr
이메일 ‖ kyunginp@chol.com

ISBN 978-89-499-0776-5　　93360
값 16,000원